국제문예 대표문인선집
즐거운 동행

즐거운 **동행**

초판 1쇄 인쇄 2024년 9월 5일
초판 1쇄 발행 2024년 9월 10일

지은이 | 남대극 외 17인
펴낸이 | 김경옥
디자인 | 류요한
펴낸곳 | 도서출판 온북스

등록번호 | 제 272-96-00587호
등록일 | 2019년 12월 03일
주소 | 서울시 은평구 통일로82가길 4-7
전화 | 02-2263-0360
팩스 | 02-2274-4602

ISBN 979-11-92131-28-3 03810

잘못 만들어진 책은 교환해 드립니다.
이 출판물은 저작권법에 의하여 보호받는 저작물이므로
무단 전재와 무단 복제를 할 수 없습니다.

국제문예 **대표문인** 선집

즐거운 **동행**

온북스
ONBOOKS

여는글

'작가(作家)'와 '작자(作者)'

한국어에서 '~하는 사람' 또는 '행위자'를 가리키는 접미사(接尾辭)들이 매우 많고 복잡하다는 사실은 널리 알려져 있고, 그것은 한국어가 가지고 있는 묘미이기도 하고 특징들 중의 하나이기도 하다. (참고: 남대극, 한국어의 묘미와 특징 [서울: 온북스, 2021], 19~43)

그런 접미사들 중에서 오늘 우리가 특별히 생각해 보고자 하는 것은 '~가(家)'와 '~자(者)'이다. 예를 들면, '수필가', '극작가', '평론가', '예술가', '음악가', '미술가' 등은 반드시 '~가'라고 해야 하고, '학자', '저자', '역자', '선지자', '보호자', '인도자' 등은 반드시 '~자'라고 해야 한다. 이 단어들에서 '~가' 대신에 '~자'를 넣거나, '~자' 대신에 '~가'를 넣으면 말이 되지 않는다. '수필자', '극작자', '음악자', '미술자'는 우리말이 아니고, '학가', '저가', '보호가', '인도가'는 한 번도 들어본 적이 없는 말이다. 이런 단어들을 컴퓨터에서 입력하면 그 단어들 아래 빨간색의 밑줄이 그어진다.

그런데, '~가'와 '~자'를 바꿔 써도 말이 되는 단어들도 더러 있다.

예컨대, '행정가', '작곡가', '연구가' 등은 '행정자', '작곡자', '연구자'라고 해도 우리말이 된다. 그렇다면 '행정가'와 '행정자', '작곡가'와 '작곡자', '연구가'와 '연구자'가 각각 똑 같은 의미를 가졌고, 완전히 동일한 어감을 주는가? 그렇지는 않다. '~가' 자가 붙은 단어들은 그 사람의 전문성과 직업을 말해주는 반면에, '~자' 자가 붙은 단어들은 어떤 특정한 범위 안에서 그 일을 수행하는 사람을 지칭한다. '행정가'는 그 사람이 행정에 전문적인 지식과 경험을 가진 사람을 가리키고, '행정자'는 어느 특정한 기관이나 조직에서 행정을 맡은 사람을 가리킨다. 마찬가지로 어떤 사람이 평소에 전문적으로 하는 일 또는 직업을 말할 때는 '작곡가', '작사가', '연주가' 등으로 써야 하고, 어느 특정한 곡의 작곡과 작사와 연주를 한 사람일 경우에는 '작곡자', '작사자', '연주자'라고 해야 듣는 사람의 귀에 거슬리지 않는다. 예를 들면, "애국가의 작사자와 작곡자와 연주자는 누구인가?"라고 말해야 하지, "애국가의 작사가와 작곡가와 연주가는 누구인가?"라고 하면 매우 어색하게 들리거나 어법에 맞지 않게 느껴진다.

이와 같은 사정을 '작가(作家)'와 '작자(作者)'라는 말과 연관해서 생각하면, 이야기는 사뭇 달라진다. '작가(作家)'는 '문학이나 예술의 창작 활동을 전문으로 하는 사람' 또는 '소설가'를 가리킨다. 그러나 '작자(作者)'는 '작가'와는 전혀 다른 뜻을 가지고 있다. 국어사전에서 '작자'는 다음과 같이 풀이되어 있다. ① 소작인(小作人). ② 저작자(著作者)의 준말. ③ (물건을) 살 사람, 원매인(願買人). 예: ~가 나서야 팔든지 말든지 하지. ④ 남을 업신여겨 홀대해서 이르는 말. 예: 제 잘난 듯이 떠드는 저 ~는 누구냐? 등이다.

여기서 우리 한번 반추해 보자. '작곡자'라고 해야 할 경우에 '작곡가'라고 말한다고 해서 아주 틀렸다고 말할 수는 없을 것이다. 그러나 어느 문집이나 소설의 저자를 물을 때 "그 작가는 누구냐?"라고 하지 않고 "그 작자는 누구냐?"라고 한다면 듣는 사람들의 다수가 빙그레 웃거나 못마땅하다는 표정을 지을 것이다. '작자'라는 말에 '저작자(著作者)의 준말'이라는 뜻이 있기는 하지만, '남을 업신여겨 홀대해서 이르는 말'이라는 또 다른 뜻이 있기 때문에 '작자'라는 말은 '작가'의 품위나 명예를 손상시키는 말로 들리기 마련이다.

우리 모두 가슴에 손을 얹고 생각해 보자. "나는 한 사람의 '작가'인가? 아니면 일개 '작자'인가?" 그리고 "나는 나의 동료 문인들을 귀한 작품들을 창작해 내는 '작가'로 생각하고 예우하는가? 아니면 시원찮은 '작자' 정도로만 생각하고 경시하는가?"

　자신을 겸손하게 일컫거나 우스개로 말할 때, "나는 '글-쟁이'로소이다."라고 말하는 것은 나쁘지 않을 것이다. 하지만 다른 문인이나 작가를 '글-쟁이'('심술쟁이, 거짓말쟁이, 겁쟁이'처럼) 또는 '글-뱅이'('가난뱅이, 게으름뱅이, 장돌뱅이'처럼)라고 칭하는 것은 그들에게 상당한 모욕을 안기는 것이다. 적당한 시어(詩語)를 찾아 쓰는 것 못지않게 적합한 호칭(呼稱)을 골라 쓰는 일도 여간 중요하지 않다.

　존경하는 동료 작가 여러분! 자신이나 상대방을 오해의 소지가 있는 '작자'하고 칭하지 마시고, 존귀하고 아름다운 호칭인 '작가'라고 부르고 예우함으로써 우리의 존재가치를 드높이고, 우리의 사명을 선양합시다.

남 대 극

목 차

여는 글　　　4

시

김나영　　14

실문증의 자가치료 I ｜ 卵의 진화 ｜ 저편으로 안녕히
어제의 꿈을 이룬 오늘 I ｜ 축복의 기도 ｜ 겨울 I - 작은 위로
하루, 세 번 ｜ 봄 I - 꽃지네 꽃이 지네 ｜ 달 I ｜ 지구가 왕관을 쓰는 날

김나원　　32

키스 ｜ 아직 비린 추석 ｜ 봄 ｜ 고무신 ｜ 시리우스 별이 사라지는 날
무희 ｜ 궁창이 흑암 되는 날 ｜ 콩나물국밥
'자유'라는 이름의 말티즈 ｜ '자유'라는 이름의 말티즈 2

김우식　　44

무당 북소리 ｜ 파랑새 ｜ 주님! 말씀하소서 ｜ 할애비 천국
강제 이혼 ｜ 어떻게 해야 합니까 ｜ 할아버지 생일
할애비 편지 ｜ 약봉지 ｜ 코로나

김창준　60

지고한의 사랑 | 「망월동 묘지」 | 메밀 <고분 속에서 찾은 씨앗>
들국화 <선암사 가는 길> | sex! | 내가 못난 뜻은
지금의 나 | 아란의 편지Ⅱ | 그리움입니까 / 사랑입니까 | 삶

남대극　74

나의 꽃 수선화 | 샤론의 수선화 | 인연 | 우연과 필연
이어령 님 | 나의 손녀 은비 | 여전히 외로운 태극기
코스타 리카 | 하화도 꽃섬길 | 사도, 신비의 섬

박종승　92

아침이슬 | 논두렁 밭두렁 | 산골 노부부
허공에 부르는 노래 | 귀 | 바람 밭에 가는 길 | 위대한 역로
비를 맞는 동림지 | 무당거미집 세상 | 근본의 정원

배용파　　104

석양 | 피톤치드 | 흘러가는 강물처럼(6)
겨울산(5) | 천고의 세월 따라 | 축시

서동성　　114

잠 | 너에게로 | 잊고 있었다 | 그런 별
일상 | 너의 소리 | 비와 그리움
빛과 어둠 | 기억 | 그 길

신선희　　130

가슴으로 환생하는 상생의 아리랑꽃 | 생의 간이역에서
바람 하나 햇살 하나 | 바람과 시간과 자화상
봄과 가을과 꽃들의 노래 | 심장은 둘이면서 하나임을 말하고 있어요
완전한 표현 | 초월적 사랑
하늘과 마음과 별빛 | 향기 고운 삶의 꽃으로

조성국 158

어버이날에 | 청자 부 | 水上골프장
비단길 깁는 淸池 | 트래킹 | 어느 기도 | 못 잊을 사람
時事漫評 | 어느 나라 의사당 | 저출산을 보며

수필

남명극 172

5월의 미학 | 숙맥의 가을 찬가
소년과 바다 | 가을의 한가운데

박경순 196

버저비터의 기적 | 운동장 풍경
교정을 나서며 | 엄마 생각
담장 넘어

안이문　*214*

아버지, 나의 아버지~ | 내 아우에게 보내는 편지
산티아고 순례길에서 기적을 만나다
하삐사랑, 손녀사랑
유나와 함께 쓰는 추억 일기

연경실　*258*

빨래터
코로나, 코로나여!

오만이　*272*

꾸안꾸 염색 이야기 | 나비부인
맨발 학교와 개 사랑 | 사람이면 다 사람이냐
죽음을 찬미하다

원금자 *294*

메아리의 아픔
어머니들에게 고합니다
부정적인 에너지

정길생 *316*

덤으로 살아온 삶 | 도로 위의 천당
미래의 임신과 출산 | 영안실유감
슈퍼맨도 만드는 과학기술

소설

권영재 *342*

나가사키는 오늘도 비가 내렸네
민들레로 태어난 사나이
우리 동네 사람들

김나영

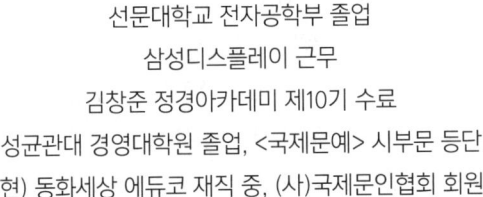

선문대학교 전자공학부 졸업
삼성디스플레이 근무
김창준 정경아카데미 제10기 수료
성균관대 경영대학원 졸업, <국제문예> 시부문 등단
현) 동화세상 에듀코 재직 중, (사)국제문인협회 회원

실문증(失文症)의 자가치료(自家治療) I

세상천지혈육이라고는외동딸나밖에없는한국전쟁天涯고아아버지께서오래전에이산가족찾기를실패하고는술에절어알콜성치매로돌아가셨다엄마께서수십년동안꾸려오신포장마차와다른포장마차들이지방자치단체에의해강제철거되는과정에서행정소송이시작되었고그訴訟은몇년동안이나계속진행되었다오른쪽종아리에낭종이생겼는데꽤시간이지나서야摘出수술을받을수있었다당선되도록도왔던정치계동료가멀리떨어진타지에서어떤사내와함께변사체로발견되었다나의이생을걸고지지하던큰어른께서굉음과함께패배하시며거꾸러지셨고또다시많은이들이죽음으로내몰렸다잘버티던나조차도한번엎어지고다시일어나는데에만수년이걸렸다학자로서일가견을세우리라던꿈은점점희미해졌고꺾인듯한청운의뜻처럼내고개도꺾였다끝도없이이어지는괴로움이어느새소중한글감을잡아먹기시작했고서른에서마흔이되기전까지몇년동안쉼표도없이숨가쁘게이어지는질곡에나는점점글과말을잃었다글쟁이로서사형을언도받은듯한날을마치죽은사람처럼 살 았 다 그 러 던 어 느 날 말 과

글 에 서 힘 을 구 하 던 나 는

```
                    씨앗 같은
                    꿈에 기대
             무력감의              우리집 두
언행 일치     상징 같던    7년의      식구를
                         사막을
하는 이들    그 치가     건너       구해주신

에게서       무기력한   마침내 파도를   수십 개의
             숙적처럼
언문                   파도 굽이치는   서명께
             무너지는   바다를
  의                                죄송하며
             모양새를   맞닥뜨린
                       소녀에게서
근원을       모양새를   힘의 근원을   그 마음 자국을

보다가    죽은줄 알았던 꿈을 흔들어 깨워다가
            심신을 추스르다
                 웃다가
                 울다가
드디어 되찾았다. 나의 말글을. 처음 맞는 불혹에.
```

卵의 진화

1.
아직도 알인가, 卵인가.
미지근히 삶겨 죽기 싫어
뜨뜻한 세계를 깨고픈 풋내기인가.

그 어리석은 병아리는
스스로 날 기회를 접은 것인지
따뜻한 둥지에 품어진 것인지,
한가득 의문을 안고

알지 못하는 앞날을 앞에 두고
지나온 날들을 뒤에 두고
휘젓긴 노른자 흰자에 쓸려
답도 모르고 오늘을 살았다.

2.
아직도 알인가, 卵인가.
아니면,
이미 중닭이면서
이 차가운 누리를 껍데기 속으로 착각하는 것인가.

아니다.
소용돌이를 두고 알지만 모르고파
정진하고 안일했던 암탉.

알처럼 작던 저를
그 인두껍이 확장되기를
바라고 또 바라 마지않던
서른 살 중닭.

낡아 굽어진 부리를 바윗돌에 간다는
솔개의 전설 따위는 이미 거짓이라서
폭삭 마음이 늙은 투계.

허나 허상을 실로 쫓고 또 쫓고 싶어
십 년 세월을 내달려온
불혹의 싸움닭.

3.
아.
부화하지 못하고 썩는 줄로만 알던 卵은
스스로 햇병아리라 자책던 중계가 되었고

실로 깰 것은 낡은 저라며
어제의 한탄과 오늘의 한숨이 새삼스런 싸움닭이 되었다.

강산이 한 번 변할 제 다 파헤쳐진 터전을 훌훌 털고
어느 대갓집 봉황알을 보고 벅차다가 샘남을 누르고

뽑아 없앤 흰머리 깃털만큼이나
세월 속에 삭혀진 알은
꾸역꾸역 용도 품을 듯이 잘도 자랐다.

알고 또 알은 알은
난관에 난관을 헤치는 卵으로.

저편으로 안녕히

참 길었습니다.
머나먼 호수 한복판에 울며 던진
우리의 빛나던 약조가 드리운 그림자는.

7년을 돌아 17년을 돌아
산수를 넘고 해지를 건넌
그림자는 문득 운명처럼 붉어졌지요.

스물둘 아름다운 내가
스물셋 눈물짓는 내가 되고
서른마흔 씁쓸한 내가 되도록

새 사람이 새 사랑으로 못 자라게
억세게 돋은 가시로 내 심장을 뮦찔렀던 덤불은
내 등에 업혀 검붉게 나를 찔렀습니다.

나는 시지프스도 아닌데
무거운 홍연을 등성이로 올리다 말라붙고
뙤약볕에 다 타버렸지요.

그런 그 나는 이제 허깨비를 보내요.
잿더미 나라도 눈물로 적셔 다시 빚으며
실연의 전설도 잊혀질 의식 너머로 그대를 영원히.
헛것 든 거울 속 두 손도 파스스 내려놓아요.

애달팠던 못한 안녕도 이제서야.
잘 자요, 내 생의 뒤에 한참에 한참 뒤까지
기억의 한 삶의 저편으로 안녕히.

어제의 꿈을 이룬 오늘 I

익숙한 오늘로
노력한 어제를 탈색치 말라.

익숙한 오늘은
어제 내가 그토록 열심히 칠한 하루였으니.

지겨운 오늘로
꿈꾸며 고대하던 어제를 부수지 말라.

지겨운 오늘은
깨지는 마음을 부여잡고 다다른 어제의 종점이었으니.

오늘이 지겨워 오늘을 깨면
어제 꿈꾸던 나는 내일 깨진 꿈에 찔릴지니.

오늘만 사는 모든 이들 틈에서
지나버린 오늘과 오지 않은 오늘 틈에서 홀로 울지니.

축복의 기도

그래서 사는 사람보다
그럼에도 불구한 삶이
더 많은 세상에서

신에게서, 타인에게서, 자신에게서
괜찮다 용서받는 건
얼마나 큰 힘이 되는가.

삶의 당위성.
그보다 큰 면죄부인
용납으로 다시 사는 생명들에게

받은 목숨이 다할 생의 마지막까지
열심히, 즐겁게 살 이들에게

벅찬 희망을 이루어 모두를 구하고,
소박하지만 행복하게 스스로 기쁠
그 모든 선한 산 것에게

축복과 번영이 함께 하기를.

그들에게도.
나에게도.

혼이 베이도록
조상의 업까지도 끌어안곤
눈물 서린 그 십자가를 짊어진
그 모든 누군가에게도.

겨울 I - 작은 위로

쓸쓸했던 겨울날 오늘.
하루를 마치고 나서는 발걸음 위로 밀려드는 어둠.

하늘에서 부드러운 손길이 내려와
내 볼을 쓰다듬는다.

수고했어.
수고했어.
털모자 쓴 머리를 쓰다듬다가

더 힘든 이도 많더라.
내가 다 둘러봤어.
코트 입은 어깨를 툭툭 치다가

그렇지만 너도
오늘은 힘들었겠어.
울고 싶었던 내 마음 대신
내 볼 위에서 녹아서 흘러준다.

머리 위로 사뿐히 내려앉은
추운 계절의 작은 위로.

눈물 흘리면 드센 바람에 눈이 얼까
뺨 위로 조용히 녹아
대신 흘러주는 작은 위로.

하루, 세 번 (洗煩)

날 적부터 머리칼이 난 것은
날 적부터 배곯고 추운 번뇌를 앎이라.

긴 머리를 때때로 잘라도 계속 자람은
죽을 때까지 번뇌가 끊이지 않음이라.

생이 다할 때쯤에야 민낯처럼 민머리가 드러난대도
눈감을 때까지 터럭 하나도 버리지 못한 이들도 많음이라.

사는 한 욕됨과 갈망함은 끊이지 않아
다 떨칠 것이 아니라면 욕망은 동반하는 것이라.

어쩌랴.
샅샅이 훑고 깔끔히 씻길 수밖에.

하루만큼 차오른 번뇌를
날마다 씻을 수밖에.

다른 생명의 터럭을 뜯어 지어입은 옷일랑
다른 생명도 마실 물에. 빨래하려 벗어놓고

머리칼과 함께 자란 갈급을 받아내고
세속서 묻혀온 번민도 비워낼 수밖에.

봄 I - 꽃지네 꽃이 지네

　　(가수 김윤아 님의 <야상곡> 일부를 인용, 오마주했습니다.)

꽃지네, 꽃이 지네.
부는 봄바람에 눈꽃 지네.

꽃피네, 꽃이 피네.
가는 겨울 끝에 꽃 피네.

눈의 여왕 같은 겨울이
추위를 데리고 양극으로 떠나고

환송할 새도 없이
소녀 같은 분홍 노랑 초록빛
봄이 웃으며 달려오네.

꽃지네, 꽃이 지네.
따뜻한 기운을 거느린 봄이
살풋 뭍에 발 딛는

삼월의 어느 날에는
꽃이 지네.

찔릴 듯이 영롱한
눈꽃은 시들어버리네.

달 I

(백제가요 '정읍사'의 일부 구절을 인용, 오마주했습니다.)

높이곰 비추사
혼저 옵시는 발걸음의 보호자.

달토끼의 아름다운 집
여신이 산다고도 하던 은은한 대상.

가장 가까이에서,
어둠을 밝히던 빛의 반영체.
수천 년을 두고 연모하고 열망하던 이들의 바람.

물결이 잔잔할 밤바다 새벽 바다에
고운 용모를 비춰주는 바닷사람들의 등대.

별들보다 가까이,
지구의 속삭임을 듣던 비밀스런 친우.

환상과 과학의 매개체,

뭉근하게 부옇게
그러나 선명하게
진길 뻘길 피하게 하시는

한밤의 눈동자.

지구가 왕관을 쓰는 날

불타는 왕관을 쓴
아름다운 대지여.

한낮토록 태양만 바라보다
다시 한밤을 공허만 올려보던 행성이여.

숲과 바다와 모든 산 것과
따스한 공기로 옷 해 입은
수더분한 아낙 같던 그대라도

태양의 관을 쓴 순간만은
그 어떤 별보다 뜨거우리니.

이 순간
흐르는 혜성을 왕관에 올리면
그보다 더한 영광은 없으리이다.

김나원

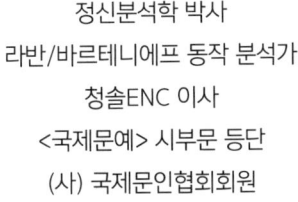

정신분석학 박사
라반/바르테니에프 동작 분석가
청솔ENC 이사
<국제문예> 시부문 등단
(사) 국제문인협회회원

키스

뱀이 몸을 풀어
돌아올 수 없는 강을 간다
스윽 스윽 숭고한 몸뚱아리만 보인다
꼬랑지가 대가리에게 말할 수 있는 것은
꿈틀꿈틀 꿈의 틀
아가리를 벌려 한 허물 벗겨낸다
대가리 따라 갈거나 꼬랑지 따라 갈거나
몸춤을 추며 스멀스멀
언어가 사라지고 소리만 남는 아마존
화면이 잠시 멈춘다

아직 비린 추석

1.
가는 길이 먼
어릴 적 집으로 간다
소란스러웠던 명절의 기억들
엄마 손끝에서부터 달려 나오던 구운 생선 냄새
우리 밥상에는 오르지 않던 그 냄새는
성주님과 조상님의 것이었다
채반 위에 누워 있던 생선 눈알이 내내 무서웠다

2.
차례상을 치우며
어른이 된 동생 목구멍에서
가시 걸린 소리가 들린다
'먹지도 않는 생선 굽지 말어'
늙은 엄마는 성주님도 잃고 조상님도 잃고
생선을 구울까 말까
엄니 눈매는 대낮 박꽃처럼 풀이 죽는다

봄

삼월
산수유의 노란빛이 밝아 보이던 날이다.
하늘의 참 고요
고깔을 쓴 꽃샘추위가 발길질을 한다.
삼월의 산수유는 기억의 저장에서 미끄러진다

사월
옻나무의 독이 터져
옻순 이파리가 어린애 볼살 같다.
두릅이 온통 가시에 곡소리를 모은다
어린순을 내놓을 때마다
바람도 숨을 멈추고 태양은 미동도 없다
태양의 숨소리
그림자에서 노니는 태양
사월의 자국만이 남아 있다.

오월
핏빛으로 가시는 감추고
붉은 치마 치켜들어
초록 버선발로
오월의 왕비는 몽유의 춤을 춘다.

고무신

초대받지 않는 집에 갔다
마당이 하늘보다 넓었다
목화솜 이불 같은 대청마루에서
스르르 잠이 들었다
대문 밖 손짓하는 나비 따라가 본다
신발은 없다
병정처럼 서 있던 신발이 사라졌다
맨발로 달려가서
붉은 작약 꽃잎을 펼쳐 보아도
토방 밑을 헤집어 보아도
신발은 흔적도 없다
흙발로 케케묵은 측간으로 들어갔다
칙칙한 냄새만 보인다
철퍼덕 주저앉고 말았다

시리우스 별이 사라지는 날

시리우스 별이 사라지는 날엔
더 깊은 골짜기로 숨어버렸다.
분명 지구가 폭발하여 화약 냄새가 지독한데
왜 이리 고요하고 고요하지

산천초목이 미친 듯이 휘몰아치는데
왜 이리 평온하고 평온하지

땅이 쩍쩍 갈라져서 흙벽이 무너져 내리는데
왜 이리 당당하고 당당하지

사라진 시리우스 별을 찾아서
숨은 머리를 들어 하늘을 보니 청색 빛으로 빛난다.

하늘은 고요하고
땅은 평온하고
나는 당당하다.
지금도,
시리우스 별은 빛나고 있다.

무희

뚜둑 뚜둑
빗소리 향연
휘이 휘이
하얀 리본핀의 집시
빗물 적신 열 손가락의 물방울
타닥 타닥
플라멩코 춤추는 무희
꽃물 적신 열 발가락의 꽃방울
무희의 붉은 치맛자락이 빗물을 삼킨다
도통 웃지 못한 무희

궁창이 흑암 되는 날

궁창이 열려버린 날
쏟아지는 빗길에 청개구리 울음소리 따라간 동무.
비에 흠뻑 젖으며 개굴개굴 소리 따라갔지만
동무는 보이지 않는다.
빗길 따라 궁창으로 갔나
빗길 따라 땅길로 갔나
어디로 사라졌는지 보이지를 않는다.
개구리 울음소리 따라 강물로 흘러갔나
개구리하고 놀려고 숲속으로 숨어버렸나
아무리 찾아보아도 동무는 보이지 않는다.
궁창은 점점 흑암으로 변해가는데
어디에 있을까?

콩나물국밥

오늘은 얼큰하고 시원한 콩나물국밥 한 그릇 먹었다.
뚝배기에 김이 펄펄 나는 콩나물국밥.
용암처럼 끓어오르는 콩나물국밥에 청양고추를 듬뿍 넣었다.
세상살이 아픔만큼 맵다.
큼직한 깍두기를 한입 먹는데 오드득
세상살이 시름 소리가 난다.
콩나물국밥에 세상살이 데인 맘을 달래 본다.
얼큰하고 시원한 콩나물국밥 한 그릇으로 몸을 녹여 본다

'자유'라는 이름의 말티즈

눈동자가 튀쳐나오는 아침이면
햇살은 어김없이 코앞에 있다.
아기의 볼살 같은 손끝의 감촉이 세포를 깨운다.
요술쟁이 같은 스마트폰은 하우저의 첼로 소리를 만들어 낸다.
멀리서 말티즈 자유가 소리를 내 지른다.
나를 부른 소린인지,
생존의 아우성인지,
그때 그 시간의 습성인지,
알 수가 없다.

자유야! 밥 먹자.

콧잔등에 앉은 아침 해가 간질간질
웃음 대신 칼칼 두 번 짖는 자유가
문지방에 대고 볼을 비빈다

또 한 번의 아침처럼
자유야! 밥 먹자

'자유'라는 이름의 말티즈 2

자유야! 밥 먹자
밥! 밥! 밥 먹자
대답 없는 소리는 멈추었다
늦잠을 잔 적이 없는 자유
게으른 날도 있지
밥 소리에도 마냥 잔다
조용한 아침이 오랜만이다
황제처럼 귀족의 자태로 누워 있다
참 편안하구나. 자유야

밥 먹자 자유야!
소리가 텅 빈자리
새까만 침묵에도 털빛만 환하다
새물새물 잠드는 자유
숨소리도 침묵
자유야! 잘 자렴
다시 오지 않는 참 조용한 아침이다

김우식

현대시문학 등단
임화문학상 수상, 솟대문학 추천시인
<국제문예> 시부문 신인상 수상
(사) 국제문인협회 경남지부장, <국제문예> 운영위원
현) 사회복지법인 창녕어린이집 이사장
시집 「아내에게 바치는 詩」와 공저 「둥지」 등이 있음

무당 북소리

솔터 아파트 앞
연못 옆에 무당집이 있다

나는 3대째 장로
북소리 날 때마다
재수 없다고 창문을 닫았다

어느 날
아내가 꽃가마 타고 떠나고
세 자녀를 둔 딸이 이혼하고
말도 걷지도 못하는 손자

밤마다 울부짖고 기도하면서
이놈의 업보 때문이겠지
체념하게 되었다

무당집 북소리가 안 들린다
먹고살려고 북 치는데
갑자기 걱정이 된다

오늘은 북소리가 들린다
사물놀이 북소리다
아파트 창문을 활짝 열었다.

파랑새

님은 03.6.9
파아란
하늘로 날아갔소

갈밭으로 도망
영원을 약속했던
68.12.21 첫날밤

꿈결 같은 35해
주마등
종점에서

내 영혼에 조각되어
지울 수 없는
님의 영상

살아온 숨결 속에
님이
얼마나 소중한 존재인지

저며오는 그리움에
나 홀로
가슴 찢기는 나날들

나와 님 사이
징검다리
끊어졌지만

아...
애달픈
내 사랑

파아란 눈물 고이어
님 곁으로
강물 되어 흘러 흘러

오늘도
파랑새 되어
내 님 곁으로 날아가리

주님! 말씀하소서
(4254호 재활병동, 손자 울음소리에)

주님, 어디 계십니까
재활병동, 0.5평 철창 속에서
오늘도 고행을 합니다

03시 30분
神의 울음소리 들립니다
일어나 무릎 꿇고
무슨 뜻인지 애를 써봅니다

고행이 끝나는 날 언제입니까
사치스러운 천국 원치 않습니다

내 피, 갈빗대 손자
산토끼처럼 뛰놀고
할, 할애비 소리치는 날
그날이 천국입니다

석양길 홀애비
제단에 엎드려 눈물 뿌립니다
할애비, 부르는 날 언제입니까

주님, 말씀하소서.

할애비 천국

무당거미는
자기 엄마 살 갉아 먹으면서
자라난다는데

원기도 할애비살
갉아 먹으면서
말도 하고 걷기도 했으면 좋겠어

할머니 하늘나라 갔고
원기도 뇌성마비 장애아로 있으니
할애비는 이 세상 살기 싫거든

거미 새끼처럼 갉아 먹어봐

우리 원기가
산토끼처럼 뛰놀고
할, 할아버지 소리치는 날

그날이, 할애비 천국이야

강제 이혼

이혼 도장 안 찍으면
카드 사용 중지
자식 학원비 중지
생활비 중지
아빠, 나 어떻게 해

자식 때문에 도장 찍지 마라
아빠와 형편대로 살아보자

아빠, 손 서방 못살게 해서
도장 찍어 주었어

바보 가시내야
자식 때문에 참아야지

아빠!
자식은 계모에게 줄 수 없어
내가 키우기로 공인증서 받았어

착한 바보야
공인증서 보니 다 엉터리다
내가 변호사 선임했다

딸이 도장 찍어주고
아빠! 숨이 막혀
응급실에 가자

아빠! 애들 저녁은
학원 보내주고
김밥 사서 먹여줘

이 일을 어떻게 해
딸자식 불쌍해서

피멍 된 홀애비 눈물
하염없이 쏟아집니다.

어떻게 해야 합니까

밤새 뒤척이다
한숨 속에 잠 깹니다

아이고! 바보 가시내야
콜걸에 남편 빼앗기고
세 자식과 어떻게 살래

여보! 용서해 주오
나 혼자 어떻게
할 수가 없었소

딸자식 불쌍해서
어떻게 해야 합니까

조각, 조각 애비 가슴
어떻게 해야 합니까

주님! 말씀하소서
피멍 된 홀애비 눈물
누구 죄입니까

할아버지 생일

나는 장애아 10살
뇌성마비 1급입니다

말도 못 하고
걷지도 못합니다

할아버지는
나를 가슴 속 끌어안고
눈물로 기도합니다

주님! 사랑하는
내피, 갈빗대 손자
말도 하고
걸을 수 있게 해 주세요

나는 말을 못 하지만
들을 수는 있습니다

가슴이 아파 울고 싶지만
나는 병신이라
울 수가 없습니다

할아버지 심정 알아요
칠순 생일 축하해요
너무너무 사랑합니다

나는 손으로
하트를 그리며
꿈속에서 우우 소리칩니다.

할애비 편지

내 사랑하는 손자 원기, 할애비 죄로 장애아로 태어났구나.
할애비 알아보고 웃는 원기 모습 천사와 같구나
할아버지 할아버지 불러 봐. 할, 할이라고 소리 내어 봐
밀림의 왕자 타잔같이 우우-소리 질러 봐
할애비 좋다고 얼굴 만지작거리지만 내 목을 껴안지도
못 하는구나
네 할머니 하늘나라 간 지 7년, 원기 나이도 일곱 살이 되었구나
오-주님! 이 홀애비를 불쌍히 여기소서, 이놈의 죄를 용서해 주세요
원기 우리 원기를 사랑해 주세요. 눈물로 엎드려 기도드립니다

원기야! 네놈 덕분에 늙은 할애비 직장이 생겼어
새벽밥 먹고 원기를 산타페 차에 태워 출근하면서
너를 쳐다보면 할애비 좋다고 빙그레 웃고
도착하면은 천사같이 잠자고 있어
대구 닥터 굿 재활병원에 도착하여 커피 한 잔 마시고
워밍업하고 하루 일과 시작한단다.
치료하면서 네놈이 웃으면 웃고, 울면 가슴에 눈물 고이고
웃다가 울다가 보면 벌써 퇴근 시간이야
우리 원기 덕에 웃고 우는 그런 직장 다니고 있어

며칠 전 KTX를 타고 가면서 원기와 화상 통화를 했지
할애비 보면서 빙그레 웃으면서 말을 안 하는 거야
그래서 할애비가 원기야 원기야, 할배 할배야 말해 봐, 할애비
할애비야 이놈아 불러 봐 말을 해야지, 아이고 이놈아!
할애비 죄가 많구나. 이렇게 절규를 했어

원기야 무당거미는 자기 엄마 살 갉아 먹으면서 자라난다는데
원기도 할애비 살 갉아 먹으면서 말도 하고 걷기도 했으면 좋겠어.
할머니는 하늘나라 갔고
내 피, 갈빗대 같은 원기도 뇌성마비 1급으로 있으니
할애비는 이 세상 살기 싫거든, 거미 새끼처럼 갉아먹어 봐
우리 원기가 산토끼처럼 뛰어놀고 할,할애비 소리치는 날
그날이 할애비 천국이야!

약봉지

괴로운 홀애비 길
당신 곁에 가고 싶다

약봉지, 소주 한 병
당신 산에 가야지

저녁노을이 아름답다
이제 당신한테 가는 거야

버림받은 미라야
내 피, 장애아 원기야
아빠, 할애비는 가는 거야

말 못 하는 원기
할애비는 좋은 사람이야
그런 말 듣고 죽어야 되는데

코로나

아내 빈자리
자녀들마저
멀어져 가고

괴로운 홀애비
하루하루 호흡
고통이구나

사랑하는 코로나
어서 속히
나에게 와다오

꿈에도 보고픈
여보, 당신
아내 만나러 가자

김창준

───◆───

계명대학교 문예창작학과 졸업, 계명대학교 경영대학원 졸업
산업통상부· 한미통상 민간위원 역임
㈜뉴테크 창업 대표이사, ㈜뉴테크 LIB 창업 대표이사
조지 워싱턴 대학 최고 경영자과정 수료
「국제문예」 시부문 등단, (사)국제문인협회 부이사장

지고한의 사랑

사람을 가슴에 둔다는 것이 천당과 지옥을 품을 일이겠지요. 지난날 지독한 사랑에 오랜 세월 지고와 지순을 건너와 봤음에도 언제나 사랑이란 것은, 첫사랑이고 그래서 천당과 지옥을 미련하게 또 품나 봅니다.
한 여자가 한 사내를 가슴에 두는 일이 가능될 수 있는 일이던가요. 그 얼마나 거대하면 그 얼마나 하찮은 것인지요. 사람을 사랑하고 견딘다는 것이 가슴앓이 없이 지속할 수 있는 일이던가요, 그랬습니다.
많은 여자들이 그 사내를 에워싸고 분내를 풍기고 갖은 기교로 희롱합니다.
사람을 품는 데 있어 얻어내고자 할 것이 있고 그래서 품는 사내이고 연인이라면 그것이 사랑이겠습니까.
너나 할 것 없이 하는 노릇이다 해도 사랑은 사랑다워야 하지 않겠습니까.
어리석고 불쌍한 사람에게 신이 내려준 축복인데 그것만이라도 온전히 해내야 살만한 것 아닐 테지요.
그런데도 우리들은 그 가슴앓이에 냉담합니다. 아니, 그 사내가 그렇고 이 사람도 다르지 않습니다. 그 사내의 여자는 한 가지밖에 할 줄 모르는 천치이고 병신 같은 여자입니다. 속을 감출 줄 몰라 들키고는 어리버리가 대명사가 되어버린 세상천지에 바보입니다.
그러나 사람이 사람을 좋아하는 것이 어떠해야 하는지 그것 하나만은 아는 천치 여자입니다.

마땅히 발을 예우에 다치고 돌아와 소리 내지 못하고 울음밖에 모르는 세상천지 병신 같은 여자입니다.
외눈박이 물고기는 맨 처음 태어나 눈을 떴을 때 제 눈에 보이는 것이 부모이고 정인인 줄만 알고 죽을 때까지 그 말을 듣는다 합니다.
아프지만 지고한 사랑이지요. 그 사내의 여자, 그 천치 여자도 그렇게 외눈박이의 사랑법이 제 사랑인 양 그렇게 할 줄 밖에, 다른 사랑이 있을 거라는 것 또한 알려 하지 않는 천치 등신 바보입니다.
이 긴 편지가 끝날 때쯤엔 가는, 흐르는 강 소리가 잦아들 수 있을지요.
그 강물 소리가 그 사내에게도 가 닿을지요.
상처 난 무릎을 세워 오늘도 외눈박이의 사랑이 천륜인 듯 그 여자는 그 사내의 가슴으로 흐릅니다.

「망월동 묘지」

망월동 묘지는 누가 만들었을까
망월동 묘비에는 무슨 말이 오갔을까
5·18 묘지기 아저씨는 오늘도 풀을 베고
묘비를 닦으면서 무슨 말을 주고받았을까

사십 년 한결같이 죽은 영혼들을 돌보면서
영혼결혼식 「주례」도 섰다지요
학생들과 시민군, 최루탄 연기 속에
누가 누구를 민주화 항거라고 했나요
오늘도 풀을 베고 묘비를 닦으며 그는 서성인다

5·18은 왜 일어났지요?
「욕심이 많아서요」
「정권을 잡으려고요」
피를 흘려 진압하고 피를 흘려 투쟁하고
남은 건 「민족」의 한 뿐이다
정권은 백성의 염원에서 나온다
권력은 백성의 분노일 뿐이다

한 사람의 욕심이 나치의 히틀러를
탄생시켰다
또 한 사람의 폭정이 무고하고 용맹한
수많은 시민을 죽였다
그들은 용감했다 영웅이 되기 위하여
그들은 알고 있다 누가 누구들이 영웅인지
오늘도 5·18 노선버스는
한 많은 영혼들을 싣고 망월동 묘지로 오간다

메밀
<고분 속에서 찾은 씨앗>

꿈은 잠자는 씨앗 속에 있었다.
바람과 햇볕과 영혼이 까맣고 작은 씨앗 속에서
움트리고 있었다.
그가 찾은 삶이 작고 보잘것없는 한 알의 씨앗이었지만
그 메밀 속 하얀 분 속에서 모두 잠자고 있었다.
삼발의 지지대처럼 언제나 제자리하고
백 년이 넘는 세월에도
그 꿈은 잊어버리지도, 잃어버리지도 않고
온통 그대로 묻어 놓고 있을 줄이야

그것이 꽃이 되리라는 가능성은 아무도 모르고 있었다.
단비를 기다리며 또 다른 가능성을 조금씩 토해낼 뿐
온통 이슬로 지고 마는 정할 수 없는 것들을 얘기한다.

들국화
<선암사 가는 길>

불경 소리, 목탁 소리, 화음이 되어
멀리서 영혼처럼 들려온다
가을 국화꽃 향기에 실려
끊어졌다 또 이어진다
선암사 오가는 길은 인연의 길
옷깃이 스치는 애절함은 이승의 몫이다
노란 들국화 잔잔한 바람은
꽃보다 더 부드럽다
향기는 영혼처럼 부드럽다

sex!

sex!
「그것은 神이 준 가장 아름답고 숭고한 것이다.
그것이 종족 본능이든 말초 신경을 자극하는 일이든
숭고한 것만은 사실이다」

뙤약볕 내려쬐는 자동차 BONNET 위에서
그들은 가쁜 숨을 몰아쉬며
온 세상을 연인들의 것으로 만들고 있다
빨간색 BONNET는 원초의 욕구가 솟구친다
너는 나를 사로잡은 독거미보다 열심이다
그녀는 세브런너의 델리케이트 한 촉감보다
더 델리케이트 한 숨결로 내 육체를 녹인다
피를 흡혈하고 살을 깨물어 먹는다

내가 못난 뜻은

내가 나를 사랑하고 이해하며 행복합니다
내가 남을 보살피고 도와주며 어른이 되고 주인이 됩니다
사랑하고 도와주는 것들이 가장 아름답게 자기를 가꾸는 길입니다

외로움은 내 옆에 아무도 없어서 생기는 게 아닙니다
마음의 문을 닫았을 때 생깁니다
마음의 문을 활짝 열면
깊은 산속 혼자 살아도 외롭지 않습니다

열등감은 못나서 생기는 것이 아닙니다
더 잘나고 싶은 마음에서 옵니다
존재는 서로 다를 뿐
모든 존재는 온전합니다

좋아하고 싫어하는 감정이 일어나는 것은 어쩔 수 없지만
그 감정에 얽매이지 않아야 합니다
화단에 있는 꽃들을 보는 것처럼
그 사람을 인정하면 됩니다
나는 누구이며, 지금 무엇을 하고 있는가?
지금은 어디로 가고 있는가?
가끔은 멈추고 되돌아보면서
"너 누구니? 어디로 가니? 지금 뭘하고 있니?"
스스로에게 물어도 보세요
그러면 당신은 온전하고 행복해집니다

지금의 나

길은 걷다가 문득 뒤를 돌아본다
수많은 내가 있다
내 뒤를 따라오는 수많은 내가 있다
그곳에는 평범한 내가 있다
화려한 나도 있다
초라한 나도 있다
초라한 나를 보며 운다
화려한 나를 보며 웃는다

아란의 편지 Ⅱ

시간이 흘러간 뜰엔 이제 아무것도 없습니다.
한 잎 두 잎, 우리들의 이야기는 바람에 결이 되어 쌓여지고 있습니다.
아란
숨결은 한 줄기 아는 별빛을 타고 파란 풀잎에 아직도 무수히 내려앉고 있습니다.
아란 그 자리에 없어도 바람결에 들리는 숨결은 내 가슴 깊은 곳을 스쳐 갑니다.
아란
별처럼 많은 우리들의 이야기를 하나씩, 모두, 이제 잊어야 하나요
한 줄기 바람을 타고 마지막 눈빛마저도 떠나가 버렸습니다.
아란
이제 아무것도 찾을수도, 들리지도 않습니다.
바람처럼 가버린 하얀 이야기들은 한 잎 두 잎
낙엽이 되어 뒹굴고 있습니다.
가슴 안고 우는 풀벌레 소리도 지쳐 잠이 들었습니다.
별처럼 많은 우리들의 이야기를 이제 모두, 잊어야 하나요.
하나, 둘 뒹구는 낙엽 속에 깊이깊이 묻어야 하나요
아란,
아란,
아란,
낙엽 소리만 들립니다.

그리움입니까 / 사랑입니까

잔잔한 파도가 끊임없이
바닷물을 헤적입니다
내, 가슴 깊은 곳에 안주한 당신은
어느 하늘 아래 무엇을 생각하고 있나이까
끝도 시작도 보이지 않는 그리움이
잔물결처럼 나의 가슴을 아련히 헤적입니다
가슴 깊은 곳에 남아 있는 핏빛 사랑도
물보라 같은 아스라한 그리움도
무지갯빛 사랑도 겹이겹이 간직하고
사랑하고 또 사랑하렵니다
영원히 사랑하고 별빛처럼 영롱하게
고이고이 간직하렵니다

삶

삶이란 무지개를 잡으러 떠다니는 것.

네가 너를 사랑한다면
소낙비가 내리기를 기도하라

현란한 무지개는
저 깊은 강물 속으로 던져 버리라.
다시는
너에게로 찾아오지 않으리

태양이여!
밝은 아침 해가
도시와 숲과 사막까지도
환히 비추고 있지 않는가

꿈은 현실이 되지 않는 것은
황홀하고 찬란한 무지개는 안다
꿈은 꾸는 자에게만 이루어진다.

남대극

서울대 및 동대학원 독어독문학과, 삼육대 신학과 졸업
미국 Andrews University 신학대학원(신학박사)
육군사관학교 교수부 독일어 교수, 삼육대학교 총장 역임
시집 〈나그네의 길〉 〈순례자의 길〉 외 다수
재림문인협회 이사장
국제PEN 한국본부 회원
(사)국제문인협회 부이사장

나의 꽃 수선화

넓디넓은 들판의
야생화들 사이에
흰빛으로 피어난
한 송이의 수선화,
그 모습 아름다워서
뭇 시선을 끄누나.

온 들판을 환하게
밝혀주는 꽃 중의 꽃,
볼수록 더 어여뻐
마음 밭에 옮겨진 꽃,
그 향기 살갗에 스며
내 안으로 드누나.

샤론의 수선화*

"두 조각의 빵이 있는 자는
그 한 조각을
수선화와 맞바꿔라."
이렇게 말한 무함마드,
그의 심중에도 필경
나의 수선화와 똑 같은
눈부신 꽃 한 송이가
피어 있었나 보다.

그 지순(至純)함으로
나의 눈은 어리었고,
그 고아(高雅)함으로
내 마음은 떨리었네.
외로움에 익숙한
그대 얼굴에는 아직도
머나먼 고향, 지중해 연안의
따사로운 햇빛이 비친다.

  * 아가(雅歌) 2:1.

순백의 여섯 꽃잎,
그 한가운데 함초롬히
피어오른 황금 꽃술.
지금도 그대의 자태를
감싸고 있는 그 옛날
나르키소스의 비애.
슬픔은 아름다움을 더욱
짙게 하는 윤색제인가?

인연(因緣)

천지에 동트던 날
조물주가 엮어놓은
면면하고 튼튼한 줄
너와 나를 묶었다.
눈보라 휘몰아쳐도
끊어지지 않는 끈.

하고한* 사람들과
옷깃을 스쳤는데
아무도 그 스침을
느끼지 못했으나
오직 너 한 사람만이
내 옷깃을 보았네.

네 눈길 내 가슴에
꽂히던 순간부터
스침은 불꽃 되어
우리 삶을 사루네.
영원히 꺼지지 않을
숙명의 불꽃으로.

* 하고한 : '많고 많은'을 뜻하는 고어.

오늘도 끈끈한 끈
손으로 매만지며
엮어주신 그분의
깊은 뜻 헤아린다.
아무리 생각해봐도
알 수 없는 오묘여.

우연과 필연

너와 나의 인연은
우연인가 필연인가?
우연이면 어떻고
필연이면 어떠랴?
인연은 그 자체로서
하늘이 준 복인데.

우리가 맺은 인연
귀중하게 여기어
사랑으로 가꾸고
진정으로 대하면,
필연이 따로 있을까?
우리 인연 그거지.

하늘의 섭리에는
우연이란 없는 법.
우리가 우연이라
일컫는 인연들도
하늘이 맺어준 것을
알고 보면 다 필연.

이어령(李御寧) 님

반세기 전 강의실에
번쩍이던 그 지성,
우상들을 파괴하고
우상이 된 총아여!
문약(文弱)한 몸매를 뚫고
분출하던 그 열변.

88년 올림픽 때,
억만 관중 침묵시켜
적막이 된 우주의
모퉁이 한 점에서
나타난 굴렁쇠 소년,
온 세계가 놀랐지.

시대를 앞서 보던
예리한 그 형안(炯眼),
인간의 지성 넘어
영성이 존재함을
보고야 잠들었으니
진정 복된 자로다.

88년 긴 세월을
마감하고 누우신 님,
남기신 귀한 글들
다시 보러 펼 때마다
빛나는 섬광에 싸인
님의 얼굴 대하리.

나의 손녀 은비(恩琵)

왕고모도 고모도 없고
누이도 딸도 없는 나에게
너의 탄생 소식은 분명
은총(恩寵)의 선물이요
비파(琵琶)의 음조였다.
그래서 네 이름이
은비(恩琵)이지.

아범과 어멈이 중국으로
선교여행 떠나고 없는
한 주일 동안,
너와 함께 먹고 자고
같이 놀다 널 보내고 나니,
온 집안이 텅 비고
놀이터는 적막하구나.

자다가 일어나서
씽긋이 웃으며 다가오던
너의 얼굴은 다름 아닌
아기 천사의 모습.
한 번 가르쳐준 단어는
철판에 새겨둔 듯
여러 날이 지나도 잊지 않고

다시 쓰는 네 기억력은
미상불 천부(天賦)로다.

아직 두 돌 반도 안 된
어린 너이지만
어휘력에 뛰어나고
말솜씨가 비상한 네 얼굴을
물끄러미 바라보노라면
이 할아비 선지자의 안목에는,
기대와 희망에 찬 두 눈에는
언젠가 사람들 앞에 나타날
다언어 통역사가 어른거린다.

착하게 타고난 심성에
섬광(閃光)처럼 번뜩여서
사람들을 놀라게 하는
그 총명, 그 지혜,
부디 고이 자라고
아름답게 가꾸어져

이 땅에서도 빛나고
저 하늘에서도 반짝이는
항성(恒星)이 되고,
온 누리를 환히 밝히며
주님의 얼굴도 비춰드리는
큰 별(star)이 되어라.

사랑하는 은비야,
귀엽고 어여쁜
나의 손녀 은비야!

여전히 외로운 태극기

3·1절과 제헌절에 외롭던 태극기,
광복절을 맞이해도 여전히 외롭다.
한 동(棟)에 딱 한 집씩만 태극기를 달았네.

어쩌면 이렇게도 무심하고 냉담할까?
어제 오후 관리실이 국기 게양 하자고
낭랑한 여성 목소리로 공지까지 했건만.

태극기를 흔들면서 광복의 기쁨을
지축이 울리도록 외치던 조상들의
그 함성 디미누엔도 사라져 가는구나.

역사를 망각하고 뿌리를 외면하는
이 겨레 이 나라가 어디로 갈 것인지
두렵고 떨리는 마음 가눌 길이 없구나.

코스타 리카(Costa Rica)

북미와 남미를 묶어주는 밧줄인가?
태평양과 대서양을 가르는 경계인가?
신기한 코스타 리카,
절묘하다, 그 위치.

산마루에 올라서니 양쪽에 뵈는 바다,
동쪽에는 대서양, 서쪽에는 태평양,
세상에 이런 나라가
몇이나 더 있을까?

거대한 분화구가 호수로 된 포아스(Poás) 화산,
즐비(櫛比)하게 늘어선 해변의 야자수들,
네 이름 "부유한 해안"("Costa Rica"),
그 모든 걸 담았네.

하화도(下花島) 꽃섬길

하화도 꽃섬길 꽃길 따라 시오리[十五里].
야트막한 언덕길, 소름 돋는 벼랑길,
풀냄새 물씬 풍기는
숲 새로 난 오솔길.

모롱이 돌 적마다 날 반기는 달개비들,
구절초 시든 꽃잎 계절을 탓하는데,
불시에 앞에 나타나
검문(檢問)하는 까만 뱀.

오늘 내가 하화도를 전세 내어 왔는가?
어찌하여 이 섬에 나만 들여보냈는가?
온 종일 걷고 걸어도
인적 하나 없구나.

복조리 모양으로 암팡스레 생긴 섬,
이 섬 찾은 나에게 복을 안겨 주는구나.
절벽의 해안선 따라
숨어 있는 비경들.

사도(沙島), 신비의 섬

누군가 사도(沙島)를 사도(砂島)라 썼다가
고쳐 쓴 흔적 지닌 석비(石碑) 정말 재미있다.
한 글자 잘못 쓴 허물
영영 남게 됐구나.

모래펄과 암석으로 둘러싸인 작은 섬,
장중한 "얼굴바위", 코 하나는 명품인데,
이른바 "모세의 기적"은
이름만 근사하다.

사방에 점점이 늘어선 돌섬들,
수만 년 깎인 아픔 단애(斷崖)로 말하는가?
바닷물 닿은 곳마다
땅 뼈 드러났구나.

공룡들이 남쪽으로 이곳까지 내려와
더 이상 갈 곳 없어 바다에 투신한 것,
최후로 남긴 발자국
유언 되어 말한다.

박종승

경북 군위 출생
<영남일보> 독도문예대전 시부문 특선
<아세아문예> 시부문 신인상 수상
<문장21> 시부문 신인상 수상
제11회 고운 최치원문학상 수상
<국제문예> 시부문 등단, (사)국제문인협회 회원

아침이슬

달빛은 밤의 갈피 사이에
깊은 사유를 남긴다

지르밟혀도 싱그러운 풀잎 위로
투명하게 올라앉는 지혜

먼동의 첫 햇살에 승천하는
청명한 선각(先覺)의 비책

그 짧은 생의 청백함이 방울방울
제 몫을 다한 눈물처럼 정하다

논두렁 밭두렁

논두렁 밭두렁 들풀처럼 휘날리네

갈바람처럼 거친 마음아
영롱한 아침 이슬처럼 고와라

논두렁 밭두렁 들길처럼 흐르네

이 얼마나 고운 길인가
꽃처럼 나도 모든 게 겨워 따라 흐르네

논두렁 밭두렁 물결처럼 일렁이네

이 얼마나 시원한 바람인가
더불어 눈물 씻는 황금물결 일렁이네

산골 노부부

사랑한다고
말로서는 못해서 그렇지
속으로는 다 있었네, 이 사람아

서로가 한평생을
속다짐으로만 꾹 눌러 삭히며
억새처럼 의지해 살아온 삶

어쩌다 속 시끄러우면
공연히 무쇠 솥뚜껑만 여닫다가
함께 해주는 들녘으로 나가지

천지가 망가질 벼락이 쳐도
본래 마음은
서로의 속을 떠나지 않고
쑥버무리처럼 늘 뜨끈뜨끈하네

허공에 부르는 노래

비탈에 선 지혜
벼리기 위해 가는 이 길

대처로 난 날선 신작로
이정표의 삶

나를 풀어내어
하늘에 뿌리고도 싶다만

세상과 만나 논하는
어쭙잖은 세월 이야기

무디어진 고향 산천
먼 허공에 부르는 노래

귀

나뭇가지 하나 풀 한 포기도
바람의 말에 길을 다잡으며 가는 봄
그 무엇 하나인들 허투루 할까

푸르던 연두빛깔 정신없이 보낸 길
고운 꽃잎의 말
이젠 풀잎에게 전해 들으며 쉬어가야지

산골 샘물 소리 분주하게 흘러 흘러
승천했다 되돌아오듯
고요히 나비로 비쳐오는 산사

귓가에 만 가지 꽃잎들이 내려앉듯
오늘이 물같이 흐르는 앞에
향기로 다가오는 하늘의 은빛 풍경

여기저기 보이는 좋은 것과 아닌 것들,
깊은 생각들 속에도 귀가 있거니
두루두루 둥근 삶의 여운을 새겨듣는 귀

바람 밭에 가는 길

정신없이 일만 하며 오가던 그 길
늘 쇠똥이 함께 있었지
껑충거리는 징검다리 같은,

길가 억새밭 오래전에 떨어진
해묵은 보리 이삭에 세상 밖의 소리
잠시 불어오는 바람이 쉬어간다

이젠 다른 세상의 복을 받은 사람들,
가난이 드리운 그늘에 지쳐도
주고 싶은 참사랑을 했던 사람들

먼 산에 잘 지은 옛 무덤 속이
해가 뜨는 세월이 멎어있는
바람의 풍경이 만든 피안의 세계이길

겹쳐지는 온갖 싸한 고뇌들의 형상이
응어리진 바람 밭을 떠다니다가
텅 빈 가슴 울리며 허공으로 번져간다

위대한 역로(逆路)

첫새벽 흐릿한 뒷골목
눈빛, 손빛…,
그리고 된 숨소리

짐이 무거워질수록
나는 가볍다는
늙은 리어카의 너스레

낡은 파지 무게가 삶인
그들의 밥벌이엔
꼭 있어야 할 그게 없다

가난이 힘들어도
육중한 첫새벽을 억척으로
밀고 가야 하는 골목 그 길

비를 맞는 동림지*(桐林池)
– 내 천연(天淵)의 노래

만겁의 업장 밀어내며
흐느끼는 못물을 바라본다

성긴 구슬비 맞고
더욱 깊고 넓어지는 못물

물가에 첩첩이 겨워 누운
풀잎 일으켜 세운다

잔잔한 물결 속 지금껏 못 본
그 푸르름이 보일 듯

다시 비바람에 씻기는 풀잎
그의 말 나는 가만히 엿듣는다

* **동림지(桐林池)** : 작자의 고향마을 안의 저수지

무당거미집 세상

목 좋은 길목에 몰래 지어진
멋진 무허가 건축물

집 가운데 거꾸로 매달린 체
애꿎은 생명 넘보는 노란 주인장

얼씨구!
나는 간신히 알아보고 피했네만

물정 모르고 덤벙대는
온실 같은 부나비 세상 어떡하랴

붉은 우주 통째 돌돌 말아
태양도 잡아 얽어매어 걸어 놓고,

애꿎은 나뭇잎까지 욕보이는데
이 세상은 도대체 어쩌자는 것이냐

근본의 정원(庭園)
- 향교

이승인지 저승인지

고요한 처마 끝

텅 빈 논어(論語)

경전 읽는 유자(儒子),

노학(老鶴)의 침묵

고요…

바람…

그래, 그런 거지

배용파

대구광역시 출생, 아호는 청파(靑波)
고려대 및 동대학원(정치외교학과)
아·태 출판편집 책임자 연구과정(도쿄)
유네스코 청년원 지도교수, 영문월간 <코리아저널> 편집장
등 역임
시집 「역사」, 「김삿갓 시집」, 「달을 쏘다」 외 다수
현) (사)국제문인협회 이사장, <국제문예> 발행인 겸 편집인

석양(夕陽)

참, 머-얼리도 왔구나!
물 같은 세월이
그렇게도 흘러
예까지 왔구나.
그래, 머-얼리도 왔구나...

뒤돌아보지도 않고
달려온 세월 하며
정말 귀중한 게 뭔지도 모르고
그냥
앞만 보고 헤쳐왔구나...

꿈같은 세월,
하염도 없이 흘러
저 붉은 석양을 바라보니
아, 가슴을 적시는 남가일몽(南柯一夢)...
상금도
한 조각 여한이 남았는가?
여정(旅情)마저 무상하니
구름을 따라 흘러가리

피톤치드(Phytoncide)

저 맑은 하늘에
구멍을 뚫고 있는
한 줌의 무리들은 누구인가?
핵실험과 방사능에도 익숙해진
열대림 파괴자들은
오늘도
하나뿐인 삶의 터전을
무자비하게 짓밟고 있는가?

북극곰도 발버둥 치는
重病이 든 지구촌에
때늦은 아우성, ESG*의 물결소리...
추악한 무리들도 대자연을 살리려나?
잡초들의 합창인가 바보들의 詭說인가?
피에 젖은 늑대의 후예
어이,
탐욕의 늪을 헤어나랴?

* **ESG** : Environment, Society, Governance의 준말. 기업의 환경, 사회, 지배 구조적 경영을 강조하며 환경보호 및 자연친화적인 삶의 자세를 지향한다.

숲 기운과 산림욕, 천년 항균제
깊고도 맑은 계곡, 옥같이 흐르는 물
싱그러운 솔내음에 피톤치드 청향제...
아흐, 천혜의 대자연도 도륙을 당하는가?
萬物의 적이 되어버린
잔혹한 인간군상!
그 어느 세월 있어
삶의 여정 함께 할까?
깊은 산속 다람쥐, 녹음 속의 피톤치드
장엄한 秘境 속의 하나뿐인 지구촌을
그 어느 세월 있어
선한 맘으로 지켜나 갈까?

흘러가는 강물처럼(6)

高峰은 말이 없고
천년 노송 고고한 저
외로운 길손의 마음
旅情마저 덧없어라…

구름도 쉬어가는
저 푸른 청봉 하 높은데
麗人은 고요에 젖어
세월을 벗하는가?

천년고찰 저 너머
기러기 떼 한 무리
다정히도 속삭이며
어디로들 찾아가나?

겨울산(5)

칼바람이 뺨을 때린다.
천지를 삼킬 듯한
강풍이
속맘까지 얼어붙게 한다.
휘몰아치는 겨울바람
말없이 지켜보는 雪山...

久遠의 세월을 달려온
저 겨울산,
매서운 바람을
온몸으로 맞으며
황량한 대지를
적셔주는구나!

천고의 세월을 헤치는가?
숱한 삶들을 감싸려는가?
아니라면,
눈 속 한 점의 비경
그 불후의 명화를 지키려
北風寒雪을
그렇게 소리도 없이
맞으려 하는가?

천고의 세월 따라

굽이치는 물결 따라
가는 세월 어이하랴?
바람같이 사라지니
뉘 있어 잡을 손가?

숱한 사연 남겨놓고
자연으로 가시는가?
절절 사연 뒤로 하고
구름 따라 흐르는가?

초개 같은 삶의 旅程
풍진 속세 한 줌의 흙
현인들이 일컫기
空手來空手去라
물 같은 세월 속에
旅情마저 덧없어라...

久遠의 세월, 억겁의 시간이여
끝없는 저 별바다
억조 광년 흐르는데
한 점 티끌 못 벗어난
중생들이 가여워라
아!

현인들이 어디에 있어
여명으로 데려나 갈까?
별무리 깊은 강
세월이 흘러가네.

축시
- 딸의 결혼식에 부쳐

아장아장
귀엽게만 걷는다 했더니
세월은 흘러
너는
어느새
눈부신 신부가 되었구나!

숱한 세월에
가득한
그리운 시간들을 내려놓고
이제는
담담하게 걸어가려 하는구나
저 시리도록 푸른 창공을 향해...

해맑은 너의 눈동자를
쉬이 못 본다는 건
참으로
견디기가 어렵겠지만
별처럼 바람처럼
지고지순한 너의 모습만은
내 항상
가슴에 담아 두려마
맘속 깊이깊이
고이 간직하려마...

서동성

---◆---

1963년생
호명산업 무역
아미텔레콤 기획
비앤아이리더 대표 역임
<국제문예> 시부문 등단, (사)국제문인협회 회원

잠

기다리면 올까
잊지 않으면 되돌릴 수 있을까.

너와 보낸 시간들은 익숙하고
네가 없는 홀로서기는 아직도 어설프다.

매일 찾아오는 밤은 길어지고
잠은 점점 줄어든다.

어둠에 떠진 눈은 한없이 허공을 뒤척이고
또렷해지는 의식은 잡히지 않는 생각을 불러온다.

내일이면 괜찮아지려나
새벽녘 떠오르는 해에 기대어 마음의 소리를 듣는다.

너에게로

바람이
요란하게 창문을 흔드는 밤
마음을 두드리는 울림에 눈을 떴다.

소리조차 끄집어낼 수 없는
눈물은
어둠의 공간을 적시고
너를 부르는 소리는 바람결에 묻힌다.

창문을 열어
채 마르지 못한 마음자리를 잠재우고
바람에게 물어본다.

네가 되어 너에게로 가는 길을.

잊고 있었다

바람이 분다.

아주 차디찬 바람이 불어온다
낯설지 않은 바람이다.

"경험은 기억을 남기고 시간은 상처를 메운다."

익숙할 줄 알았다.

허우적대던 바닥에서 기어 나와
양지의 햇살을 받으며 걷는 길에
어떤 바람이 불어와도 시림이 없을 줄 알았다.

아픈 경험이 주는 내성의 약이
강한 면역의 성이 되어 흔들리지 않을 줄 알았다.

"마음을 파먹고 사는 아픔."

슬픔이 마른
상실된 삶의 두께에 아픔이 있었다.

치유의 시간으로 가리워진 기억의 그늘에
아픔이 마음을 파먹고 있었다.

꿈을 깨도 다른 꿈을 꾸고 있는 듯
아픔에 익숙해도 아프다는 것을 잊고 있었다.

그런 별

밤은 하늘과 하나다.

하늘은 어둠을 입고
별을 내어 보인다.

다가간다.

길은 어둠으로 가리워져
보이지 않는데
별은 밝게 빛나고 있다.

가는 길을 밝혀주지 않는
보여주기만 하는 별.

그런 별은 아름답지 않다.

별이 사라지면
하늘은 어둠을 벗는다.

밤은 별을 보내고 어둠을 잃는다.

일상

웃는다.

웃을 이유가 있어서 웃고
이유가 없어도 웃는다.

밥을 먹고
정리를 하고 또 정리를 한다.

손은 분주히 무언가를 하고 있고
생각은 그 손끝을 따라 간결해져 간다.

평온하다.

생각했던 거보다는 더 평온하다.

잠이 든다.

꿈은 밤마다 찾아오고
깨어난 머리는 기억을 잃는다.

소리 없는 멈춤
순간순간 찾아오는 정적
고쳐 앉아 어둠을 바라본다.

말이 줄고 바라봄도 줄고
새벽이 오면 그리움도 사라져간다.

너의 소리

"너"

한 걸음 다가선 숲길
바람은 마음을 두드리는 울림이 되어
꼭 잡은 두 손 사이를 메운다.

품에 안으면 내 것인 양
나무들 사이로
흔들리는 붉은 꽃을 품은 바람은
따스한 숨결로 꽃 가슴에 그리움을 심는다.

"소리"

산등 너머로 들려오는 소리
무슨 소리일까
두려움을 안고 돌아선 골에는 바람과 나무가 있었다.

숙명의 거리를 두고 다가갈 수 없는 나무는
바람의 부대낌으로
살아있는 몸의 소리를 전한다.

무슨 말을 하는 걸까
소리는 말이 되어 귓가를 울린다.

비와 그리움

좁은 공간. 비 내리는 밤이 내어준 시간.

자그마한 소리라도 새어 나갈까
귀를 세우고 숨을 죽여가며
어떤 미동도 없이 있었다.

아기 젖내를 풍기며 내리는 비는
쌔근거리는 숨소리를 남기며
맺히고 흐르기를 반복했다.

예술가의 혼을 담은 그림을 탐닉하듯 훑어본다.

가로등 불빛에 물기를 머금은 차창은
부딪히는 빗방울을 반짝이는 별로 만들었다.

라디오를 켰다.
흘러나오는 음악이 차 안에 스며들더니
마음의 들판에서 서성이던 너를 부른다.

비와 바람이 좋은 밤. 서로 머무는 시간들.
아스라이 그리운 날이
흐르는 비가 되어 끊임없이 마음을 적신다.

빛과 어둠

빛이 사라진 밤
어둠은 삶의 이야기를 재우며 새벽을 기다린다.

빛은 움직임이고 어둠은 숨 고르기다.

어둠이 없으면
깨어 있음에 소중함을 모르고
빛이 없으면 어둠이 주는 내려놓음을 알 수 없는
빛과 어둠은
대척의 대상이 아닌 연민의 관계다.

같은 공간 같은 시간에 머무를 수 없는
빛과 어둠은
이별이 내어준 혼자만의 세상에서
어슴푸레한 찰나적 만남을 간직한 채
그리움을 안고 살아간다.

기억

돌덩이 하나가 던져졌다.
강물에 빠진 돌은 물속으로 사라졌고
강은 아무 일 없다는 듯 고요히 흘렀다.

보여짐의 강은 그랬다.

흐르던 강이 바닥을 드러냈다
그리고 잠겨있던 돌덩이 하나.

모습을 드러낸 돌은
모래톱에 박혀 메말라가는 강물을 갈라놓았다.

"강은 마음이고 돌은 기억이다."

기억은 필요로 할 때 망각으로 몰아놓고
잊고 싶을 때에
메마른 흔적이 되어 또렷하게 다가온다.

기억이 주는 무거움과 가벼움은
마음을 타고 그리 흐른다.

가까이하기에 잊어야 하고
곁에 있으려 잊혀져야 하는 기억들.

시간의 그늘이 기억을 지워내도
이야기는 추억으로 흐르기에 멈추지 않고 계속된다.

그 길

넓지 않은 길 줄기를 타고
천천히 느리게 걷는다.

어둑한 시간이 내어준
화려하지 않은 편안한 길.

후미진 길섶 비탈에 꽃 한 송이
조심스레 다가가 바라본다.

수줍은 듯 아름답지만
쉽게 토라지는 너.

꼭 잡은 두 손으로 전해오는
마음을 두드리는 울림.

밤은 별을 불러 모으고
그 길
별하늘 아래에서 너를 품는다.

신선희

경남 창녕 출생, 아호는 벽천
영미문학 전공(소설), 문학박사
현대시문학 신인상 등단
현대시문학 주간 등 역임
현) (주)나래무인항공 대표
<국제문예> 시부문 등단, <국제문예> 편집위원
(사)국제문인협회 이사

가슴으로 환생하는 상생의 아리랑꽃

그리움이 이끌어준 세상의 다리에
먼 옛날부터 저 머나먼 이국을 떠나
동방 간방의 나라 한국
오방색 문화인 삼태극 깃발을 향해
우리 곁으로 밀착되고 가까워져
남편이 되고 아내가 되고
벗이며 연인이며 부부가 되었습니다

그루터기 뿌리가 하나였기에
오대양 육대주 사람살이
달라진 모습 남남처럼 보인다 해도
나누어질 수 없는 뿌리였기에
밉건 곱건 하늘이건 땅이건
한 생각이며 한 몸이었습니다

같은 형제며 부모며 가족으로
손을 마주 잡고
세계 역사는 한 찰나도 쉬어 본 적 없이
화합하는 다문화의 꽃으로
가슴으로 환생하는 상생의 아리랑 꽃으로
시대를 유전하여
복본으로 회향하는 찰나에 왔습니다

우리 자아는 고향을 노래했습니다.
영적 성숙의 단계를 오르기 위해
시작도 없고 끝도 없는 무시 이래로
가고 오고 오고 가고
시작 없는 시작과 끝남 없는 끝남으로
우리는 우리가 하나 됨으로 다가설 때
너와 내가 결코 남일 수가 없습니다

그 구분 짓는 것으로
쉼 없는 갈등 아픔의 집착으로 전이해 왔기에
산천초목 어디에 나눔이 있고 분할이 있습니까
네 것과 내 것이 없는
천지의 조화에 순응하며 세계가 하나 되는 시간 위에
상생의 꽃이 피는 新時 시대
참 고운 빛의 성모는 빛의 싸이렌을
이 땅 위에 분명히 울렸습니다

천산 우루무치에서 칠갑산으로
천.지.인. 본에 본의 자리를 놓으신
동방의 나라
한얼님의 향기 맑은 꽃비 내리는 오늘
오대양 육대주 오방색 문화인의 세상살이
무궁화 삼태극 세계로 퍼져가는 한국

그것이 참
우주와 합일하는 아름다운 사람입니다

이 세상에 우연 없는 모든 것이
하나의 꽃이고 열매고 뿌리입니다
당신 중심에서 벗어남 없이
우리는 우리가 되어
근본으로 회향할 수 있는 사람 되고

자기 속에 자기가
우주의 주인공 되어
찬란한 보랏빛 영성으로
그대 공명의 노래로
은파의 물결이 되어
저 우주로까지 확장되는
지구촌 아리랑 사람살이

맑은 빛으로
세상살이 은파의 물결이 쳐도
우리 마음은 안정되고
밝은 빛으로 발현하는 지구마을
선경세상
종교도 지식도 앞서지 않는 우리 근본의 본입니다

사랑 그대로 사랑의 노래고
한얼님 보우하사
빛나는 축복의 대한민국입니다

님의 곁에 참 좋은 벗 Yours Pure land

생의 간이역에서

우리가 살고 있는 지구의 삶은
물질을 소유하거나 사용하며 살아가요

마음에 만족하지 못한 이유는
마음은 비물질적이라서
물질계를 능가하기 때문에

한 사람의 사고는
지구 전체를 감싸고도 남을 만큼 무한합니다

물질 생산량은 마음 세계의
수 천분의 일 정도로 아주 미미해요

어떤 한 단위의 물질을 사용하려면
최소한 수천 명에게 나누어져야만
정당한 배분이 됩니다

이 관계를 수치로 나타낸다면
쉽게 이해할 수 있어요

우주의 마음은 함께 공유하는 것
마음의 세계에 있던 인간이
지상에 태어나는 확률은

우리가 모습을 드러내기까지
얼마나 힘든 과정을 거쳐 이 지구 세상에 태어났는가를
정자의 수를 계산해 보면 알 수 있어요

부부가 평생 동안 한 명의 자녀를 둘 경우
정자의 수가 얼마일까요

그것은 축복이고 은혜로운 광명입니다
한 명의 자녀가 탄생하기 위해서 이루 헤아릴 수 없는
정자가 쏟아져 나오죠

그 정자 하나하나는 모두
인간으로 태어날 조건이 완벽합니다
그렇게... 어렵게... 지구 땅에... 탄생한 사람 중에
한 명이 바로 당신이기에

당신은 너무나 소중하고
존귀하게 태어난 사람입니다

당신이 이렇게 고귀한 삶을 받듯이
똑같이 모든 생명체가 크든 작든

눈에 보이거나 보이지 않거나
그 탄생이 존귀한 것입니다

내가 태어나고
때문에 태어나지 않은 그들을 생각해야 해요

그들도 내가 아니었으면 이 세상에 태어나
이 지구 땅에서 영적 성숙을 위하여
천지인의 아름다운 삶의 생을 이어갈 것입니다

한 사람의 내가 아니었으면
한 사람은 이 세상에 태어나 잘 살아가고 있을 것이기에

실패하거나 경주에서 지거나
상대에게 패한 경우의 기분이 어떠하던가요?
그 암울한 순간은 돌이키기도 싫을 것입니다

나 때문에 이 세상에 태어나지 못한 그!
실패로 돌아간 그들을 위해 위로의 기도를 합니다

나의 이면에는
그러한 이유가 필연으로 있습니다
우린 이 지상에서 잘 살아야 하는 이유가 있는 것이죠

보이지 않는 이들의 소망을 이루어주고
그들은 또 이 세상 어느 보이지 않는 곳에서
지상으로 오기 위하여

생의 간이역에서 또다시 대기하고 있을 것입니다
우리가 그들을 생각하고 연민한다면
그들에게 다소간 위안이 될 것입니다

그들도 성공적인 삶을 위한 우리들을 위해
찬사와 격려를 보내올 것입니다

보인다는 것은 사라짐을 전제이며
보여지지 않음은 보여질 것임을 전제합니다

그들과 우리는 둘이며 하나이고
하나이며 둘입니다

공기가 있어 호흡하듯이
물과 얼음과 수증기처럼

우리는 삶의 역에서
순 경험과 나눔을 실천하여

따뜻한 베풂과 넉넉한 사랑을
본향으로 가져가야 해요

배려심과 자비심은 마르지 않는
양심의 발현이기에

아직 이곳에 오지 않고 간이역에
대기하는 존재들을 위하여

우리들은 감사와 정성으로
안정과 사랑으로 잘 살아야 합니다

바람 하나 햇살 하나

삶의 일기를 쓰노라
힘들거나 편안해도
세월의 강물처럼 흘러가고
곧 잊혀진다
삶의 기억 속에 누구든
평생 행복한 이 없고
평생 이익만 내는 장사 없다

이리저리 굴러가면서
보이는 거, 들리는 거
다들 함께 듣고
나만 유달리
왜 이럴까 해도
다른 이도 그렇게 산다

가시나무숲을 지날 땐 으레
가시에 찔리고 긁히더라도
숲을 벗어나게 되면
맑은 향기 밝은 햇살을 보게 된다

분주히 스쳐 지나가는
시간 위를 정차할 수 없듯
보리 양식마저 떨어지듯

삶의 소란도 얼마 가지 않아
끝나고 만다

고통스러운 소란도 저절로 떠나고
보기 싫던 모습도
듣기 싫던 소리도
힘겨운 육신도 절로 떠나가

잡을 수 없는 바람처럼
붙들 수 없는 강물처럼
깨어지는 소리
부수어지는 소리를
두려워하지 않는 마음으로

바람 하나에
햇살 하나
온 우주에 가득 찬 생명 에너지
모정이 서린 사랑의 기운으로
치유의 손길로
참을 수 없는 것 참아지고
아픔도 고개를 넘어가듯

님의 정서는 우주의 자비심
온 세상 사람 누구든
사랑치 못할 사람이 없고
용서치 못할 사람이 없고
이해치 못할 사람이 없기에
자신은 진실해지고
기적의 삶이 은빛으로 전의된다

사랑 이전엔
타인의 눈과 말과 소리
누구의 것도 아닌 조바심들이
그물처럼 드리워졌던
죽음이 또한 곁에 도착하므로

사랑 이후엔
그물에 갇힌 새가
그물을 찢고 비상하는
바람 하나 햇살 하나
영원불멸의 에너지
생명의 인과 연의 부활이여라

바람과 시간과 자화상

시간은
소리 없이 왔다가
속절없이 휑하니
바람 자국만 남기고
말없이
어디론가 사라져 버렸다

오늘 도시의 군상들
거울 속 자화상을 찾아
못내 아쉬워도
발자국만 남긴 채
떠나가고 있는 것을

인생살이
사람살이
홀로 인생이라
소문 없이 왔다가
애달프게 시간의 이력서만 남기고

순간의 점을 알려주는
자신의 행장들
어디에도 머물 수 없는 처처
사멸해 가는 바람과
시간과 홀로의 자화상 속으로

봄과 가을과 꽃들의 노래

빗줄기 속에도 따스함이 있고
차가운 엄동설한에도
애틋한 사연이 녹아
이른 봄이 되기도 전에
세상의 꽃이라는 꽃은
오케스트라 합창 펴지듯
향기로운 잔치로
산하대지에
늘 푸른 예술의 전당으로 펼쳐

그리운 너는
세상에 봄바람보다
꽃을 이해하지 못하는
나의 가슴에
꽃을 그려 주었고
남기고 떠난 향기는
혼자서 깨뜨리지 못한
지독한 질긴 인연의
매듭을 풀었으니

억새풀 쓰러지듯
마지막 보루 지키던 군사처럼
城이 허물리고

이삿짐 떠난 비인 골방마다
수북하게 쌓인 과거의 파편들
허공을 날아오를 때
그 시절의
잊혀질 수 없는 타인들
아직도 끌어안고 있음을

그 시간 그 시절
앨범 속의 사계
들리고 보이는 건
모두 너의 노래이고
너의 춤
바라만 보던 것들
하나도 떠나지 않고 소롯이
돌아와 연줄처럼 이어져 쌓였음을
봄과 가을과 꽃들의 노래

심장은 둘이면서
하나임을 말하고 있어요

지상의 기도가 하늘과 다르지 않기에
한마음 내는 곳이 우주의 근본입니다
우리는 더불어 마음을 나누어
내게 주어진 사람과 잘 살아야 해요

난 당신을 위해서
당신은 나를 위해서
나와 당신이라는 말은
단지 방향을 지시하고 있는 언어일 뿐입니다

한 몸임에도
우리는 언어로
왼손이라 하고
오른손이라 하지 않는가요?

왼손과 오른손은
하나의 가슴속에서 바깥세상으로
분리되어 나왔습니다

두 손을 마주 붙여보면
심장의 모습이 보입니다
심장은 둘이면서 하나임을 말하고 있어요

당신이 왼손이면
나는 오른손 그래서 우릴 한 몸이라 합니다
당신을 하늘이라 하면
나는 땅이라 합니다 그래서 우릴 하나라 하지요

당신을 착하다 하면
나는 악하다 합니다
당신을 생이라 하면
나는 죽음이라 합니다

당신을 영원하다 하면
나는 찰나라 합니다
당신을 부처님이라 한다면
나는 중생이라 합니다

당신을 열반이라 하면
나는 생사라 합니다
당신을 남자라 하면
나는 여자라 합니다

그대여!
누군가 우릴 남이라 해도
가없는 이 우주는

당신과 나를

그 크신 사랑으로
그 넓은 자애로서
언제나 한결같은 체온으로
감싸안아 주고 있습니다

당신과 나 멀리 떠나있다 해도
돌아오고 돌아갈 때에는
본향의 집으로 돌아와
우리는 한마음 지붕 아래

하늘과 땅과 사람이 마주 보고
심장은 둘이며 하나이고
순간에서 영원으로 살아갑니다
밝은 빛을 향하여...

완전한 표현

그림을 그린다
내면은 그려지지 않는다
나무를 그린다
나무의 에너지
수액을 그릴 수 없다
그림은 나무지만
온전한 그림이 아니다
표현할 수 있을 뿐,

흐르고 있는 그 생명력
시냇물을 그릴 수 없다
흐르지 않는 것들로는
고딕체일 뿐이다
분노는 그릴 수 있다
탐심도 그릴 수 있다
무지를 어떻게 그리겠는가

그림은 문자와 같고
문자는 언어와 같다
언어로 표현하든
그림으로 표현하든
그 정도 아주 미약한 표현이다
완전한 표현!

그려지지 않고
들려지지 않고 보이지 않는다

새벽닭이 홰를 치며
살아서 활개 치는 곳으로
외양이나 내면이나
나누어지지 않고
온전히 여여하여
알아차림은 보는 자의 몫이요
듣는 자의 몫이요
행하는 자의 몫이다

이 세상에 우리 함께
백 년을 살지라도
"나"라는 각각의 모습대로
드러나고
이 모습 이대로
그림자 일지라도
모두 행복하고
완전하고 스며들어 화평하다

초월적 사랑

이 지구의 별에서
초월적 사랑 속에
하늘의 자손들은
천년의 사랑을 약속합니다.

저마다의 사랑이 하늘의 뜻이 되어
이 지상에서
최고의 순수한 사랑의
꽃을 피우게 하소서.

모든 선남자 선여인으로 하여
최고의 미덕을 본받아
최상의 삶을 살아가게 하소서.

님의 호흡에서 나오는 기운이
가슴속으로 들며 날며
맥박 뛰는 심장의 울림은
새 시대 새출발하는 천고의 북소리

온 하늘과 온 땅과
사랑을 나누고 실천하는
고귀한 영성자
온 육신으로 알아차려 전율케 하소서

그 순간
적멸의 시간이 지나갈 때
광자대는
밤낮 순백의 시공간을 세척하고

우린
생을 떠나 초월계에 이르러
보아도 봄이 없고
들어도 들음이 없어지게 하소서

저기
새벽의 날들이
당신의 순수 나라를 향하고.
당신이 전생의 기억을 지워버리는 순간

당신의 새 역사의 수레가 돌아가고
새 술이 새 부대에 부어
생명수의 원천이
되게 하소서

이미 당신은
존경받을 사람
사랑받을 사람

적멸토록
당신을 사랑합니다

당신은
사랑 안에 머무는 사람
광명의 밝은 사람
빛의 울타리에서 영원히 살게 하소서

온 우주여 노래하라
지구성의 생존자여 축복하라

여기
새로운 시대에 새사람들에게
새로운 사랑의 물결 흘러
石井의 샘은 넘쳐나 풍족하게 되리라...

하늘과 마음과 별빛

우리 가슴속엔 밝은 별이 있어
자신의 일에 대하여
어려운 것은
자신의 주장이 죽지 않은 것 때문이다

자신의 내부에
죽어도 지키겠다는 신념이
있다면 그것은
죽어도 사라지지 않는 병이다

그 병을 일찍 발견하면 다행일까?
가장 큰 병이 죽으면
작은 병들은 저절로
사멸되리라.

자신의 주장이 퍼렇게 살아 있다면
임종 시에도 눈을 감지
못 할 것이 있다면
그 잔재가 영혼 속에 남아

유전하여 병으로 돌아온다
흩어지지 못하는 구름이 있던가
저 하늘이 맑은 빗물로 씻겨

하늘은 밝고 맑은 것이다

영성의 중심에 밝은 별이 있고
내 가슴의 별은 자아의 성숙이 목적이니
그리운 이에게 하고픈 말이 있다면
가슴속을 향하여 말하라

하나도 빠짐없이 오롯이
전해질 것이다.
태풍이 지난 후 맑은 눈빛은
자신의 각성된 별빛이라는 것을

향기 고운 삶의 꽃으로

설국의 노리마을
학포 나루터에
햇살 빛나는 눈꽃이 피어났다

살얼음으로 흐르는 낙동강
맑아서 밝은
녹아내리는 업장
그 고독한 몸살을 하고

푸른 생명력을 잉태했나
고달픈 날들의 거친 흔적들
애써, 감추려는가
불타는 세월의 윤회

지금, 당신의 터에
자손 뿌려 놓고
향기 고운 삶의 꽃으로
돌아가시려는가

조성국

---◇---

시조생활로 등단, 한국크리스천문학 수필 등단
한국문인협회 회원, 한국시조시인협회 회원
한민족평화통일촉진문인협회 법정이사
한국크리스천문학 부회장, 관악문인협회 명예회장
<계간문예> 자문위원, (사)국제문인협회 고문
저서 「쓰러진 풀 읽어보기」 외
서울시 문학상, 국제문예대상 등 수상

어버이날에

산협길 고개 넘어 정든 고향 마실
초승달 등에 지고 사립문 밀고 들면
아비냐 하시던 그 목소리 다시 듣고 싶어라

청자 부

거울 같은 맑은 하늘 쨍하고 금이 갈 듯
말끔하니 매끈한 선 불로 길들인 자리
두루미 그 울음소리 항아리에 걸치고

임 찾는 목소리가 메아리로 들려나
사무쳐 지친 울음 구름밭에 묻어 둔 채
즈믄* 해 날고 날아도 그 깃 더욱 고와라

그리다 지친 눈물 이슬을 문 들국화
그윽한 그 향기로 지켜내는 천년의 꿈
려 청자麗 靑瓷** 고운 하늘이 눈을 감아 어려라.

* **즈믄** : 천년
** **려 청자** : 고려청자

水上골프장
- 용인시 기흥구 하갈호 골프연습장

300도 휘돌려 내려친 백구였어
포물선 긋고 올라 사인하는 파문波紋 보래
뻗는 팔 젊음이 절로 올라 산도 뽑아 던지리

어둠이 찾아들면 불 밝히는 수상 골프
맘 모아 친 공은 초승달 귀퉁이에
"타이거" 빛을 내듯이 반짝반짝 손짓해.

밤이면 치마 끝에 불 밝힌 "하갈" 호반
마음먹은 푸른 꿈 보란 듯 익히려면
언제든 찾아오시라 수상골프장으로

　＊경기도 용인시 기흥구 공세로 47번길 78 고매동에 있는 하갈호 수상골프장

비단길 깁는 淸池
- 내가 사는 삼성노블카운티

짙은 녹음 사이로 여름이 성큼 온 날,
메타세쿼이아 벗해 연못을 찾은 오후, A, B동 우편함은 입 벌린 채 서서 졸고, 언덕배기 장미가 한 하늘을 열 때 엇가는 미동을 살피다 돕는 "돌보인" 손길이 바쁘다,
별들이 내려와 정담을 나누는 밤, 오작교 건너는 하얀 꿈을 홀로 엮기도 한다. 삼성노블 카운틴 어항이다. 산책로 손잡고 걷는 노부부는 연못을 도는 금붕어. 등 넘어 낮 꿩 소리 들려날 때 청산을 잡고 우는 뻐꾸기, 지난날 게다굽 쇠바람에 굽은 몸, 무지개를 건 청솔은 애환을 삭인 나이테를 지워, 계서 우린 자연의 순리와 섭리를 배우며 하늘 뜻을 읽는다.
노블카운티란 공간을 우리는 좁다고 탓하지 않는다. 혼자만이 즐기는 자유로움이 있다. 근 현대사를 맛본 우린 미래도 꼬나보는 빛을 잃은 별. 누구에게도 허탄虛誕한 귀거래를 묻지 않는다. 청명산을 등에 업은 노블카운티는 水原의 꽃술 A, B동 돌아가는 길목에서 사단칠정의 삶의 길을 배우고 익힌다.
부신 해 지우는 청지淸池 비단길을 깁는다.

삼성 노블 카운티는

아들딸 두고 와도 자식 같은 복지사에
아프면 달려오는 간호사에 돌보인
누구나 가보고 싶은 금강산이 여깁니다

잘났어도 못났어도 마주치면 목례로
서로 돕고 살아가니 근심 걱정할 것 없어
누구나 살아보면 끄덕일 만물상이 여깁니다.

머리부터 발끝까지 풀어주는 체련 장
굳은 몸 풀어주는 수영장에 케어 룸
바라는 지상 낙원은 바로 이곳입니다.

트래킹(등반)

산이 나를 손짓하나 내가 산을 부르나
눈뜨면 찾아대는 신들 매에 아이징
아홉 치 안팎 등산화가 다스리는 산 산 산.

밟고 가는 草花가 미소 짓는 산릉 넘어
눈 끝에 걸린 산을 턱으로 당겨 가며
청명한 그 바람 맛을 보려 타고 도는 산허리

끌끌한 젊음이 地軸를 돌려댄 날
시정에 물든 때 모두 벗어 던지고
黎明의 새 하늘 안아보려 오늘도 걸어간다.

* 서재용의 시 트래킹 차용

어느 기도

백목련 할머니를 학생으로 맞이해
시, 수필 물 드리기 삼 년 고개 넘겼는데
시보다 더 다급한 것 입에 풀칠하는 거

빵 하나로 하루 사는 할머니였습니다.
해를 두고 지켜봐도 돌보는 이가 없어
푹 꺼진 눈자위 보다 돌아설 수 없어라

어쩌다 집 한 칸은 거느리고 산다지만
입에 풀칠 못 하는 수입 없는 월남 동포.
구순을 앞둔 할머닌 나라 걱정부터 해

도와달라 말해도 구청마저 외면해
자식 모두 곤고困苦하니 어느 누가 도와줘
나라님 하실 그 일이 이런 일이 아니실지

못살아도 괜찮아, 자유 있어, 왔다며
이 나라 잘되라고 주 찾으며 기도해
오 주여, 인도 하소서 푸른 시내 물가로

못 잊을 사람
― 나의 그림자 신순희

세월 가면 잊힌다, 말들 모두 하지만
하늘이 높아지고 찬 바람 내리 불면
천진한 그 사람 생각이 나요, 끝도 없이 한없이

어서 와요, 짓던 미소 잊을 수 없고
추억만이 생생하게 꼬리에 꼬릴 물어
그 여린 忍苦를 바쳐 여섯 목숨 살린 임

푸른 꿈 낚아보라 밀어준 사람
오늘 나 당신의 무덤 앞에 서서
독선에 눈먼 지난날을 돌리고 있소

떨어지는 낙엽을 즈려밟고 갈 때마다
바람결에 지는 잎 당신인 것 같아서
내 차마 밟지 못하고 젖혀 디디오.

못 잊는 내 사랑, 당신 이름 석 자는
무딘 촌놈 가슴에 살아 있다오
내 죽어 천국에 들면 당신부터 찾으리

時事漫評

김선달 대동강, 여백 지운 소장동
근거 없다 손 내밀며 함께 돌며 맴 맴
모두 쇼, 다음번에는 어떤 바람 불런지,

청진기도 바람나 귀도 멀고 눈도 먹어
앞길이 훤히 보여 아리 쓰리 열두 고개
선서한 히포크라테스 돌아오길 기다려

어느 나라 의사당

큰소리 주먹다짐도 나라 위해 해야지
무엇 하러 예 왔나 善良들께 물어보리
떼야 할 금 빼지를 못 잊어 장군 멍군 쇼를 해

손이 많아 엇가는지 배가 산으로 가
내일 없이 살아가는 그 하늘 올까 몰라
운전들 잘하시라고 촌장村長 믿고 사는 거여

주먹이 오가고 독설이 오간대도
자유민주 국기國基만은 절대로 흔들지 마
하늘이 무너진대도 대한민국 천만세

저출산을 보며

아들딸 구별 말고 둘이면 됐다, 했지
비싼 약 사 먹으며 하향곡선 그리다가
불나면 불 끌 사람 없어 책임질 수 없단 오늘

짧은 눈이 미워라 20년도 못 내다봐
땅 있고 집 있어도 집 지킬 이 없으면
외적을 막을 수 없어 나무아미타불

미래란 바로 내일 멀리 있지 않은 것을
집 주고 먹이 주고 맘 놓고 살아가게
나라 임 하실 그 일이 이런 일이 아니실지

남명극

아호는 숙맥(菽麥)
경상북도 울진군 온정면 출생
서울대 문리대 및 동대학원 철학과 졸업
Wayne State University 대학원 Computer Science 부전공
<국제문예> 수필부문 등단, (사)국제문인협회 회원
현) 미국 미시간 주 거주

5월의 미학

눈부신 감성의 뜰마다 햇빛은 샘물처럼 고이고, 매화꽃 향기 흩날리는 동산 숲에서 신성의 날개를 타고 창공을 날아가는 꿈을 꿉니다. 오, 밝아오는 신록의 아침이여, 영롱한 자연의 눈부신 광채여.

연한 초록의 잎들과 다양한 색상의 꽃들로 어우러진 산뜻한 계절 5월은, 따로 미학이 필요 없는, 그 자체가 이미 순수한 아름다움입니다. 만물을 양육하는 훈훈한 생명의 바람결에 믿음의 씨앗들이 수줍게 피어나는 봄날, 구김살 없는 햇빛은 아낌없이 은혜로 쏟아지고, 땅 속에서 솟아오르는 다부진 생명력은 개나리 꽃잎을 샛노랗게 물들입니다. 따스한 봄바람은 곰살맞게 이마를 쓰다듬으며 스쳐 지나가고, 들녘은 화사한 천연색으로 우리의 영혼을 황홀하게 포옹합니다. 포름한 실버들 가지는 휘휘 봄바람에 그네처럼 흔들리며, 그 사이로 빨간 새 한 쌍이 노래하며 사랑의 숨바꼭질을 합니다.

풀은 부드러운 바람결에 춤추는 꽃에게 말을 걸고, 나무는 햇빛에 반짝이는 잎에게 속삭입니다. 우리는 서로에게 믿음의 씨앗이자 소망의 실과이며, 사랑의 꽃씨이자 생명의 불꽃이라고 고백합니다. 아, 실로 찬란한 봄날입니다. 쉴러/베토벤의 〈환희의 송가〉(An die

Freude)가 나도 모르게 내면으로부터 감성의 벽을 타고 〈봄의 송가〉
가 되어 올라옵니다.

 "환희여, 아름다운 신의 광채여, 낙원의 딸이여, 우리는 정열에 취
하여 금빛 찬란한 신의 성소로 들어가노라. 그분의 다정한 날개가
머무는 곳, 거기서 인류는 한 형제가 되고...."

 때 묻지 아니한 싱그러운 초봄이 자연의 성소라면, 5월은 그 지성
소입니다. 목련꽃 그늘 아래서 회고록을 쓰거나, 젖은 눈으로 베르
터의 편지를 읽던, 고와서 서럽던 4월은, 이제 눈물어린 무지개의 계
절로 침전되어 물러가고, 눈부시고 장려한 5월의 궁전을 향하여 설
레는 가슴으로 눈길을 돌립니다. 봄은 깊은 숲으로부터 짙은 꽃 내
음을 풍기며 바람을 타고 날아들고, 5월은 줄송이 장미로 기어오르
며, 보석처럼 한 알 두 알 목련으로 피어나, 어느새 계절의 여왕을 위
하여 화려한 왕관의 숲을 만들었습니다. 맑은 하늘과 들에 가득 핀
꽃들, 흔들리는 가지들 사이로, 새소리와 바람소리가 앞다투어 생명
의 싹을 틔우는 이 아름다운 계절에 어김없이 생각나는 노래가 하
나 있습니다. 〈눈부시게 아름다운 5월에〉(Im wunderschönen Monat
Mai)라는 5월의 찬가입니다.

 "이 눈부시게 아름다운 5월,
 어여쁜 꽃봉오리 피어오를 때,
 나의 마음속에도 사랑의 꽃은 피어오르고,
 이 눈부시게 아름다운 5월,
 정다운 새들이 노래할 때,
 나도 사랑하는 이에게

불타는 그리움 노래하네."

슈만이 하이네의 시에 곡을 붙인 이 노래가 절절히 마음에 와 닿는 마음 산란한 봄입니다. 연둣빛 잎사귀, 눈부신 뜰마다 햇빛은 샘물처럼 고이고, 먼 길섶 어디선가 찔레꽃 향기가 부끄러운 듯 치맛자락을 날리며 흩어져 갑니다. 겨우내 존재의 바깥뜰에서 꽁꽁 숨어지내던 무화과나무 가지에도 봉긋한 움이 돋고, 석류나무 가지는 따스한 햇볕에 졸고 있습니다.

사막의 불볕과 한겨울의 눈보라를 뚫고 나온 강인한 진실만이 매화의 향기로운 꽃망울로 밝게 빛나듯이, 5월의 긴 여정은 이미 오래전 겨울부터 시작했을 것입니다. 창조도 깊은 어두움과 차가운 공허에서 시작했고, 존재의 의미와 본질을 살피는 철학적 사유도 겨울같이 차갑고 냉철한 이성에서 출발하지요. 시간이 시작되기 전에는 영원이 흑암 위에 흐르고 있었고, 하얀 눈 밑에서 푸른 보리가 자라듯, 긴 겨울 내내 흰 눈으로 앙상한 가지에 봄을 꽃피우는 연습을 하는 것도 겨울입니다. 겨울 한가운데에 입춘이 있는 태극의 의미와 맥이 닿아 있습니다. 지루한 겨울은 그 냉혹함으로 우리의 멀쩡한 희망을 여지없이 동사시키려 했으나, 절망을 벗하면서도 꿋꿋이 봄을 꿈꾸며 신앙하며 버티어온 우리에게, 드디어 삶을 누리고 생을 노래하는 눈부신 계절이 도래했습니다. 구부러진 길 위에서의 울퉁불퉁한 삶이었지만 투항의 백기를 들지 않고 버티어온 용기가 눈물겹도록 대견스럽습니다.

봄의 숨소리에 대지는 기지개를 켜고 앙상한 나무의 혼은 부활을 꿈꿉니다. 생명의 샘에는 둑이 터지고 샘물은 넘쳐 도랑을 만들어도도히 흘러갑니다. 깨어 움트는 자연이 들려주는 순수한 시원의 소리에 이토록 섬세하게 반응하는 계절의 예술성은 실로 고상하고 풍요롭습니다. 언어화되지 않아도 마음에 감정의 샘이 계시로 터지면, 누구나 영혼의 날개를 타고 창공을 날아가는 꿈을 꾸는 시인이요 선지자가 되는 5월입니다. 봄은 맑고 고요한 것, 영혼의 수면 위에 잔잔한 호수의 평화로 피어납니다.

젊었을 때의 봄은 기쁨으로만 차 있는 홑겹의 봄이었지만, 노년의 봄은 기쁨과 슬픔을 아우르는 겹겹의 봄입니다. 봄의 소리를 들으면서 잃어버린 젊음을 아지랑이 속에서 다시 그려내기 때문이지요. 나비 앞장세우고 와서 복숭아꽃 살구꽃으로 만발하는 봄, 이러한 꿈 같은 가절을 여든 번 가까이나 누린다는 것은 실로 큰 축복입니다.

어린 시절, 새싹들의 연한 머리를 가지런히 빗질하듯 미풍이 불어오던 들판 길을 달리던 동심이 퍽이나 그리워집니다. 노을 빛깔을 배경으로, 송아지 울음소리가 서쪽 하늘 위로 구슬프게 흐르던, 그 옛날의 들판을 다시 걷고 싶습니다. 내 고향 남촌에서 봄을 싣고 올라온 바람이 매화 새순에 어릴 적 향기를 불어 넣어, 수줍은 봄은 꽃망울로 터지고, 들은 수채화로 어김없이 피어났었지요. 버들피리 만들어 불며 논둑길을 따라 계절을 밟고 걸어가던 천진스런 목동들이 멀리서 손짓합니다. 따스한 햇살 사이로 스치던 옷깃과 수줍은 미소, 고귀한 인연의 줄기에 맺히던 봉긋한 어린 정감이 이 시간 몹시도 그립습니다. 노년의 허허로운 마음은 어릴 적 꿈과 기억으로 다시 채워집니다.

봄의 환상 속에서 존재는 시간 위에다 집을 짓고, 영혼은 육체 밖에서 호흡합니다. 보람에 목말라하고, 의미에 목을 매는 이 인생의 황혼녘에, 5월의 석양은 더욱 매혹적으로 불타고 있습니다. 감동으로 촉촉이 젖은 눈빛이 머물고, 눈길이 닿는 곳마다 온통 꽃입니다.

고고한 자줏빛으로 덮여 있는 목련꽃 그늘 아래서 잠시 명상에 잠깁니다. 불현듯 내밀한 생의 예감이 꽃의 향기로 마음 밭에 내려앉습니다. 이제 금빛 찬란한 신의 성소로 겸허하게 나아갈 엄숙한 시간이 다가오나 봅니다. 하늘 본향이 저 멀리서 손짓하고 있습니다. 오랜 타향살이, 외로운 여우의 수구초심인가 봅니다. 이 세상 5월의 마지막 소풍이 끝나는 날, 이 세상에서의 마지막 고난의 수업이 마치는 날, 본향으로 돌아가 하늘 궁전에서 영원한 모국어로 〈눈부시게 아름다운 5월〉을 다시 노래하고 싶습니다. 조그만 날개를 얻어 어깨에 달고 온 우주의 5월을 차례로 여행하며 만나보고 싶습니다. 밝아오는 우주의 아침과 자연의 눈부신 광채를 바라보고 싶습니다. 오, 환희여, 영원한 5월이여, 영롱한 신의 광채여....

이 땅의 어두운 숲을 넘어 진리의 밝은 숲으로, 망각의 강을 건너 윤슬이 눈부신 생명의 강가로, 포근한 신의 날개가 그 위에 머무는 따스한 품 안으로 돌아가는 그 날도, 찬란한 5월의 석양이 이처럼 붉고 눈부시기를 꿈꾸며 기도합니다. 하얀 새 한 마리가 붉은 석양빛을 가로질러 표표히 서쪽 하늘로 사라집니다.

숙맥의 가을 찬가

　신성의 끝자락을 가늘게 붙들고 처절하게 고뇌하는 영혼의 절규와, 은혜로 내려지는 자유의 축복 속에서, 말씀의 깊이와 깨달음의 폭이, 순종하는 삶의 높이로 승화되는 신실한 숙맥의 삶, 이것이 가을이 던지는 화두이자 암시일 것입니다.

　곱게 물든 가을 숲, 그 넉넉한 자락에 안긴 채 조용히 흘러가는 시냇물을 따라, 여름은 단풍잎 위에 실려서 잠시 맴돌다가 아쉬운 듯 떠밀려 내려갑니다. 싱싱하게 잘 자란 소나무들 사이로 준수하게 잘 성장한 아기 사슴들이 뛰놀며, 무성한 나뭇잎들 사이에서 숨바꼭질 하던 고운 새들은 떨어지는 붉은 잎새들을 따라서 땅까지 내려와 이별을 아쉬워합니다. 허허로운 노년의 마음자리에도 어느새 가을빛이 수묵져 붉게 물들어 옵니다. 휘적이며 사라져가는 여름의 뒷모습이 서늘한 초가을 바람을 타고 아련히 흩어지고, 희뿌연 아침 안개가 숲을 촘촘히 감싸고 흐릅니다. 가을, 이름만 들어도 불볕더위에 지친 영혼에 파릇파릇 움이 돋고, 퍽퍽한 삶의 대지가 맑은 샘물로 촉촉이 적셔지는 듯합니다.

　유난히 뜨겁던 여름이 드디어 퇴각하고 시원한 가을로 접어드는 계절의 초입, 초가을의 서늘한 바람에는 오히려 고뇌와 슬픔의 예감이 배어 있습니다. 가을에는 육체의 꾸밈과 허상은 다 시들어 떨어지고, 고독한 영혼의 단단한 씨앗만이 외롭게 남나봅니다. 거대한 생의 황야에서 보일듯 말듯 소박한 꽃으로 피었다가 말없이 스러져 가는 존재의 허무를 사그러드는 들녘에서 보고 있노라면 들꽃의 고운 빛깔과 마지막 향기가 오히려 서럽고 눈물겹습니다. 그들도 한때는 하늘을 향해 함성으로 자신의 존재를 알리며, 별빛 가득 가슴에 안고 찬란한 꿈을 펼치던 푸른 생명들이었습니다. 하늘은 잿빛 구름으로 차 있고 간간이 부슬비를 뿌려 더욱 쓸쓸한 가을의 상념을 재촉합니다. 키 큰 단풍나무 끝자락은 안개에 포근히 안겨 졸고 있는 사이, 황혼의 저린 가슴은 어린 시절의 아름다운 기억과 파란 그리움으로 다시금 설레어옵니다.

가을의 뒤뜰에서 신성의 끝자락을 가늘게 붙들고 처절하게 고뇌하는 영혼의 깊이와, 숲을 송두리째 붉게 물들인 가을 잎들의 불타는 정열, 저녁놀의 눈부신 광휘와, 별빛 찬란한 밤하늘의 숙연한 태곳적 고요는, 인간의 제한된 언어 속에 완전히 담아낼 수 없는 신비의 영역입니다. 짙은 내면의 고뇌와 진지한 사유의 동굴을 그 안에 품고 있는 깊이 있는 글들의 배경에는, 늘 심오한 철학의 풍경이 드리워져 있긴 하지만, 문학적 표현의 그 어떤 섬세한 추상성도 신과 우주의 초월성에는 접근하지 못한 채 그 근처에서 배회하고 있을 뿐, 철학적 사색의 모호함과 언어의 애매함 속에 매몰되어 허공을 맴돌 뿐입니다. 하지만 공간으로서 자연과 시간으로서 이 가을만큼, 창조주의 사랑과 배려가 이토록 눈부시게 표출되고 생생하게 표현되는 살아있는 무대이자, 장엄한 계시의 구체적 현장인 곳은 아마도 없을 것입니다.

나무들이 허구의 옷을 벗는 이 가을날, 자연은 우리에게 무엇입니까? 자연은 우선 깨달음일 것입니다. 비애와 함께 삶에의 애착 또한 집요하게 느껴지는 이 요상한 계절에, 우수수 떨어지는 낙엽에서 초라한 내면의 헐벗음과, 겉껍질에 불과한 삶의 허구를 만나는 것은 바로 이 가을입니다. 가을이 주는 이런 순수한 애수의 본질적 정서가 우리의 뻣뻣한 자만과 뻣뻣한 이성의 고개를 그나마 조금은 숙이게 해줍니다. 이처럼 갸륵하고 기특한 실존적 자의식은 가을이라는 사색의 태에서만 배태되어 자라는 듯이 보입니다. 그래서 가을은 우리가 그 안에서 다시 새롭게 태어나는 사유의 틀이자 요람입니다. 또한 이 가을에 나무들이 촘촘히 어울려 숨쉬는 고요한 숲 속에서의 진지한 명상과 성찰은 우리를 순수한 자아의 경지로 안내하여 내면의 모습을 들여다보게 해줍니다. 이런 의미에서 가을은 우리의 찬사를 받을 만한 필요하고도 충분한 조건을 넉넉히 갖추고 있는 셈입니다.

쉬지 않고 솟아오르는 맑은 샘물과 바쁜 꿀벌은 이 가을에도 슬퍼할 겨를이 없겠지요. 하지만 서산에 기우는 석양이 어쩐지 서럽게 느껴진다면 우리는 먼 옛 젊은 날의 노을빛 아픔을 보고 있는 것입니다. 슬픔과 고통은 인생이라는 피륙의 씨줄과 날줄이자 위대한 스승이며, 그 숨결 속에서 우리의 영혼은 줄곧 단단하게 여물며 성장해 가는 것입니다. 어린 참나무가 단단한 뿌리를 갖는 것은 사나운 바람과 겨울 때문이듯이, 생의 한 가운데에서 뼈아픈 변곡점이나 한계상황의 절벽에 부딪혔을 때, 나아가 우리의 얄팍한 지성이 거대한 삶의 벽을 넘지 못하고 무너져 내렸을 때, 어김없이 찾아오는 '절망'이라는 〈죽음에 이르는 병〉을 우리는 수도 없이 앓으면서 그래도 묵묵히 견디며 평생을 살아왔습니다. 그럴수록 우리는 더욱 단단히 대지에 뿌리를 박고 "하늘 향해 두 팔 벌린 나무들"처럼 세상과는 전혀 결을 달리한 채 의연히 참고 기도하며 어리숙한 숙맥으로 줄곧 살아왔습니다. 진리는 이런 모자라고 어수룩한 숙맥들을 이 시간까지 빛나는 생명으로 감싸주었고, 참된 자아로 사는 좁은 길을 보여주었으며, 겸허한 심성으로 사는 영혼의 자유까지 허락하였습니다.

황혼녘의 하늘은 아랫목에 깔려있는 담요처럼 늘 따스하고 푸근합니다. 누구든 한 번쯤은 황혼을 추억의 이불로 덮고 석양을 눈물로 쳐다보던 때가 있었을 것입니다. 수천의 잎새 위로 저녁별이 돋을 때 가슴의 슬픔을 닦아내고 그 반짝이는 별들의 기쁨 속으로 달려간 적이 있었을 것입니다. 나무 가지에 걸려있는 초승달은 어릴 적 추억을 불러와 모진 세월의 강을 건너는 돛단배가 되어주었고, 우리가 강아지처럼 어리고 여렸을 때, 잠자리처럼 은빛 날개를 달고 망아지처럼 뒤뚱뒤뚱 뛰어 다니던 시절을 생각나게 해주었을 것입니다. 눈물짓던 어린 시절도 이후의 숱한 고난의 세월도 뒤돌아보면 모두가 그리움으로 남는 것이지요.

인간은 육신적 이(利)로움과 정신적 의(義)로움 사이에서 끊임없이 갈등하며 살아가지만, 이왕 어수룩하게 살기로 마음먹은 이상, 우리는 눈앞의 이로움보다는 영원한 의로움의 가치를 추구하며, 이 생명이 다하도록 세상의 영악한 조류를 거슬러, 부와 권세와 명예에 초연한 삶을 이때까지 고집스럽게 살아왔습니다. 가을은 생뚱맞게도 이런 겸허한 삶의 모습마저도 고운 색깔로 채색하여 숙맥의 계절을 이토록 빛나게 해줍니다. 산과 들에는 바야흐로 가을이 한창이듯이, 우리의 삶에 맑고 시원한 진리의 샘물이 쉬지 않고 흘러내려, 그 잔잔한 물소리로 우리 황혼의 삶이 더 자유롭고 더 여유로우며 더 풍요해지기를 꿈꾸어봅니다.

　행복해야 할 장소는 바로 여기이고, 축복을 누려야 할 시간은 바로 지금이라고 말합니다. 이 소중한 가을을 더욱 의미 있고 아름답게 맞이하며 애틋한 애정과 추억으로 장식해야 하는 이유입니다. 깨어 내면의 소리에 귀를 기울이고, 첫 사랑의 울림으로 콩닥거리던 옛 심장 소리를 다시 듣는 계절이 가을입니다. 자연은 부족한 것도 넘치는 것도 없고, 필요한 것도 탐욕도 없습니다. 봄이 되면 새 잎이 돋고 꽃이 피고 비가 내리듯이, 가을은 익어 결실하면 그 자리를 비우고 다시 내어줍니다. 자연은 그렇게 스스로 존재하면서, 모든 아름다운 것들이 그러하듯이 결코 미련에 오래 머물지 않습니다. 파란 밀어가 촘촘히 담겨있는 가을 하늘이 곱고 청명해서 하늘을 향한 마지막 장정을 다시 시작하기에는 더없이 좋은 때입니다.

　푸른 가을 하늘을 배경으로 나뭇가지에 매달려 눈부시게 익어가는 붉은 감들처럼, 우리의 영혼도 가을 햇살을 받으며 십자가에 매달려 석류 알처럼 붉게 진하게 익어가기를 꿈꿉니다. 탄탄한 신앙 위에서 좁은 길을 걸으며, 은혜로 내려지는 평화의 축복 속에서, 말씀의 깊이와 깨달음의 폭이, 순종하는 삶의 높이로 승화되는 신실한 숙맥의 삶, 이것이 가을이 던지는 화두요 암시요 의미일 것입니다.

소년과 바다

여명이 밝아오는 수평선, 동해의 아침 고요는 그윽한 어머니의 품이요, 어린 감성의 전율이며, 신비에의 각성이자, 푸른 꿈의 예감이었습니다.

초등학교 2학년 때, 어떤 희생을 치르고라도 남편이 물려준 소중한 세 생명을 그의 품격에 걸맞은 수준으로 교육시키려는 젊은 모정의 다부진 결기로, 어머니는 기어코 이사를 결심하셨습니다. 고향에서 고작 40리 거리였지만, 막상 떠나자니 여인의 몸으로 두려움과 어려움이 이만저만이 아니었습니다. 남편이 태어나 자란 곳, 그가 밟고 뛰놀던 땅, 그의 체온과 삶이 아직도 생생하게 남아있고, 젊은 부부의 꿈과 낭만, 아이들의 웃음소리가 고스란히 스며있는 정든 집과 울타리와 고향 땅을 이렇게 훌쩍 떠나도 되는 것인지 혼란스러웠습니다. 드디어 우리를 태운 버스가 고향을 떠나올 때, 배웅 나온 동네 이웃의 눈물과 동정의 말이, 우려와 걱정의 말과 뒤섞여서, 털털거리는 버스의 흙먼지와 뒤엉켜 한참이나 뒤따라오더니 사라져갔습니다. 차창을 통하여 멀어져가는 고향 산천을 연신 뒤돌아보며 어머니는 한참이나 울먹이셨고, 나도 정든 학교 앞을 지날 때 나의 첫사랑 〈이쁜 소녀〉를 생각하며 슬퍼했습니다. 착하게 웃으며, 늘 맨

앞줄에서 같이 손잡고 교실로 걸어가던 영리하고 귀여운 이 소녀를 그 후 오랫동안 그리워했지요. 이때부터 우리는 숙명적으로 고향을 떠난 타향의 객으로서 밤하늘을 쳐다보며 그렇게 평생을 떠돌이별로 살아가야만 했습니다.

두근거리는 가슴을 안고 버스가 목적지에 접근하자, 생전 처음 보는 거대한 푸른 바다가 마치 공중에 떠 있는 사막의 신기루처럼 눈앞에 불쑥 나타났습니다. 바다에는 흰 돛단배가 백조처럼 떠 있었고, 한없이 평화로운 하늘 아래에는 수많은 갈매기가 한가로이 날고, 해변에는 바닷물이 날카로운 검은 바위에 부딪쳐 하얀 포말로 부서지면서 뭍으로 기어오르려고 귀엽게 안달하며 아우성치는 환상적인 풍경이 우리를 기다리고 있었습니다.

우리의 새 보금자리는 놀랍게도 동해 바다와 직접 맞닿아 있는 조그마한 집이었습니다. 앞마당은 태평양으로 연결되어 있는 망망대해요, 뒤에는 태백산 줄기가 높이 솟아 있는 환상적인 경치의 천연 요새였습니다. 형과 나는 몇 안 되는 이삿짐을 부리자마자 곧장 앞바닷가로 달려가 바다와 정다운 인사를 나눈 후, 바닷가재와 사귀기를 시작했지요. 미끄러운 검은 돌을 뒤집으면 대여섯 마리의 크고 작은 가재들이 앙증스럽게 줄행랑을 치며 옆에 있는 돌 밑으로 기어들어가던 신기한 광경이 아직도 눈에 선합니다. 간혹 가재에게 찝혀 아프기도 했지만, 그때의 흥분과 즐거움은 이루 말할 수 없었지요.

밤이 되어 잠자리에 들었으나 새로운 환경에의 흥분과 기대, 바로 코앞에서 포효하는 파도소리에 겁이 나서 아무도 잠을 제대로 이루지 못했습니다. 금방 파도가 몰려와 이 허름한 집을 덮칠 것만 같았지요. 그래도 나는 바다가 마음에 들었습니다. 바다의 푸른빛이 풍성한 꿈을 키워 주었고, 저 멀리 보이는 수평선이 동심을 일깨웠으며, 물 위에 떠다니는 고깃배가 어린 낭만을 부추기고, 갈매기의 울음소리가 정겹게 들리더니, 드디어 푸른 바다는 소년의 마음을 사로잡고 어린 영혼 속으로 깊숙이 삼투해 들어왔습니다.

급하게 구한 바닷가의 초라한 단칸 집, 다소 크기는 했지만 누가 보아도 쇠락한 이 집의 주인은 영락없이 가난과 궁핍이었습니다. 겨울이면 어머니께서 손수 빚으신 따끈한 막국수와 수제비로 문풍지를 헤집고 파고드는 엄동의 추위를 막아내며 오순도순 가난을 나누어 먹던 시린 가슴의 그 시절이 눈물겹습니다. 바다의 찬 기운을 다 주워 담은 듯, 동해에서 불어오는 바닷바람은 사납고 매서웠습니다. 몇 군데 꿰맨 자국은 있지만, 고향에서 어머니께서 손수 타셔서 가져오신 따스한 솜뭉치가 알뜰하게 박혀있는 커다란 광목 이불 속으로 온 식구가 한데 얼려 한 덩이가 되어 기나긴 겨울밤을 서로의 체온으로 버티던 시절입니다. 늘 어두운 방이었지만 더 어두운 한 쪽 구석에는 천대를 받으면서도 검은 콩나물시루가 줄기차게 놓여 있었고, 검은 보자기 밑에는 콩나물이 키를 재며 자라고 있었습니다. 그 옆에는 제법 큰 흰 요강이 밤이면 슬며시 들어와 밤새 쉬지 않고 시원한 우리의 물줄기를 받아주었으며, 조금은 따스한 아랫목에는 어김없이 메주덩이들이 발에 차이면서 구박받고 있었고, 어린 막내는 그 곁에서 미지근함을 나누며 잠을 잤습니다.

우리가 잠들 즈음이면 호롱불 밑에서, 파도 소리를 들으시며, 어머니는 누군가에게 글을 쓰셨습니다. 남편에게 쓰는 그리움의 편지도 있었고, 힘들지만 꿋꿋하게 살아가는 모습을 담담하게 일기로도 쓰시고, 아이들의 몸과 지혜가 자라가는 성장의 모습도 기록했으며, 때로는 글을 모르는 이웃 아낙들의 입과 손이 되어 숱한 편지를 대필하는 것이었지요. 낮에 들으신 대충의 사연을 토대로 자신의 체험을 덧입히고, 상상력을 동원하여 늦은 밤까지 온 동네 여인들의 서러운 객지 생활과 애끓는 시집살이의 애환, 편찮으신 친정어머니께 올리는 절절한 효성, 떡두꺼비 같은 아들을 낳은 자랑과 딸을 낳아 서운한 넋두리, 힘겨운 살림의 쓰라림과 도움을 호소하는 애절한 하소연, 가족의 죽음을 알리는 가슴 에이는 부고 등, 심지어는 고도의 격식과 가문의 품위와 명예가 걸려 있는 사돈지까지 마다하지 않으시고 다 써 주셨습니다.

쓰시면서 어머니는 쓴 부분을 소리 내어 읽고 또 읽으시며 분위기를 띄우셨고 운을 맞추며 줄거리를 잡아 나가셨습니다. 저는 자지 않고 어머니의 이 요상한 문학의 밤을 몰래 감상하며, 그 창작과정을 다 듣고 있었고, 다음에 나올 내용을 숨죽이고 기다리며 예상해 보곤 했지요. 내가 알기로 어머니는 내간체 서간문 장르에 있어서는 특출한 문학성을 갖추신 대단한 문장가이셨습니다. 내가 지금이나마 글을 쓰고 있는 것도 실은 이때의 어머니의 문학 수업과 그분의 유전자 덕분입니다. 이처럼 어머니는 그 힘들고 모험투성이인 자신의 한 많은 삶을 그냥 지나치지 않으시고 그 치열한 삶의 숨 가쁜 와중에서도, 눈물어린 일기와 남편을 향한 담담하면서도 애절한 회고록을 생생한 삶의 궤적으로 알뜰하게 남겨 두셨습니다. 당시 여아를 학교에 보내지 않던 교육 풍토에서 어머니는 성장하신 고향의 유일한 여학생이자 제1호 여성 졸업생이셨지요. 그분은 교육의 가치를 부친으로부터 전통적인 유교의 예법과 한학을 통해서 배웠고, 자신이 받은 학교 교육의 경험으로 알고 있었으며, 높은 교육을 받은 남편의 인격과 품위를 통해 확신하셨기에, 시간이 흘러 자신의 세 아이들의 교육에 주저 없이 전 재산과 신명을 바칠 수 있었던 것입니다.

　이 세상 그 누구보다도 더 수고하고 목마른 자이셨던 어머니에게는 "다 내게로 오라!"는 초청은 사막에서 발견한 오아시스였고, 이즈음 발견하신 신앙은 갈급한 어머니의 영혼에 시원한 쉼의 그늘을 제공해주었습니다. 이 때로 부터 어머니의 품은 나에게는 최초의 성소였고, 그 품속에서 나는 알에서 깨어 나와 세상을 사는 이치와 하늘을 나는 비상을 배웠습니다. 누구에게나 그러하듯이, 어릴 때 어머니 곁에 누워 팔에 안겨서 그분의 부드러운 젖가슴을 만지면서 잠이 드는 때가 나에겐 가장 행복한 순간이었습니다. 이것이 오랜 세월 습관이 되어 대학생 때는 물론 졸업 후 교사가 되어서도 방학 때 집에 오면, 으레 그날은 어린 아기로 돌아가 어머니의 젖가슴에 매달려 잠이 드는 것이 애교로 허용되었고 전통으로 묵인되었습니다. 아, 그때의 행복감. 이 세상에서 만난 사람 가운데 가장 너그럽고 따뜻하고 아름다운 여인이신 우리 어머니, 나를 세상에 내어 놓으신 존재의 집이시며, 자신의 처절한 삶을 통하여 실존의 의미를 더욱 뼈저리게 각성시키고 강화해 주신 어머니이십니다. 하늘로부터 받은 숱한 선물 중 어머니보다 더 벅찬 선물은 결코 없을 것입니다.

　이토록 어머니 복을 듬뿍 받은 이 소년은, 문 만 열면 앞 바다 수평선 위에 장엄하게 떠오르는 아침 해를 경이로움으로 바라보며 꿈을 키웠고, 여름이면 매일을 수정같이 맑고 찬 바닷물에서 헤엄치며 자랐습니다. 그때 본 바다 속의 경이로운 경치는 이 시간까지도 잊을 수 없습니다. 지금도 그리그(Edvard Grieg)의 음악 〈아침〉을 들으면 이때의 정경이 애틋한 그리움으로 떠오릅니다. 동해의 아침 고요는 그윽한 어머니의 품이요, 신비에의 각성이자, 어린 감성의 전율이며, 수묵으로 번지는 잔잔한 생의 예감이었습니다. 나에게는 "울긋불긋 꽃 대궐"보다는, 새벽빛이 떠오르는 해안 풍경과, 어두워진 바다 위에 별들이 찬란하게 빛나던 때의 엄숙함이 더 깊숙이 보석처럼 가슴에 박혀 있습니다.

어머니의 품에 안겨 응석부리던 어린 시절, 흰 갈매기 낮게 날아가는 맑은 하늘과, 파도소리 시원한 푸른 바다를 배경으로, 풋풋한 서정의 수채화로 그려진 어린 동심과, 백지(tabula rasa)처럼 순수한 그 시절의 〈어린이 정경〉이, 오늘도 슈만의 아련한 〈몽상〉(Träumerei)의 선율을 타고 황혼의 이 가슴에 그리움의 강물로 흘러내립니다. 애틋한 서정으로 적시고 애무하며 쓰다듬고 지나갑니다. 마음은 아직도 어릴 적 바다 위에 저녁놀로 표류하고, 추억은 하나 둘 모여, 바닷가 하얀 모래톱에 존재의 동굴을 짓습니다.

가을의 한가운데

화려한 단풍의 한복판에는 쓸쓸한 고독의 미소가 스며있고, 높고 푸른 하늘의 휘장 안에는 이슬 같은 고운 눈물이 끼어 있습니다. 나의 존재의 집에는 환희와 고독, 기쁨과 슬픔이 교대로 집을 지키나 봅니다.

시야에 들어오는 온 대지가 가을로 무르익어 여유롭고, 그 풍광은 밝고 붉고 노랗고 산뜻합니다. 높은 산에 머물던 가을이 등성이를 타고 내려와 숲에 내려앉더니, 어느새 호수를 끼고 펼쳐져 있는 들판을 온통 다 휘감아버리고, 우리 집 앞뒤 뜰을 모두 접수한 후 내 마음 밭에까지 닿아 있습니다. 멀게 만 느껴지던 어두운 숲이 밝은 빛깔로 바뀌면서 성큼 가까이 다가와 있고, 나무들의 개성과 잎들의 특징이 더욱 또렷하게 드러나는 계절의 한가운데로 접어들었습니다. 잎들은 떨어져 숲은 부끄러운 듯 속살을 드러내고, 향긋한 풀들이 무성하던 곳에 간간이 서늘한 빗줄기가 내려 이별을 재촉합니다. 빗물처럼 흘러가는 시간에 떠밀려, 자연도 은빛으로 다가올 순수한 휴식의 겨울을 향해 아쉬움과 기대로 마음의 준비를 합니다.

거울같이 맑은 하늘 아래 말없이 서서, 자연의 순리를 따라 어김없이 변해가는 계절의 색채를 바라봅니다. 나무들은 이제 하나씩 둘씩 잎들을 지워나가고, 가을이 짙어 가는 길목에 서서 참으로 위대했던 여름을 기억에 떠올립니다. 가을은 추억의 계절이자 서늘한 현실, 눈물겨운 결별의 계절입니다. 그리움은 짙은 단풍 빛으로 마음에 스며들고, 외로움은 엷고 맑은 하늘빛으로 가슴에 수묵(水墨)집니다. 스산한 가을바람을 안고 계절을 따라 언덕을 넘다가 우수의 이끼가 잔뜩 끼어있는 바위 위에 앉으면, 내면은 실존적 우수 속으로 속절없이 빠져듭니다.

생의 빛나는 색깔이던 초록은 서서히 퇴각하고, 계곡은 자연이 토해낸 가을빛으로 붉게 타며, 비에 젖은 낙엽들이 꽃처럼 곱게 깔려있는 가을 동산이 눈물겹도록 아름답습니다. 갈대는 단풍에 취한 어린 사슴처럼 이리 뒤뚱 저리 뒤뚱 미풍에 흔들리고, 아침 안개를 품고 있는 계곡에는 깊은 상념의 호수가 한 폭의 산수화처럼, 산의 가슴에 안긴 채 얹혀 있습니다. 애틋한 마음을 품고 그들의 고향인 땅으로 떨어지는 낙엽들의 체념의 아우성이 온 산과 들에 메아리칩니다.

두근거리는 마음으로 입장하는 신부의 발걸음에 어여쁜 소녀가 꽃을 뿌리듯, 노년의 홀로 걷는 외로운 산책길에, "사뿐히 즈려 밟고" 갈 붉은 낙엽을 간간이 뿌려주는 나무들이 참으로 고맙고 대견합니다. 주어진 생, 성장의 과정을 따라, 싹으로 태어나 잎으로, 꽃으로 피어나 열매로, 끝내는 낙엽으로 살다가 홀로 길을 떠나는 것이 인생이려니 생각하니, 날 저무는 이 가을 날, 비에 젖은 상념은 퍽이나 숙연해집니다. 가을 언저리에 초막 하나를 짓고 이 풍진 세상을 등지고, 한 잎 낙엽이 되어 붉게 탄 갈잎 속에 함께 묻히고 싶어집니다. 세속의 덧옷과 문명의 겉옷을 다 벗어버리고, 그냥 한 잎 낙엽이 되어 어디론가 바람에 실려 훌쩍 떠나고 싶은 심정입니다. 이제 나이가 드니, 이 시끄러운 세상을 귀 막고 눈 감고 벙어리 되어, 깊은 계곡에 흐르는 물처럼, 자유로운 영혼의 바람처럼, 그렇게 살고 싶어집니다.

　비에 젖은 산 빛깔이 더 뚜렷하듯이, 가슴은 향수에 젖은 채, 슬픔이 스며있는 가을 빛 속으로 더 깊이 잠겨듭니다. 허허로운 나그네의 마음을 보듬어주는 듯 냇물이 정답게 속삭이며 흐르고, 허리를 띠처럼 두른 안개에 푸근히 안겨있는 계곡에서는 자유와 평화가 이슬처럼 내리고 있습니다. 이 시원한 계곡에 마음을 담그면 누구나 시를 읊거나, 저 하늘의 흰 구름이 되거나, 산자락 초막에 머무는 바람이 됩니다. 붉게 탄 가을 잎새들이 쓰고 간 고별의 시를 눈물로 읽으며 내 영혼 그들 곁에서 한 밤을 지새고 싶습니다. 세상 어느 시인이 불타는 영혼의 저 붉은 잎새들보다 더 장엄한 서정시를 쓸 수 있을까요?

　점점 야위어 가는 가을 숲은 생명현상의 엄연한 현실임을 넘어 엄숙한 진실입니다. 낙엽처럼 떨어져 나가는 생의 서글픈 비밀이자 진리의 순간이 가을입니다. 이제는 생의 참 모습을 꽃도 아니요, 무성한 푸른 잎도 아닌 낙엽을 통해 바라보는 계절입니다. 하늘이 움직이고 땅이 돌고 우주가 꿈틀거리는 어김없는 계절의 변화 속에는 삶의 신비로운 이치가 숨겨져 있습니다. 붉은 단풍잎이 청년의 가을을 표상한다면, 노란 은행잎은 노년의 가을을 상징하는 듯합니다. 은은한 가을의 향을 뿜으며 주황색으로 익어가는 이 계절의 성숙은 아마도 정숙한 여인의 가을일 것입니다.

사라져가는 우리들의 꿈, 낭만, 어릴 적 추억들이 되살아나서 가슴이 절절해지는 계절 또한 가을입니다. 가을이 되면 잊을 수 없는 내 고향 마을 모습이 떠오릅니다. 노을 지는 서편 하늘을 등지고 어린 소년은 배부른 소를 몰고 골목길을 돌아 집으로 돌아오고, 초가지붕 위에는 어머니의 사랑이 담긴 빨간 고추가 널려져 있으며, 온갖 추수로 넓은 마당이 가득 차있던 가을, 무료한 바둑이는 애꿎은 하늘을 향해 멍멍 짖어 쌓고, 가슴이 시리도록 눈부신 하얀 들국화를 바라보던 어린 시절의 향수를 불러옵니다.

　영롱한 가을빛에는 한 생을 눈부시게 살다가 마침내는 돌아가야 할 인생의 전환점이 가까워 옴을 알리는 기별이 서려있습니다. 봄, 여름을 멋도 모르고 훌쩍 보낸 후, 이제야 나이가 들어 조금은 철이 든 나를 발견하고, 어디론가 귀의하고 싶은 종교적 향수와 실존적 정서를 느끼는 계절입니다. 의연한 모습으로 먼 길을 떠나야 할 운명의 때를 바람에 날려가는 낙엽들이 보여준 탓일 것입니다.

　가을 산에 머물면 마음의 심연은 깊어지고, 가슴에 멍에와 아픔을 간직한 채, 가을의 한가운데서 내 생의 비장한 일몰을 예감하게 됩니다. 짧은 인생 이제부터라도 영원을 사는 경건함으로 조촐하지만 맑고 순수한 삶으로 마무리하고 싶습니다. 불타는 가을 산처럼 진리의 보석을 갈고 닦아 세상을 비추는 한 줄기 빛으로 살 수 있기를 기도합니다.

　하루하루가 평범하지만 가을은 축복이 넘치는 순간들이요, 감사가 넘치는 계절이기도 합니다. 날은 저물고 바람은 스산한데 남은 시간의 공터에 서서 황홀한 이 가을을 마지막으로 만끽하고 싶습니다. 가을은 이처럼 일 년 중 생의 가치를 점검하는 최초의 계절이자, 존재의 의미를 확인하는 마지막 성숙의 순간입니다.

불타는 석양에는 돌이킬 수 없는 옛 꿈이 슬프고, 밤에는 달빛이 교교하여 더욱 가슴이 시려오는 계절입니다. 계곡에는 맑은 물이 계속 흘러가고, 바람은 서둘러 길을 떠납니다. 구름 따라, 물 따라, 낙엽과 함께 만물이 어디론가 정처 없이 떠나는 시간입니다. 숲에서 풍겨오는 억새풀의 향취나 들에서 실려 오는 들국화의 가느다란 향기 까지도 이제는 절절한 소중함으로 아끼고 가슴 깊이 담아둡니다. 가을은 비움으로 오히려 부요해지는 산이요, 침묵으로 더 깊어지는 바다입니다. 나의 존재의 집에는 환희와 고독, 기쁨과 슬픔이 교대로 집을 지키나 봅니다.

박경순

서울 출생
상명여자사범대학 국어교육과 졸업
평택대학교 교육상담 석사
태광중학교 국어교사
전) 태광중학교 교장
<국제문예> 수필부문 등단, (사)국제문인협회 회원

버저비터(Buzzer Beater)의 기적

　버저비터(Buzzer Beater)란 농구에서 마지막 버저와 함께 터지는 극적인 골을 의미한다. 우리가 알고 있는 미국 NBA 농구선수 마이클 조던이나 매직 존슨은 버저비터의 귀재들이다. 이들은 6초를 남겨 놓고 꼭 3점 슛을 날려 상대가 도저히 반격할 수 없도록 만드는 것이다. 슛을 성공한 그 순간 모든 사람들은 짜릿한 기쁨을 맛보게 된다.

　그러면 이들의 버저비터의 실력은 우연이라 할 수 있을까? 아니다. 그것은 절대로 내공 없이는 이룰 수 없는 노력의 결과라 할 수 있다. 준비하며 꾸준히 노력하는 자에게 주어지는 우연 같은 것이라 할 수 있다. 버저비터를 만들기 위해 수천 번의 슛을 연습하고 피땀을 흘려가며 노력한 대가인 것이다.

　요즘 우리 시대는 결혼도 기피하는 젊은이들이 늘고 결혼을 하더라도 아이를 갖지 않는 소위 딩크족이나 부부가 하나만을 양육하는 가정들이 많이 늘고 있다. 그도 그럴 것이 젊은이들에겐 어느 때부터인가 사회에 대한 불안과 가정을 꾸리기에는 경제적 부담이 가중된 것은 사실이다. 최근 아파트 건설을 보면 반드시 오피스텔을 같이 분양하는 사례를 꽤 많이 볼 수 있다. 저렇게 높은 많은 물건이 분양될까 의문이 들어도 꽉꽉 들어차고 혼자만의 생활에 익숙해져 가는 것이 현실이다. 출근길 드라이브스루로 밥보다 커피를 먼저 마셔가며 잠을 깨우고 아침을 시작한다. 편의점에 가면 도시락 등 혼자 해 먹을 수 있는 각종 밀키트가 즐비하고 대형 마트에 가도 남자 혼자 장을 보는 것이 이제는 어색하지 않다.

T·V 방송에는 우리의 금쪽이, 아이들 이야기가 나오고 어찌할 바를 모르는 부모들의 눈물을 볼 수 있다. 우리가 언제까지 결혼 지옥의 프로그램을 보고 가정의 문제를 아파해야 할 것인가?

아이들에게 가끔 한 번씩 묻는다. 꿈이 무엇인지, 무엇이 되고 싶은지, 무엇이 될 수 있는지? 아이들은 늘 같은 대답을 한다.

"글쎄요... 할 수 있을까요?... 잘 모르겠어요... 생각해 본 적이 없어요...." 등등

그리고 한 번 더 생각해 본다. 혹시 아이들과 젊은이들에게 꿈을 주지 못한 것은 바로 우리 어른세대들의 잘못은 아닐까?

늘 부정을 말하며 "안된다, 못한다, 할 수 없다, 너는 안 된다!"라고 훈계하고 사회의 통념과 정해진 틀에 맞춰 우리들의 아이들을 양육한 것은 아닐까?

이제 우리 어른들의 언어부터 변화해야 하지 않을까 생각해 본다.
"너는 된다. 할 수 있다. 한다. 잘한다. 잘 돼... 꼭 될거야...."
이 글을 읽는 순간 우리 자녀들에게 언어의 변화를 사용해 보자.
그래서 우리에게 맡겨진 이 아이들이 버저비터의 기적을 일으키는 주인공이 되게 해보자! 세상을 향해 멋진 3점 슛을 멋지게 날릴 수 있도록 말이다.

운동장 풍경

코로나로 인하여 2년 동안 학교 문을 거의 열지 못했다. 선생님이나 학생들이 마스크를 벗고 얼굴을 마주하지 못하니 서로 알아보지를 못한다. 푸른 잔디 운동장엔 아이들의 웃음소리와 호루라기 소리도 안 들린 지 오래이다. 학교에 들어오면 중앙현관에서 체온 체크를 하고 교무실에 비치된 손 온도 체크를 다시 하고 교실로 들어가는 교사들의 모습을 본다. 삼삼오오 모여 나누던 대화도 사라지고 뿔뿔이 각자 원격 수업 장소로 들어가 버리면 교무실은 고요하다. 아이들이 없으니 급식을 운영하지 않고 모여 식사는 물론 금지된 상태에서 언제부턴가 외롭고 고독한 생각이 들었다. 아무도 놀지 않는 운동장을 2층 교장실에서 내려다보는 것이 슬펐다. 평소 수업이 끝나면 운동장으로 뛰어 내려가 공을 차고 뛰어다니고 소리 지르며 신나게 놀던 아이들의 모습이 그리웠다.

코로나 시대에 학교는 마치 병원을 연상케 한다. 하루에 몇 명씩 환자가 발생하는지 보건소와 교육청에 보고를 하고, 보건실 앞에 등교 학년 학생들은 열난다, 배가 아프다 줄을 지어 서 있다. 보건 선생님은 온통 예비 환자와 숫자 입력, 관련 서류를 만들어 전송하느라 파김치가 된다. 매일 여기저기 걸려 오는 전화벨 소리가 핸드폰과 유선으로 쉴 새 없이 울린다. 확진자 발생 소식에 평일은 물론 주말에도 마음이 편치 않게 '카톡카톡' 울리는 핸드폰 소리에 겁이 났다.

아직 코로나가 종식되지 않은 상황이지만 두 번째 졸업식이 다가왔다. 작년엔 영상으로 각자의 집에서 졸업식을 하였지만 이번엔 졸업식을 대면으로 하고 싶다는 생각을 하게 되었다. 회의 끝에 3학년은 교실로 등교하여 졸업식을 하자는 의견에 모두 동의하였다. 비록 마스크는 썼지만 사진도 찍고 아쉬움도 나누고 선생님들과 친구들과 서로 인사할 기회는 주자는 것이었다.

졸업식 준비를 위해 중앙현관에 축하 풍선 아트를 장식하고, 들어오는 아이들을 선생님들이 미소로 맞아 주었다. 중앙 현관을 들어서는 학생들의 모습이 어색하지만 밝아 보였다. 영상으로 각 반에서 졸업식을 진행하고 운동장에 나가 친구들과 짝하여 사진을 찍는 모습에 조금은 위안이 되었다. 이렇게라도 졸업식을 하고 보낼 수 있어 작년보다는 낫다고 생각했다.

그렇게 2년의 겨울을 보내고 드디어 새해가 되었다. 교육부 지침에 따라 전면 등교로 전환하니 아이들이 밀물처럼 몰려왔다. 교사들은 불안하고 날마다 천문학적인 확진자 숫자에 겁이 났다. 물론 학교 확진자 수도 10%를 넘어서고 날마다 숫자에 민감하게 반응하며 불안한 학교생활을 시작했다.

그러나 아이들은 달랐다. 등굣길 손 세정제를 바르고, 체온 체크를 하며 들어서는 표정이 무척이나 밝다. 아침 등교를 하여 급식을 하기 전 체온 체크를 하루 세 번씩 해도 전혀 상관없이 즐겁기만 하다. 겨우내 적막하던 운동장에 아이들이 뛰놀기 시작했다. 94마스크를 쓰고 축구를 하기 위해 달리는 아이들의 모습에서 역동적인 생명력을 느꼈다. '그래, 너희들답다. 이것이 학교지.' 운동장에서 불어대는 호각 소리, 친구를 부르는 악쓰는 소리, "뻥!" 축구공이 날아가는 소리도 모두 정겹다.

　급식실 칸막이 사이로 친구들 얼굴을 보며 막간을 이용한 벗은 얼굴에서 아이들이 서로 어색하게 웃는다. "저는 친구 얼굴 이제 처음 봐요. 입학하고 한 번도 못 봤어요. ㅎㅎ" 아이들이 급식실을 돌아보는 내게 하는 말이다. '그래 그랬구나! 너희들도 참 지치고 힘들었겠구나?' 생각했다.

　봄꽃이 피고 살얼음 같은 놀라운 숫자에도 우리는 학교를 개방하고 등교를 강행하였다. 등굣길 벚꽃이 피고 지고 철쭉이 교정을 수놓으니 더욱 살아 숨 쉬는 학교가 된 듯하다. 이제 날이 제법 더워지니 등하굣길에 분수를 틀어 놓았다. 하굣길에 아이들은 한참을 떠나지 않고 분수를 바라보며 멍하니 있다. 교정에 철 따라 피는 꽃들이 우리들의 마음을 정화하는 듯하다. 자연이 주는 색깔, 소리로 우리의 마음이 위로 되는 것 같다.

　재잘재잘 운동장에서 들리는 친구들과 떠드는 소리, "와아!" 하는 함성, 햇빛을 보며 두런두런 친구들과 이야기하며 걷는 아이들, 급식을 먹자마자 음료수를 뽑아 먹겠다고 고등학교 자판기로 뛰어 올라가는 아이들의 활기찬 모습, 점심시간을 이용한 숨 가쁜 농구 슈팅 소리, "뻥뻥~" 계속 골인되지 않는 공을 계속 차대는 아이들의 모습, 운동장 그늘 구석에서 조용히 혼자 줄넘기에 땀을 뻘뻘 흘리며 뛰는 아이, 조금 그늘진 숨은 공간에 소곤소곤 다정히 이야기하는 남녀 학생들의 모습도 귀여워 보인다.

　지금 우리 운동장엔 봄꽃처럼 사람 꽃이 활짝 피어 만개하고 있다. 그것을 바라보는 우리들의 마음에도 사랑의 꽃이 그윽하게 핀다. 이 마음속 깊이 차오르기 시작하는 벅찬 생명력은 어디서 오는 것일까?

교정을 나서며

80년대부터 시작된 사회적 혼란은 대학 생활을 마치는 시간에도 계속되었다. 시내를 걸으면 자주 볼 수 있는 대학생들의 시위와 경찰차, 그 뒤에 거리를 메우는 최루 가스 냄새… 우울한 대학 생활을 마치고 세상으로 나왔지만 사회는 대학 생활 처음과 별달라지지 않은 시대가 그대로 이어졌다. 그래도 꿈에 그리던 교직 생활을 하기 위해 부단히도 힘들게 여기저기 뛰어다니고 열공하며 지냈다. 다행히 평택에 있는 여자 중학교에서 두 달의 산가 대체 강사를 마치고 이곳 평택의 중간 지점 송탄에 교사로 자리 잡게 되었다.

처음 이력서를 들고 교정을 들어서던 날, 낡은 벽돌의 교실 건물들과 진흙과 모래가 섞인 넓은 운동장에서 뛰어다니면서 노는 아이들의 모습, 멀리 계단에서 학생들과 두런두런 이야기를 하는 선생님들의 모습이 참 평화롭게 보였다. 이 교정에 있는 모든 사람들은 그렇게 행복해 보이고 낡은 건물이지만 소중하게 느껴졌다. 그리고 나 역시 이곳에 교육의 공동체 가족이 되었다.

복층 건물에 마주 보며 수업을 하는 소리가 다 들리고, 콘크리트 바닥에 침이 묻어있어도 '닦으면 된다' 하고 모든 것이 긍정적으로 보였다. 톱밥 난로에 불을 지피며 노란 쉐타가 연기와 먼지에 범벅이 되고, 교무실에선 남자 선생님들이 장작을 패며 쇠난로의 열기를 살리려 안간힘을 쓰고, 퇴근 시간이 되면 얼굴에 검은 먼지가 그을림처럼 자리 잡고 있었다.

　점심시간이면 남녀 선생님들이 끼리끼리 모여 밥을 먹고, 가르치는 아이들 이야기며, 집안 대소사 이야기를 나누고 그야말로 삶의 이야기를 공유하는 친구들이 생겨나고 그렇게 적응해 갔다. 학생들의 점심시간은 더욱 긴밀하다. 짝짝이, 또는 그룹으로 둘러앉아 반찬을 나누고 밥을 나누고 운동장으로 뛰어나가 공을 차는 데에 집중한다. 지금이나 그때나 아이들은 운동장 놀이를 좋아하기는 마찬가지이다.

　첫 담임 시절, 운동장 화단에 하얀 쌀밥이 버려진 것을 보고 젊은 혈기에 범인을 찾아 아까운 밥을 버렸다고 엉덩이를 당구대로 몇 대 때리고 반성문을 받고 귀가 시켰던 아이가 생각난다. 다음날 학부모 한 분이 교무실로 들어오셨다. 모두 긴장 속에 그 교양 있는 그분의 등장에 긴장하고 있었는데 찾는 것이 바로 나였다. 어제 흰쌀밥을 화단에 버려 혼나고 간 우리 반 아이의 어머니셨다. 나와 마주한 어머니의 첫 말을 난 아직도 기억한다.

　"이렇게 연약하고 여리게 생긴 여자 선생님이 우리 아들을 그렇게 때리셨어요? 얼마나 잘못을 했을까요?" 그 말에 당황도 했지만 차근차근 어제 일을 설명해 드렸다. 어머니는 선생님 말씀이 옳다고 마땅히 맞아야 할 일이었다고... 가정에서 교육을 미처 거기까지 가르치지 못하였다고 사과를 하고 돌아가셨다.

　난 그 후로 학생들을 훈육할 때는 한 번 더 생각하는 여유를 가지게 되었다. 왜 그런 행동을 하였는지 묻기부터 하였다. '왜? 무엇 때문에? 어째서?'라고. 처음엔 어떤 아이든 바로 대답을 하지 않는다. 그러나 조금 기다려주면 이야기를 하기 시작한다. 그러면서 학생을 이해하게 되고 가정 상황을 알게 되고 이해의 폭이 넓어져 갔다.

가수가 되겠다고 보육원에서 계속 나와 서울로 무작정 상경하는 아이를 찾아다니고, 엄마와 둘이 살다 재혼을 하며 혼자 살게 두고 간 아이는 시골 다방에서 차를 나르며 얼굴의 화장이 짙은 모습으로 나를 만나고 검은 눈물을 쏟아내고, 과수원을 빌려 농사를 지어 먹고 살던 가족의 생계가 재개발로 터전을 잃고 방황하며 내게 도움을 요청하던 학부모, 허름한 시골 농가를 빌려 가족의 생계를 위해 개를 기르고 팔아 아들을 의대까지 보내는 성실한 부모와 아이들을 어찌 잊을 수 있을까?

봄이면 몇 명씩 동네별로 나누어 가정 방문을 하는 기간이 있었다. 아이들과 함께 걷는 길에 어쩌다 진흙탕에 구두가 빠지면 남학생들은 내 구두의 묻은 진흙을 털어내기 위해 안간힘을 쏟았다. 큰 돌에 두들겨가며 흙을 터니 멀쩡한 구두가 낡은 구두가 되어 내게 돌아오고…"바로 저기예요." 하며 데려가는 길은 왜 그리 멀던지… 이제는 그 진흙 길에 모두 아파트가 들어서고 허름한 동네도 사라지고 있다.

1년에 한 번인 운동회를 꼭 우리 반이 우승해야 한다고 생각하고 방과 후 늦게까지 연습을 시키고 종목마다 운동의 달인을 만들기 위해 연습하고 야밤에 교실에서 옹기종기 모여 시켜 먹는 떡볶이와 순대… 맛있게 먹었던 시간이 눈에 선하다.

그렇게 연습을 하고 다짐하고 운동회 당일 출전하지만 연습과는 달리 아이들은 실력 발휘를 하지 못했다. 마지막 경기인 줄다리기를 이겨 보겠다고 영차영차! 소리 높여 목소리를 높여 보아도 옆에서 북을 치며 학생들을 격려하는 남자 선생님의 지휘에는 당해내지를 못하고 끌려가고 만다. 아이들은 붉어진 나의 얼굴을 바라보며 끝까지 줄을 놓지 않고 끌려가면서도 힘을 써본다. 이 순간만큼은 비록 승부에는 져도 오직 우리 반 아이들과 나와 눈을 마주치며 하나가 되는 순간이었다.

　발야구 경기에서 나가 있는 주자를 살려야 한다고 공을 멀리 차기를 요구하고 부담을 느낀 아이가 출전을 포기하자 다시 설득하여 내 보내고 기적처럼 2루에 있는 아이가 득점을 하는 순간의 기적이란 오직 우리만이 해낼 수 있는 것 같았다.

　합창대회를 위해서는 또 얼마나 많은 공을 들였는지... 아이인지? 선생님인지? 오직 승부욕에 가득 차 연습만이 살길이라고 강조하며 막상 당일에는 목이 잠겨 높은 소리에 음을 맘대로 못 내는 순간에도 말이다. 운동장 계단에 서서 노래를 얼마나 부르게 했던지...

　이렇게 보낸 학교생활이 엊그제 같은데 벌써 시간이 이렇게 흘러 버렸다. 그때는 수원 기차역에서 학교 앞에 오는 완행열차가 아침 6시 20분에 한 대밖에 없었다. 그 차를 타려고 새벽같이 일어나 출근 준비를 하고 기차 밖 세상이 주는 출근길 풍경에 얼마나 행복을 느꼈는지 모른다. 아침이면 푸른 들녘 하얀 안개가 아직 걷히지 않은 신선함이 느껴지고, 가을이면 벼 이삭들의 고개 숙임도 겸손해 보이고, 겨울이면 앙상한 나뭇가지에 앉아 있는 새들도 고고해 보였다.

　이렇게 보낸 세월이 30년을 훌쩍 넘어버리고 이제는 시간이 되어 교정을 떠나는 시간이 되었다. 학생들을 통해 내가 누렸던 이 기쁨과 위로의 시간을 두고 나오려니 마음이 참 허전하다. 이것저것 짐을 챙겨 보는데 마지막 수업을 하던 3학년 1학기 오래되고 낡은 교과서가 눈에 띈다. 교과서를 펼쳐보니 빼곡하게 적힌 가르칠 내용의 메모가 눈에 들어온다. '아! 여기서 이렇게 할걸, 왜 이렇게 했지?' 후회도 남고....

　30년 세월, 내가 교정을 나올 때 들고 올 물건은 마지막 수업을 했던 낡은 교과서와 우리 반 아이들이었던 개인 상담내용과 교복 사진이 붙어 있는 교무수첩 몇 권, 그리고 추억 가득한 앨범들이었다.

이렇게 조촐하게 짐을 챙길 것이 없었구나? 하는 생각이 들었다. 아무도 없는 교장실에서 마지막 사진을 기념 삼아 찍고 나오는데 눈물이 흘렀다. 잘해 내었다는 칭찬도, 박수도 없는 이 외로운 길을 혼자 나오는데, 마음 가득 나의 반 아이들과 울고 웃게 지내던 추억이 스쳐 간다. 조금은 부족해도 맡겨진 삶에 최선을 다하며 살려했던 나의 제자들이 더 마음속에 남는다.

그리고 어디선가 맡겨진 일에 최선을 다하며 중년의 시간을 보내고 있을 제자들을 향해 마음속 깊이 잘 되기를 소원하며 교정을 나서본다.

엄마 생각

우리 엄마는 파평 윤씨 집안의 막내딸로 태어나 온갖 사랑을 다 받으며 귀하게 자라셨다. 아버지는 밀양 박씨의 양반 자손으로 키는 작지만 인물이 훤칠하고 이마가 넓어 큰 인물이 될 거라고 외할아버지가 너무 좋아하셨단다. 외할아버지는 12살 나이 차이도 불구하고 사위 삼기를 소원하고, 외할머니를 설득하여 왜정 때 여자 공출을 피하기 위해 엄마 나이 16세에 조혼을 시키셨다.

한문학을 공부한 아버지는 마을에서 한문을 가르치며 생계를 이어가다 세상 탓하며 점점 술이 늘고 친구들과 어울리며 세월을 보내시다 위로 아들 하나와 밑으로 딸 셋을 두고 세상과 작별하셨다. 우리 엄마 나이 40세에 말이다.

어릴 적 기억에 아버지가 술을 드시고 오는 날엔 손에 센베 과자를 들고 오시고 어김없이 둥그런 양은 상을 놓고 집에서 한 잔을 더 하셨다. 난 옆에 앉아 아버지가 부르는 노래를 따라 젓가락 장단을 맞춰가며 아버지와 같이 막걸리를 홀짝홀짝 마셨던 기억이 난다.

부유한 가정의 막내딸로 자란 엄마는 시집올 때 비단 한복 40벌을 가지고 오셨다 하니 얼마나 귀하고 소중한 딸이었겠는가?

그러나 결혼한 이후 엄마는 가장 노릇을 하지 못하는 아버지로 인해 생활고를 겪었고 그때마다 비단옷을 한 벌씩 내다 팔아 생계를 이어가셨다. 어린 기억에 다른 사람보다 키가 크고, 얼굴이 고운 엄마가 한복을 차려입고 나설 때면 우리 엄마가 자랑스러웠다. 참 예쁘다 생각했다.

하루가 멀다하고 술을 드시고 누워 자는 아버지를 위해 무를 넣어 홍어국을 벌겋게 끓여 내면 아버지는 국물을 들이키고 다시 주무셨다. 옆에서 얻어먹는 홍어국이 얼마나 고소하고 맛있던지... 말캉한 홍어살의 부드러움이 입안에 번지는 듯하다.

신당동 살던 우리는 아버지가 병을 얻어 천호동으로 이사를 가게 되었다. 이사한 지 채 한 달도 되지 않아 아버지는 돌아가셨다. 오빠는 군대에 가고, 장례를 위해 사촌 오빠들이 몰려왔던 기억이 난다. 엄마는 아직 돌도 안된 막내딸을 등에 업고 장례를 치르셨다. 엄마가 어떻게 크게 울던지 소리가 너무 커서 겁이 났다. 죽는 것이 무엇인지 모르지만 엄마가 저렇게 크게 우시니 죽음은 슬프다 생각했다.

그러던 어느 날 오빠가 장가를 가게 되었다. 시골에서 친척들이 오고 온 집안이 북적대며 음식하는 소리와 냄새가 집안에 진동했다. 결혼은 좋은 것이라 생각했다. 이렇게 많은 음식을 하고 친척들이 몰려오니 말이다. 오빠가 결혼 한 날 밤, 엄마의 구슬픈 노랫소리와 눈물을 보았다.

엄마는 밤새 술을 드시고 둘째 이모와 이야기를 나누며 밤새 우셨다. 이불 속에서 자는 척했지만 쉽게 잠이 들지 않았고 아버지가 돌아가셨을 때 슬피 우시던 모습과 비슷하다고 느꼈다. 엄마가 우는 모습을 보니 나도 눈물이 났다.

여고 시절 머리털이 얇고 숱이 적지만 땋은 머리를 하고 싶다 했더니 정성스레 두 갈래로 땋아 주셨다. 뒤통수가 참 예쁘다고 칭찬하며 버스 정류장까지 신발주머니를 들고 배웅하여 주시던 우리 엄마...

겨울이 오면 아랫목에 밥그릇을 묻어두고 우리들에게 늘 뜨끈한 밥을 먹게 하고, 딸기 문양의 조끼를 밤새 짜서 입게 하여 주셨다.
　밤늦게 공부하는 나에게 그만 좀 하고 자라고 감기는 눈을 주체하지 못하시고 잠꼬대처럼 중얼거리시던 분이셨다. 90세가 되어도 목욕탕을 같이 가면 먼저 딸 등을 밀어주시려 하던 엄마는 지금 없다.
　가을이 되어 노랗게 익어가는 단풍잎에 그리움이 밀려오는 것은 좀 더 잘해 드리지 못한 후회의 감정일까?
　오늘은 가을무에 달린 무청을 삶아 된장에 무쳐 멸치를 넣고 푹 조려 먹으며 엄마 생각한다. 그 좋아하시던 무를 넣은 갈치조림에 가을 무생채, 이렇게 한상 차리니 밥상 가득 엄마가 살아오신다.

담장 넘어

　우리 집 윗층 사시는 부부는 참 부지런하시다. 잠이 일찍 깨는 이른 여름 무더위에도 새벽같이 밭에 나가셔 수확을 잔뜩 해 오셔 문고리에 걸어 두신다. 여름 쪽파가 다듬어져 걸려있고, 연한 호박잎부터 둥글넓적 호박, 보랏빛 가지도 큼지막하게 자라 걸려있고, 아삭아삭 고추도, 사각사각 오이도 길쭉하게 찾아온다.
　된장을 풀어 연한 호박잎으로 멸치를 넣은 국을 끓이고, 호박잎 찌고 양념장을 만들어 아침을 준비한다. 고추장과 식초를 넣고 무쳐 낸 오이무침은 아침상을 싱그럽게 한다. 우리 집 아침상은 어느새 텃밭의 풍성함이 가득하게 찬다. 몸과 마음이 건강해지는 느낌이 든다. 이웃의 부지런한 정성이 주는 나눔의 기쁨이 충만한 아침이다.
　가을은 자연의 풍성함이 더 넘치는 계절이다. 시장에 가면 자연산 꽃게가 톱밥에 덮여 널려있고, 허연빛을 띤 얇은 껍질의 자연산 새우는 바라만 보아도 입맛이 돋는다. 붉은빛의 홍옥은 보기만 해도 신맛에 침이 고이고, 인심 좋은 아저씨가 건네주는 큼지막한 맛보기 대추는 가을만큼이나 우리의 마음을 흔들어 놓는다.
　유난히도 가을비가 많이 내리고 바람이 부는 날이 많았는데도 땅은 어김없이 농작물들을 키워 내고 있다. 몇 알씩 뿌려 놓은 무씨는 연약한 여린 잎에서 어느새 허연 몸체를 드러내는 무를 키워내고,

여기저기 붉은색 갓, 자주색의 고구마 줄기도 키워낸다. 온 밭 풍성한 잎을 넓게 차지하는 배추 역시 늦가을 보물이다. 듬성듬성 벌레가 먹은 작은 배춧잎에 난 자국이 있어도 버리고 싶지 않다. 이렇게 땅의 풍성함이 더하니 가을은 우리의 마음도 더 여유롭게 한다.

여기저기 농작물을 거두고 종종 이웃과 텃밭에서 가꾼 농작물을 통해 소통하고 넉넉한 마음이 깃들게 한다. 친정집 마당으로 옆집 감나무 가지가 담을 넘어 늘어져 들어오고 튼실하고 풍성하게 달린 주홍색 감은 더욱 탐스러워 보인다.

오래된 CCM 중에 "야곱의 축복"이라는 노래가 있다.

"너는 담장 너머로 뻗은 나무, 가지에 푸른 열매처럼~~ 하나님의 귀한 축복이 삶에 가득히 넘쳐날 거야~~"

성경에 나오는 야곱이라는 인물이 아버지로부터 받는 축복의 내용을 바탕으로 만든 노래이다. 야곱은 구약 시대 성경 속의 인물로서 아버지 이삭으로부터 장자의 축복을 받게 되는데 "하나님은 하늘의 이슬과 땅의 기름짐이며 풍성한 곡식과 포도주로 네게 주시기를 원한다."는 땅의 축복권을 말한다. 물론 야곱은 아버지의 축복대로 큰 복을 받고 자녀를 12명이나 두어 이스라엘의 12지파의 근간이 되는 후손의 복까지 받는 축복의 대표적 인물이 되었다. 바로 땅의 소산의 복이 중요함을 말하는 것이다.

오늘, 우리에게도 수확의 기쁨을 서로 나누며 땅의 축복이 담장을 넘어 이웃에게 넘쳐 가득하기를 기도해 본다.

안 이 문

―◇―

보건사회부 사회국 근무(중앙구호협의위원회 간사)
서울장애인올림픽대회조직위원회(개·폐회식 총괄)
한국장애인복지체육회→장애인개발원 기획,홍보팀장(1급)
대한민국장애인문화예술축제조직위 집행위원장
전 한국장애인문화예술단체총연합회 사무총장
(사)빛된소리글로벌예술협회 사무총장
<국제문예> 수필부문 등단, <국제문예> 운영위원
(사)국제문인협회 이사

아버지, 나의 아버지~

1992년 7월 ○○일

이날은 내가 세상에 태어나서 살아온 지 41년째 되는 생일이다. 직장생활을 하면서 매년 그래왔듯 사무실 한쪽에서는 직원들이 나의 생일파티를 위한 준비가 한창이었다. 고개를 돌려 바라보니 직원들의 손길이 분주하다. 케이크를 중앙에 놓고 빙 둘러서 다과와 음료, 그리고 컵까지 준비한 것을 보니 거의 준비가 끝난 모양이다.

동료 직원들이 각자 케이크와 과일과 다과, 그리고 음료를 준비하여 생일파티를 마련해주니 이렇게 눈물겹도록 고마울 데가 또 있을까. 총무과장이 내 곁으로 와서 준비가 다 되었으니 이동하자고 한다. '알았다' 하며 자리에서 일어서는데 책상 위의 전화벨이 요란스럽게 울린다.

엉거주춤한 자세로 전화기를 드는데, 온몸에 전율이 흐르는 것처럼 무어라 표현할 수 없는 불길한 마음이 들었다. 웬일일까? 짧은 순간이었지만 복잡한 생각을 떨치지 못하고, 의자에 엉덩이를 붙이고 앉아 전화기를 들었다. 그리고 상대방이 누구인지 내가 먼저 "여보세요"하고 반응을 살폈다. 그러나 수화기 저쪽에서는 아직 아무

소리가 없다. 나는 다시 "여보세요"하고 대답을 기다린다. 그랬더니 들려 오는 목소리는 아내였다. 마침내 뭔가 심상치 않다는 것을 직감할 수 있었다.

"왜 그래, 당신"

귓가에 들리는 아내의 목소리는 떨리면서 말을 잇지 못하고 결국 흐느끼기 시작한다. 나는 답답하여 재차 다그쳐 물었다. 아내는 그제야 "아버님이 교통사고로…", 뒷말을 또 잇지 못하고 이제는 울음을 터트린다. 나는 둔기로 머리를 맞은 듯 정신을 차릴 수 없었다. 아버지가 교통사고라니, 난데없이 믿기지 않는 아내의 말에 재차 확인했다.

"당신 지금 뭐라고 말한 거야?"

"아버님이 교통사고로 돌아가셨다고요."

여기까지 듣고 난 나는 순간적으로 눈앞이 캄캄함을 느꼈고, 하염없이 흐르는 눈물을 감출 수도 없었다. 영문을 모르는 직원들이 하나둘 내 곁으로 모여든다. 총무부장이 묻는다. 나는 간신히 "아버지가 교통사고로 돌아가셨다네요."

주위에서 모두 놀라면서 걱정한다.

청천벽력

나의 마흔한 번째 생일에 아버지의 교통사고 소식은 청천벽력이었다. 어서 들어가 보라는 직원들의 걱정에도 나는 쉽게 자리에서 일어나지 못하고 한동안 꼼짝없이 앉아있었다. 어느 정도 시간이 흘렀을까. 나는 정신을 차리고 직원들에게 뒷일을 부탁하고, 미안하다고 인사한 뒤 사무실을 나왔다.

바쁜 마음으로 집에 도착하니 아내와 애들이 짐을 챙겨서 기다리고 있었다. 나는 식구들을 차에 태우고 서울 집에서 출발하여, 하남 IC를 통해 중부고속도로를 타고 달리기 시작했다.

'아버지~!' 운전하면서도 마음속으로 아버지를 수없이 불러본다. 어제 아버지께 전화를 드렸을 때도 아버지는 밝은 목소리로 한참 동안 이야기를 나눴는데, 오늘은 이 무슨 날벼락 같은 일이 생긴 것일까. 고속도로를 달리는 내내 쉴 새 없이 눈물이 시야를 가려 흐르는 눈물을 주체할 수 없었다.

'이러다가 자칫 사고라도 나지 않을까?' 하는 걱정도 있었지만, 액셀을 밟는다. 그러나 나도 모르게 흐르는 눈물은 계속 시야를 가린다. 눈물이 가득 고여 앞이 잘 보이지 않으면 손수건으로 닦고 또 닦으면서 그렇게 아버지께 가고 있었다. 어느새 손수건은 흥건히 젖어서 티슈를 뽑아 눈물을 훔쳐낸다.

거의 5시간을 걸려 아버지가 계신 읍내 병원에 도착하니 벌써 어둠이 내려앉았다. 어머니는 충격으로 한쪽에 누워 계시다가 아들이 왔다는 것을 알고 일어나 앉으시며 또 눈물 바람을 하신다. 어머니의 눈물을 보자 나 역시 주르르 눈물보가 터진다. 이곳까지 오는 내내 눈물을 흘리며 왔는데 아직도 흘릴 눈물이 남아 있었는지 여전히 줄줄 새는 수도꼭지 같았다. 이렇게 끝없이 흐르는 눈물은 아버지에 대한 회한(悔恨)의 눈물이라고 생각했다. 집안의 장남이면서 아버지의 기대에 부응하지 못하고, 항상 걱정과 부담만을 지워드렸기 때문이다.

그 부자간의 서먹함이 조금이라도 가까워질 수 있었던 것은, 지난해 아버지 환갑잔치에 마을 사람들을 모두 집으로 초대하여 축하연을 했으며, 그때 난생처음으로 아버지를 등에 업고 동네 어르신들께 감사의 인사를 할 때부터였다. 아마 그날은 내 생애 처음으로 아버지의 체온을 느끼고, 아버지를 위해 생신 축하 노래를 메들리로 들려드린 것도 처음 있었던 일이다. 아버지는 흐뭇해하셨고 행복해하셨다. 그런데 자식과의 그 짧은 행복을 더 이상 누려보지 못하시고 그렇게 급히 우리 곁을 떠나신 것이다. 2남 4녀 중 막내가 아직 도착하지 않았고 모두 한자리에 모였다.

나는 사고 경위를 정확히 들었다. 점심시간이 지난 오후, 택시 기사가 졸음운전으로 인해 경운기를 몰고 가던 아버지를 뒤에서 추돌하여 사고를 냈다는 것이다. 만약 택시 기사가 옆에 있었다면 어떤 일이 벌어졌을지 상상이 되지 않았다. 집안의 맏이로 장례 절차를 동생들과 논의했다.

장례 기간은 오늘부터 3일, 장지는 선산, 그런데 문제는 가해자인 택시 기사와 합의가 이뤄지지 않았다는 것이다. 그렇다면 합의는 첫째 매제가 맡아서 조치해 달라고 부탁했다. 첫째 날은 그렇게 경황 없이 넘어갔다. 둘째 날은 소식을 듣고 찾아오신 문상객을 맞았다.

영원한 이별

오후에는 장례식장의 전문 장례지도사에 의해 염습을 마치고, 아버지와 마지막 이별의 인사를 하는 입관식이 진행되었다. 나는 짧게 사시다 불의의 사고로 인해 사랑하는 가족들과 마지막 이별을 하는 아버지의 모습을 하나라도 놓치지 않으려고 손도 잡아보고, 얼굴도 찬찬히 보았는데 눈을 뜨고 계시는 것이다. 아버지의 모습을 애써 담으려는데 아버지는 뒤에 남겨진 식구들 걱정 때문에 아직 눈도 감지못하셨나 보다.

이때 어머니께서 '무엇이 한이 되어 눈도 못 감으셨소' 하면서 손으로 눈을 꾹꾹 눌러 감겨드렸다. 그러고 보니 평생을 남에게 싫은 소리 한번 하지 않으신 아버지의 인자한 모습을 비로소 마지막으로 담을 수 있었다. 이승에서의 영원한 이별을 그렇게 가슴에 담았다.

사랑하는 아버지, 나의 아버지
그곳에선 부디 평안한 시간 보내십시오.

사부곡(思父曲)

효도 한번 제대로 해드리지 못했는데
그렇게 서둘러 가셔야 했나요?
어머니와 아들딸 6남매를 뒤로 하시고
그 멀고 먼 길 혼자 떠나셨나요.

지난 세월 자식 위해 모든 것 다 주신
사랑하는 아버지, 나의 아버지~
지금은 어디에 계시나요?
아버지가 보고 싶어 목 놓아 불러 봅니다.

아버지 떠나시고 30년이 훌쩍 지났건만
아직도 그리운 아버지, 나의 아버지
그렇게 떠나신 후 꿈에서도 뵐 수 없으나
제게 주신 사랑은 언제나 저를 위로합니다.

이제는 목 놓아 아버지를 부르지 않아도
지금은 어느 곳에 계시는지 알 것 같아요.
언젠가는 다시 뵐 날 기다리면서
그때 들려드릴 사부곡을 불러봅니다.

내 아우에게 보내는 편지

아우와의 마지막 통화

어머니 별세(別世) 후 49재를 며칠 앞두고, 시골집에 혼자 있는 아우로부터 전화가 걸려 왔다. 전화기 너머의 목소리는 이미 술에 취해 무슨 말을 하는지도 알 수 없을 정도인데, 몸은 제대로 가누고 있을지 걱정부터 앞선다.
"형님" 한참 만에 들려 오는 나를 부르는 소리가 왠지 또 긴장하게 만든다.
"그래~무슨 일 있는 거니?"
나는 최대한 음성을 가다듬고 침착하게 물어본다.
내가 묻는 말에는 대꾸도 없이 또다시 "형님"하고 부르는 것이다.
"무슨 일인지 말을 해"
나도 모르게 짜증 섞인 목소리로 대답을 다그쳤다. 애써 침착하게 대응하고자 했던 마음은 허물어지고 말았다. 그리고 그는 역시 아무 대답도 없이 전화를 끊었다. 도대체 무슨 일 때문인지 전화를 걸어 놓고 아무런 말도 없이 끊었던 걸까? 그날 퇴근길 내내 동생이 나를 불렀던 여운이 가시질 않는다. 집에 도착하자마자 동생에게 전화를 걸었다.

한참 뒤에야 전화가 연결되었다. 그는 또다시 말이 없더니 내 독촉에 한마디 던진다.

"나 여기 못 있겠어요. 돈 좀 보내주세요."

"아니 며칠 있으면 어머니 49재라 모두 내려갈 텐데 무슨 말이야?"

밑도 끝도 없는 말에 나는 결국 울화가 치밀고 말았다. 그리고서 전화기를 내팽개치고 멍하니 천정을 쳐다보며 이런저런 생각에 잠겨있다가 그대로 잠이 들었던 모양이다.

그것이 내 동생과의 마지막 통화가 될 줄은 그땐 몰랐다. 그리고 다음 날 아침 일찍, 광주에 사는 여동생이 전화를 걸어왔다.

"오빠 아무래도 시골집에 무슨 일이 생긴 것 같아요. 작은오빠가 어젯밤 부엌방에서 옆집 친구랑 술을 마시고 잤다는데…."

여기까지 말을 하고 울먹이기 시작한다. 순간 불길한 생각에 무슨 일이냐고 물었더니 옆집 사는 작은오빠의 친구로부터 전화가 걸려왔다고 했다. 전화 내용은 "작은오빠가 숨을 쉬지 않아서 경찰에 신고하고 병원으로 옮겼다"는 것이다. 도대체 무슨 말을 하는 거냐고 되물었지만, 머릿속은 이미 나쁜 생각에 가만히 있을 수가 없었다. 나에게 요즘 왜 이렇게 힘든 일만 생기는 것일까?

여동생 말로는 숨을 쉬지 않은 것 같다고 했지만, 왜 경찰이 왔다 갔는지, 또 앰뷸런스가 와서 병원으로 갔다느니…. 여기에 생각이 미치자 그 길로 식구들과 함께 시골집으로 내려갔다. 먼저 내려간 여동생이 집으로 오지 말고 병원으로 오라는 연락이 왔다.

차를 운전해 가면서 머릿속은 오만가지 생각에 잠겨 어떻게 병원까지 갔는지 모르겠다. 그리고 그는 얼굴도 보여 주지 않은 채 시신 냉동실에 안치되어 있단다.

내게 그 초췌한 모습을 보여 준 것은 다음 날 오후였다. 시신을 입관하기 전 가족들에게 마지막 모습을 보라는 것인데 나는 북받쳐 오르는 눈물 때문에 그 자리에 주저앉고 말았다. 갈비뼈가 앙상하게 보이는 그야말로 피골이 상접 한 모습이다. 그래도 얼굴 모습은 아주 편안해 보인다는 생각에 순간이긴 했지만 안도했다는 것이 나중에야 생각이 났었다. 화장로에 들어간 동생의 시신은 몇 분 후 한 줌의 재로 변해 조그만 상자에 담겨서 가족 품에 안겼다.

외롭게 살다 간 영혼

장례 절차를 마치고 시골집으로 돌아오니 여기저기 흔적들이 널브러져 있었다. 집안이 냉기로 가득하다. 보일러를 틀면서 혼잣말이 튀어나온다. 추운 겨울에 보일러도 켜지 않고 어떻게 지냈는지 옆에 있다면 야단이라도 쳐 주고 싶었다. 그래서 병원에서 발급된 사망진단서에 저체온증으로 사망했다는 것이다. 술을 마셨으니 몸에 열은 나고 보일러를 틀지도 않고 그대로 쓰러져 잤으니 저체온증이 온 거겠지?

다음 날 어머니 49재를 지내며 나는 간절히 기원했다.
"어머니~! 아우가 어머니 떠나시고 휑한 집에서 혼자 지내다 보니 외롭기도 하고 괴로움이 컸던 것 같습니다."
거의 날마다 술로 하루하루를 보내다 결국 어머니를 뒤따라간 것이다. 여기저기 곳곳에 빈 소주병이 굴러다닌 걸 보면 매일 두세 병은 마신 것으로 보이는데 안주는 먹은 흔적도 없고, 식사도 거의 매끼를 거른 채 그렇게 삶을 포기한 사람처럼 지냈나 보다.

"어머니, 어머니를 뒤따라간 막내아들 너무 나무라지 마시고, 그냥 다독여 주세요. 그리고 동생의 아들로 잠깐 살다 간 민규도 빨리 찾아서 품에 안고 흘러간 30년의 이야기 오순도순 나눌 수 있게 해 주세요, 그곳에서는 우리 함께 만나는 날 아픈 기억은 모두 잊고 행복했으면 좋겠어요."

동생에게는 예쁘고 똘똘한 민규라는 아들이 있었다. 동생은 그 아들을 유난히 애지중지했는데 그만 가슴에 묻어야 했던 사고가 벌써 30여 년의 세월이 지난 것이다.

그때 그 조카아이는 여섯 살이었다. 타지에서 생활하고 있던 나로서 나중에 들은 얘기지만 빨래하던 할머니 곁에서 놀다가 어느 순간 보이지 않아 이리저리 찾아보았으나 흔적도 보이지 않더라는 것이다. 아무리 찾아도 보이지 않아 경찰에 신고도 하고, 동네 골목골목을 다 돌아보아도 몇 시간째 찾지를 못했는데 누군가 논에 물을 넣기 위해 배수구 문을 열었더니 배수구에 휩쓸려 익사체로 발견되었다고 했다. 어머니는 말할 나위 없이 동생 부부가 한동안 넋 나간 인간이 되어 술로 시간을 보내고, 술에 취하면 부부싸움에 어머니까지 손자를 죽인 죄인이 된 것처럼 가족 모두가 한 동안을 눈물로 보낸 것이다. 동생은 그 엄청난 사고에서 헤어 나오지 못하고 매년 아들을 보낸 그 시기가 되면 결국 또다시 괴로운 시간을 보내곤 했다.

아우에게 전해주고 싶은 형의 이야기

상당한 시간이 흘렀어도 그맘때가 되면 술독에 빠져 지내다시피 했다니 얼마나 괴로웠으면 그랬을까 이해는 되었지만, 어머니까지 마음 상하게 한 것은 그냥 두고 볼 수도 없었다. 그때부터 나는 동생에게 마음잡고 살 수 있도록 하는 것이 무엇일까 고민하다가 조그만 가게라도 하나 장만해서 직접 해보면 어떻겠냐고 의논해 보았다.

그랬더니 차를 한 대 구매할 수 있게 해달라는 것이다. 용달차가 있으면 화원에 뭇들기로 들어가 꽃 배달도 하고, 화훼농을 배우고 싶다고 해서 그렇게 해 주겠으니 마음잡고 열심히 해보라고 격려했다.

그리고 차를 구매할 만큼의 돈을 보내주었다. 나와의 약속대로 차를 구매해서 읍내 화원에 취업하여 꽃 배달도 하면서 열심히 배우고 있다는 소식을 들었다. 다음 해에 집에 내려가 보면 집 텃밭에 비닐하우스를 지어서 여러 종의 식물이 겨울나기도 하면서 제법 화훼농가 같은 면모를 갖추어 가는 것을 보고 한편으로는 흐뭇하면서 기대하게 했다.

그러나 이제는 술도 끊고 마음 다잡고 잘 견뎌내나 했으나, 또다시 때가 되면 술을 마시고 음주운전으로 사고를 내면서 심지어는 폐차까지 가는 큰 사고를 겪기도 했다. 결국 3대의 차를 폐차시키고, 삼진아웃제에 따라 면허가 취소된 것이다.

그 뒤로는 다른 용도의 돈을 요구할 때마다 형편 되는 대로 송금해 주곤 했다. 나의 이런 일들이 동생에게 도움이 되는 것이 아니라 독약이 될 줄은 그때는 몰랐다. 그저 내가 너에게 해 줄 수 있었던 것은 아버지도 일찍 돌아가시고, 시골에 혼자 계시는 어머니 곁에서 힘이 되도록 해 주었으면 하는 바람으로 필요한 돈이라도 보내주는 것이 최선이었다고 생각했다.

그런데 말이다. 나는 네가 돈이 필요하다고 할 때마다 술기운을 빌어서 말을 한 것이 얼마나 마음 상했는지 몰랐을 것이다. 물론 나에게 또 돈 얘기를 하는 것이 괴로워서였겠지만 술에 의지해서 하는 말이 아니라 맑은 정신으로 부탁했으면 할 때가 참 많았다.

　지금 그 차디찬 네 몸이 내 가슴속을 짓누르니 너하고 언제 다시 만나서 이렇게 얼어붙은 가슴을 녹일 수 있을지 모르겠다. 부디 저세상에서는 눈에 넣어도 아프지 않을 네 아들 민규 꼭 찾아서 행복하게 지내도록 해라. 어차피 어머니 뒤따라갔으면 어머니도 꼭 껴안아 드렸으면 좋겠다.

　나는 너를 꿈속에서라도 한 번 만나서 꼭 용서를 빌고 싶다. 그래서 스페인의 순례길을 걸어 볼 생각이다. 거기서 꼭 만나 우리 서로 화해했으면 좋겠다. 아우야~! 사랑한다. 내 마음속에서는 언제나 네가 사랑스러운 동생이었음을 알아줬으면 좋겠다.

그리운 아우에게 ~~

짙푸른 여름밤~
유난히 반짝이는 별빛이
바람에 파도치듯 스산한 밤이다.
그곳 어딘가에 네 얼굴이 있을까?
별을 헤아린다.

우리가 형제로 만나
비록 짧은 시간을 함께했지만
그래도 나누었던 정만큼은 태산인데
너는 나에게 말 한마디 남기지 않고
홀연히 사라져버린 무심한 사람아~

너는 그렇게 내 곁을 떠났지만
나는 텅 빈 가슴에 슬픔만 채우고
오늘도 잠 못 이룬 밤을 지새우며
이렇게 낡은 노트에 너를 그린다.
행여 꿈속에서라도 널 만날 수 있을까 하여~

산티아고 순례길에서 기적을 만나다

　내가 이 길을 걷겠다고 마음에 담아두고 실행에 옮기기까지는 대략 10여 년의 시간이 흐른 것 같다. 그러니까 천 년 역사의 그 길을 걸어보자고 처음 제안한 사람은 직장의 독실한 크리스천인 김 모 부장이었다. 산티아고 순례길에 대한 가슴 설레는 소식을 얘기하면서 우리도 언제 시간을 만들어 함께 걸어보자고 했었다. 그것이 내 마음속에 각인되어 있었던 모양이다. 그러나 당시 세 명이 나눈 이야기는 한번 가보자는 것이지 약속은 아니었고, 또한 직장에 얽매여 생활하면서 그렇게 긴 시간을 휴가를 써가며 걷는다는 것은 꿈도 꿀 수 없는 것이 현실이었다. 그래서 퇴직하고 난 뒤 버킷리스트 제1번으로 올려놓고 1년을 준비했다. 그보다 결정적인 동기는 2013년 2월 작고하신 어머니 49재를 며칠 앞두고 나의 아우마저 이승을 떠난 것이 정신적으로 큰 슬픔과 고통에서 벗어나기 힘들었기 때문이다.

■ 준비 과정

　나는 산티아고의 순례길을 반드시 걸어야겠다는 굳은 의지를 다잡고 이에 따른 준비를 위해 하나하나 계획을 만들었다.

▶ 제1차 준비로는 산티아고 순례길의 코스를 정하는 일이었다. 순례길 코스가 생각보다는 여러 길이 있었다. 그래서 먼저 다녀온 사람들의 경험담을 쓴 책을 구해서 읽고, 산티아고 순례자 모임인 카페에 가입하여 다른 사람들은 어떻게 준비하는지, 아니면 나처럼 떠나려고 계획하는 사람들은 무엇을 중요하게 생각하는지 서로 소식을 교환하기도 했다.

▶ 제2차 준비사항으로는 소요경비 조달 방법이었다. 나는 직장을 은퇴한 뒤 재취업을 위한 교육의 일환으로 웹디자인을 배운지 1년여가 다 되어 가고 있었고, 때마침 모 단체에서 새로 건립하는 복지센터의 내부 배치계획서 수립을 의뢰받고 작업을 하면서 필요한 경비를 어느 정도 조달할 수 있었다.

▶ 3차 준비사항으로는 생존을 위한 스페인어 배우기와 준비물 목록을 작성하고, 새로 사야 할 것은 사기로 했다. 스페인어는 적어도 인사말과 숫자 정도라도 알고 간다면 훨씬 수월하다는 것을 현지에서 많이 느낄 것이다.

▶ 4차 준비사항으로는 배낭을 꾸리고 실제 체력단련을 위해 매일 10㎞ 이상의 거리를 걷고 근력을 강화하는 것이다. 주로 다녔던 코스는 동대문에서 시작하여 서울 성곽 길을 따라 걷는 것과 구기동 터널에서 시작하는 형제봉 코스나 우이동 코스를 지루하지 않게 이용했다.

마침내 짐을 꾸리고 출발이다.
2014. 4. 28.

나는 모든 준비를 마치고 결국 순례자들이 가장 선호하는 프랑스 길을 걷기로 결심했다. 당시 직항편이 아닌 영국 런던을 거쳐 프랑스 길의 시작 지점인 생장을 출발지로 정했다. 내가 탄 비행기는 영국 런던에 기착하여 3일간 런던을 관광할 수 있는 시간을 갖게 되었다. 런던에서 제일 먼저 가본 것은 역시 대영박물관이었다.

숙소에서 그리 멀지 않은 곳이어서 걸어서 갈 수 있었으며, 입장권을 구매하여 내부로 들어갔다. 한국관도 있었는데 몇 년 전까지만 해도 규모나 작품 수가 너무 초라했던 것을 어느 독지가에 의해 규모도 커졌으며 작품도 많이 늘었다고 한다. 이런 상황에도 애국심이 우러나온 것을 깨달았다.

박물관 관람을 마치고 밖으로 나와 사진으로만 보아왔던 템스강변의 국회의사당 건물도 담았다. 다리 건너편으로 이동하여 공원에 즐비한 각종 놀이시설물이 있었는데, 역시 둥근 원형의 '런던아이'는 이용하려는 사람들의 줄이 수십 미터는 되었다.

공원 군데군데에 옷을 비롯한 피부까지 완전히 동상처럼 분장하여 조그만 사각으로 만들어진 단 위에 올라가 몇 분이고 몇십 분이고 꼼짝없이 서 있으니 영락없이 동상으로 착각했다. 나중에 어린아이가 동상의 손을 잡으려 하니 슬쩍 피하는 모습을 보고 아이가 놀라서 뒷걸음질하다 넘어지는 모습이 귀여웠다. 여기저기 통기타를 들고나와 거리공연을 하는 음악인들도 눈에 많이 띄었다.

런던에서의 2박 3일을 마치고, 프랑스 보르도로 날아왔다. 보르도 하면 포도주가 먼저 생각나는 도시이지만 이곳저곳 돌아보면 참 볼거리도 많고 돌아다니는 것이 그렇게 즐거울 수가 없다. 한 가지 놀라운 것은 명승지로 통하는 대로였는데 다소 멀리서 바라보니 도로를 꽉 메운 인파의 움직임이 마치 도도히 흐르는 강물처럼 보이는 것이 정말 신기할 따름이다.

여기서 이틀을 보내고, 5월 3일 보르도에서 바욘을 거쳐 산티아고 순례길인 출발지 생장으로 향할 것이다. 애초에는 바욘에서 기차로 이동할 계획이었으나 이동인구가 많지 않아 버스밖에 없단다. 하는 수 없이 버스표를 구매하여 기다리는 동안 주위를 둘러보니 벌써 배낭을 둘러맨 순례자들이 눈에 띈다. 이 사람들도 산티아고의 카미노(길)를 걷기 위한 사람들이 틀림없다는 생각에 나도 모르게 동지 의식을 느끼게 된다.

나는 마침내 생장으로 향하는 버스에 몸을 맡긴다. 약 2시간 정도가 소요될 것이다. 흔들리는 버스에서 잠시 눈을 붙여 본다. 내일부터 산티아고로 가는 순례길을 걷게 될 텐데 사뭇 기대되기도 하고, 혼자라는 생각에 다소 불안하다는 생각도 들었지만 이내 떨쳐 지고 만다…. 내 옆자리는 캐나다에서 왔다는 린다라는 할머니가 동승하고 있었는데 짧게 짧게 얘기를 건네 왔다. 어디서 왔는지, 혼자 왔는지, 무엇을 하는 사람인지? 나에 대해 궁금한 사람인 것처럼 끊임없이 대화를 이끌어 간다. 나도 그런 질문들에 될 수 있는 대로 성의껏, 자세히 알려 주었다. 자신은 신앙심으로 순례길을 걸었는데 벌써 3번째라고 자랑한다.

버스가 어느새 생장(Saint-jean-pied-de-port)에 도착하여 사람들을 토해내듯 순식간에 내려놓는다. 나는 배낭족들의 무리를 따라 순례자협회로 이동한다. 순례자협회는 약간 오르막길의 중간쯤에 있었으며, 내부는 상당히 너른 편이었다. 나도 차례를 기다려 접수 등록을 하니 순례자들만이 누릴 수 있는 여권(크레덴시알→Credential)을 발급해준다. 그리고 순례자의 상징인 조개를 하나에 2~3유로를 기부하고 구해서 배낭에 메다니 이제 모든 준비가 끝나고 약 800㎞를 두 발로 걸어서 완주하는 그것만이 내가 해야 할 일이라고 스스로 다짐한다.

오늘 밤은 조금 전 발급 받은 순례자 여권을 처음으로 사용할 마땅한 알베르게(숙소)를 찾는 일이다. 순례자 등록처에서 약간 밑으로 내려오니 알베르게가 있었다. 입구에 우리 한글 책자가 진열되어 있는 것을 보고 망설일 것도 없이 그곳을 숙소로 택해서 들어갔다. 저녁 식사는 물론 내일 아침과 점심 도시락까지 준비해 주는데 8유로라고 하면서 나를 이끈다. 내부에 들어서니 깨끗하고 아늑한 느낌이 정말 맘에 들었다.

짐을 내려놓고 저녁 시간까지는 아직 여유가 있어 주변을 산책했다. 마을이 크지는 않지만, 볼거리가 많았다. 순례 용품을 파는 가게들도 있고, 나처럼 산책하는 사람도 많았다. 그런가 하면 길가에 편하게 앉아서 오후의 햇살을 온몸으로 느끼는 일광욕을 하는 사람도 있었다. 나는 언덕길을 올라서 숲속으로 난 오솔길을 따라 걸었다. 공기가 참 상쾌하게 느껴진다. 그렇게 산책을 마치고 숙소로 돌아오니 바로 저녁 식사를 알린다.

젊은 부부가 운영하면서 음식도 직접 정성을 다해 준비했으니 눈으로도 맛있고, 입으로도 맛있었다. 식사가 끝나고 나서는 그 집에 하룻밤 머무는 순례자들을 위한 이벤트까지 준비해서 장도에 오르는 모든 이의 건투를 빈다고 했다. 그 이벤트는 각자의 소개와 간단한 게임과 함께 즐길 수 있는 오락이었는데 나이나 국적, 언어, 성별 등은 아무 문제도 아니었으며, 모두가 즐겁게 참여하는 놀이였다.

내 순서에서는 '88 서울패럴림픽 당시의 경험과 경력을 소개하니 모두 열렬한 박수와 함께 선호해 주어 정말 잊지 못할 추억을 간직할 수 있었고, 놀이 시간에는 그 분위기에 휩쓸려 평소 한 번도 해보지 못한 과장된 행동으로 다른 사람들에게 웃기는 표정을 해 주면 또한 가식 없이 즐거워해 주니 더없이 행복한 시간이 아닐 수 없었다. '88 패럴림픽을 소개하여 열렬한 응원을 받았던 것은 '92 바르셀로나올림픽과 패럴림픽이 유치되어 치른 경험이 있었기 때문이라는 것을 나중에 알 수 있었다. 특히, 패럴림픽은 대규모 조사단이 서울에 파견되어 우리의 도움을 크게 받았었다.

▲ 프랑스 생장의 순례자등록소에서 발급받은 순례자 여권(앞면이 7면, 뒷면이 7면인 접지로 되어있고, 다음 숙소(알베르게)에서 잠을 자기 위해서는 반드시 이 여권을 제시해야 한다. 접수처에서는 순례자 여권에 날짜를 쓰고 접수인을 찍어 준다)

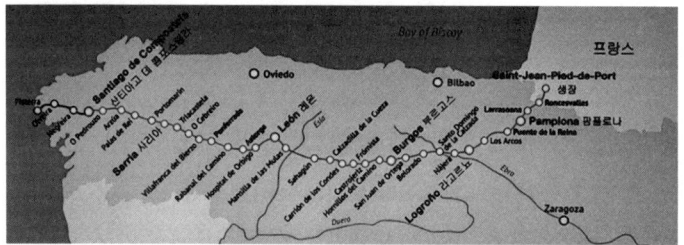

▲ 프랑스 길의 노정표(路程表)→(프랑스 생장에서 스페인 산티아고 콤포스텔라까지의 거리는 약 800km이다)

프랑스 생장에서 스페인 국경을 넘는다.
5월 4일

아침 일곱 시경, 간단히 아침 식사를 마치고 알베르게 주인 내외가 싸준 점심 도시락을 받아 챙기고, 고맙다는 인사를 나눈 뒤 드디어 순례길의 첫발을 딛는다.

출발선에서 힘차게 발을 내딛듯 그렇다고 빠르게도 아니고, 느리게도 아닌 비장함만이 나를 통제했었던 기분이 들었다. 오솔길 같은 길을 따라 한참을 걷다 보니 양떼목장을 만났다. 그리고 산 중간쯤 오르니 우리나라 편의점처럼 필요한 물건들을 살 수도 있고, 쉼터도 만들어진 휴게소가 있어 잠깐 쉬어가기로 한다.

5월 초이긴 하지만 한 낮의 기온은 따갑게 느껴질 만큼 더웠다. 아마도 순례길 중에는 이 산을 넘는 것이 가장 힘든 코스라고 하지만 내가 느끼기에는 해발 약 1,500m 정도이고, 길의 폭도 비교적 넓어서 걷기에 그렇게 힘들다고 할 수는 없었다.

얼마나 걸었을까? 나폴레옹이 넘었다는 피레네산맥(일명 나폴레옹 길이라 함)을 오르니 저 먼 산에는 만년설로 하얗게 뒤덮여 있는 모습이 신비롭기까지 하다. 그리고 피레네 산의 정상 부근에 이르니 여기저기 십자가에 형형색의 천들로 장식 들을 해 놓은 것을 볼 수 있었다.

바로 이곳은 순례객들 자신이 잘못을 깨닫는 길이라고도 해서 의미 있는 장소로 여기고 있다. 이 피레네 산 정상에서 몸과 마음을 가다듬고 드디어 프랑스에서 스페인으로 국경을 넘는다. 국경이라고 해봐야 산등성이를 옆으로 돌면 얼기설기 높지도 않은 철조망이 쳐져 있고, 사립문처럼 생긴 문을 열고 한 발짝 넘으면 스페인 땅이다. 국경을 넘고 문은 자신이 다시 닫으면 된다.

스페인 쪽은 내리막길인데 그 경사도가 심해서 가만히 서 있어도 앞으로 곤두박질할 것 같았다. 아마도 세계에서 유일하게 서식하고 있는 너도밤나무 숲이라는 것을 어느 카페에 올라온 글을 읽어 본 생각이 난다.

스페인의 산들강바람

밤나무 숲을 벗어나자 갑자기 시야가 넓어졌다. 하늘은 구름 한 점 없이 눈이 시릴 만큼 푸르다. 오늘 하루 대체로 걸어온 길이 약 24㎞쯤이니 조금만 더 가면 스페인에서의 첫 밤을 보낼 알베르게를 찾아야 한다. 애초에는 미리 조사한 숙소들을 택해서 일찍 다녀간 사람들이 써 놓은 책들의 내용이 얼마큼 정확한지 확인도 할 겸 그곳에서 잠을 자보고 싶었으나 약 10㎏에 달하는 배낭을 메고 걸어왔으니 피곤한 생각에 그럴 엄두도 내지 못하고, 먼저 보이는 곳을 찾아 들어가게 되었다.

등록 데스크에서 순례자용 여권을 제시하고, 스탬프를 찍어 주면 침상 배치를 해 준다. 그런데 배정받은 침대가 2층이다. 2층이면 나로서는 매우 불편할 뿐만 아니라 자다가 화장실을 두세 번씩 가야 하는 버릇 때문에 이만저만 곤란한 것이 아니었다. 그러나 2층으로 배정받은 것도 다행인 것이 늦게 도착해서 침대 배정을 받지 못하면 그냥 맨바닥에 침낭을 깔고 잠을 자야 한다니 이 또한 얼마나 다행한 일인가 싶다.

잠자리를 배정받고 샤워를 한 다음 마을 주변을 둘러본다. 특별히 갈 곳은 없는데 결국 높이 솟은 첨탑의 성당으로 발길을 돌려 성당 내부의 성모상을 비롯한 중세의 작품들을 감상한다. 벽화들은 대부분 프레스코화인데 이런 작품들이 어떻게 1,000년을 훌쩍 넘게 긴 세월 이겨 왔을까?

스페인은 인구의 약 74% 이상이 가톨릭 신자이며, 따라서 산티아고 콤포스텔라로 가는 길목마다 알베르게는 성당을 중심으로 마을이 형성되어 있다는 것을 알 수 있다. 그리고 길을 걷다 보면 방향을 알려 주는 조개의 형상이 그려진 이정표가 세워져 있다. 따라서

▲ 카미노에서 만난 친구들과 함께

길을 잃을 수도 없지만, 잠깐 방향을 잃고 주변 사람들에게 "산티아고 데 카미노"하고 물으면 너나 할 것 없이 친절하게 알려 주는 것이 생활화된 듯 살가웠다.

다음 날 아침은 어제의 피곤함 때문인지 좀 늦게 일어나서 간단히 세면하고 길을 나섰다. 다른 사람들은 아침 일찍 길을 떠나서 숙소 내부는 내가 제일 늦게 나온 것이다. 가다가 음식점이 있으면 아침 식사를 할 생각이었지만 아무리 봐도 식당은 없었다. 하긴 우리나라의 시골길에서 식당을 찾기 어려운데 여기라고 별반 다를 것이 없겠지 하고 생각했는데 순례자들이 어느 가게 앞에서 아침 식사를 하는 것이 보였다. 그 모습을 보니 갑자기 배가 고프다는 생각에 발길이 빨라진다.

그러나 스페인의 카미노에 우리가 생각하는 정찬을 할 수 있는 식당이 아니라 그곳은 바(Bar)이고, 주스와 크루아상으로 아침을 때우는 정도였다. 물론 중소도시에는 아침 식사를 할 수 있는 곳도 있겠지만, 그것보다는 좀 더 부지런하다면 슈퍼나 상점에서 식료품을 사다가 숙소에 갖춰진 주방에서 조리하여 해결하는 편이 좋을 것이다. 그러나 나처럼 혼자서 그런 과정을 거쳐 끼니를 해결하는 것이 솔직히 귀찮아서 싫었고, 아침 한 끼 정도는 주스나 빵으로 해결하는 것도 괜찮다는 생각이 날이 갈수록 더 강해졌다.

한 걸음 한 걸음 옮길 때마다 눈앞에 스쳐 지나가는 모습들이 마치 영화의 장면들이 한 장면 한 장면 지나가는 것과 같은 생각은 나만의 감정 몰입일까? 산등성이를 넘으면 너른 들판에 파란 이삭의 밀들이 바람에 일렁이고, 또 한 고개를 넘으면 양 떼들이 한가로이 풀을 뜯다가 눈을 마주치기도 하고, 산모퉁이를 돌면 바지를 걷어 올린 낚시꾼이 검푸른 강 한가운데서 한가로이 채낚시를 하는가 하면, 지평선 같은 포도밭에는 빼곡히 포도나무가 열 지어 서 있다. 그런가 하면 빨간 융단을 깔아 놓은 것 같은 양귀비밭의 아름다운 모습들이 한 장면씩 눈에 각인 되면서 또 다음날은 어떤 모습이 나를 반길까 기다려진다.

배낭의 무게를 줄이자(깃털처럼 가볍게)

그동안 쉼 없이 이동한 거리가 180km는 넘을 것이다. 벌써 7일째이니까 하루 평균 20~25km 정도를 걸은 셈이다. 그런데 갑자기 허리와 왼쪽 허벅지가 심하게 아프기 시작한다. 사실 오래전부터 왼쪽 허리협착증이 있었으며 다리가 저린 정도였는데, 며칠 전부터는 통증으로 나타난다. 그래서 배낭의 짐을 계속 조금씩이라도 줄여 왔는데 이제는 통증의 정도가 면도날로 긁어내리는 것같이 심했다. 이번 배낭여행 계획은 1개월을 순례길로, 나머지 2개월은 유럽 7개국을 이동하며 여행할 계획인데 이런 정도의 통증이 지속한다면 도중에 계획을 변경해야 할지도 모르는 불안감이 들었다.

그래서 방법은 배낭의 무게를 최대한 줄이고, 약국에서 진통제를 사 먹으며 진행하겠다고 다시 한번 다짐한다. 그렇지만 카미노에서 약국을 찾으려면 중소도시에 입성했을 때이고, 그 외에는 약국을 찾기도 쉽지 않았다. 약국을 찾았다 해도 시간을 잘 맞춰야 한다. 내가 그 길을 걸을 때가 5월인데도 이미 시에스타가 있어서 대부분 가게가 10시에 문을 열고 12시에 문을 닫고, 다시 오후 4시가 되어야 문을 연다는 것이다.

마침 어느 소도시에서 약국을 발견하고 오후 3시 45분경에 약국 문을 들어서려 하니 그때 약국 앞에서 얘기하고 서 있던 두 사람 중 한 사람이 4시에 다시 오라는 것이다. 바로 그 사람이 약사였고, 다른 한 사람은 약을 사러 온 사람인데 밖에서 4시가 되기를 기다리는 그 모습이 당시로선 이해가 되질 않았다. 한낮에는 뜨겁지만 3시가 넘어가니 기온이 뚝 떨어져 추운데 그들처럼 15분을 기다릴 수가 없어 커피숍을 찾아가 몸을 녹여야만 했다. 지금 생각하면 쓴웃음이 난다.

산들강바람이 만난 카미노의 친구들
　(순례자를 위해 존재하는 마을 칼사다)

산과 들, 강과 바다, 그리고 바람을 좋아해서 내 블로그 아이디를 '산들강바람'이라고 했다. 이처럼 산들강바람을 쫓아 여행을 다니는 것이 내 삶의 일부분이 되었다. 내가 좋아하는 산들강바람과 함께 카미노를 걷노라니, 2,000년의 세월 동안 순례길 또한 그 모습 그대로이고, 90년대 중반부터는 세계 각지에서 모여든 산티아고로 가는 길을 1년이면 약 1백만 명 이상이 이 길을 걷는다고 하니 스페인은 야고보에게 크게 감사해야 하지 않을까 하는 생각이 든다. 나 혼자만의 생각이지만….

어쨌거나 날마다 걷는 길도 참으로 다양하다. 포장도로, 비포장도로, 오르막길, 내리막길, 과수원길, 밀밭 길, 목장길, 산악길, 오솔길, 숲길, 개천 길 등등 셀 수도 없지만, 날씨와 기후에 따라서도 또 각자 걷는 사람들의 느낌에 따라서도 그 길은 달리 표현되기도 할 것이다.

그 길 위에서 캐나다에서 왔다는 린다라는 할머니는 몇 군데 숙소에서 만난 인연으로 친구가 되었고, 파리에서 왔다는 젊은 청년 두 명도 앞서거니 뒤서거니 하면서 친구가 되었다. 또 어디에서 왔는지는 모르겠으나(언어 소통 문제) 닭장 속에 닭을 한 마리 넣어서 뙤약볕 아래서도 흔들림 없이 꼿꼿한 자세로 걷는 몸집 작은할머니하고도 인사하며 친해졌고, 나이가 내 또래인데 카이저수염을 멋지게 기른(국적이 멕시칸으로 보였음) 사람과 통성명은 못 했지만 사진 같이 찍자고 내게 부탁하면서 친해진 사람 등등 이들과 마주치면, 아니 이들이 아니더라도 "부엔 카미노" 하면 같이 부엔 카미노로 답해주면서 길벗이 되는 곳이 어디 스페인뿐이겠는 가마는 그래도 나로선 특별한 의미로 다가왔다. 닭장 속에 닭을 넣어서 걷던 그 할머니는 아마도 '반려 닭'으로 가지고 다니지 않았나 했는데, 어느 마을에 도착하니 닭을 신봉하는 마을이 있었고 그곳에서 아쉽게 할머니와 헤어지고 말았다. 그런데 나중에 알게 된 사실은 그 마을은 순례자를 위해 존재하는 칼사다 대성당이 있는 마을로 통닭의 전설이 살아 있는 곳이었다. 산토 도밍고 데 라 칼사다(Santo Domingo de la Calzada)는 신부였던 산토도밍고가 오 하강 때문에 어려움을 겪는 순례자들을 위해 편리하게 통행할 수 있도록 돌다리를 놓았고, 교회와 구호소도 짓고, 병원도 세워 환자들을 돌보기도 했다고 한다. 그런데 성당의 정면에 암탉과 수탉이 있는데 전설에 따르면 어느 순례자가 여관에 머무는 동안 그를 짝사랑하는 주인의 딸이 사랑을 고백했으나 거절당했다고 한다. 이에 앙심을 품고 순례자의 짐에 은잔을 숨겨놓고 도둑으로 신고를 한 것이다. 고을 책임자는 아들과 아버지 중 한 명은 범인일 것이고, 둘 중 한 명은 교수형에 처한다고 판결한 것이다. 그러자 두 사람은 서로 자신이 사형당하겠다고 우기지만 결국 아들이 교수형을 받게 된다. 아버지는 성인 야고보에게 아들의 구원을 기원하며 순례를 마치고 아들의 처형장소에 찾아갔을 때 믿을 수 없는 일이 일어난다. 아들이 지금까지 살아 있었다. 그는 야고보께서 지켜 주셨다고 믿었다. 아버지는 고을 책임자에게 그 사실을 알렸으나 그 말을 믿지 않은 고을 책임자는 마침 닭요리를 먹다가 그 젊은이가 살아 있다면 여기 죽은 닭이 다시 살아난다면 그 말을 믿겠다"라고 하자 갑자기 그릇 속의 닭이 살아났다는 전설이다. 그 후 통닭의 전설이 깃든 이곳 대성당에서는 흰색 닭을 키우고 있으며, 마을의 휘장에도 닭을 그려서 마을 어귀에 세워놓고 있는 것을 볼 수 있었다. 아마도 내가 만난 그 할머니도 닭을 이곳까지 가져와서 어떤 의식에 참여하지 않았을까 짐작해 보았다.

기적을 만나다(동생과의 극적인 화해)

내가 이 길을 걷게 된 배경에는 마음으로만 아꼈던 내 동생이 어머니 돌아가시고 외롭게 지내다 49재도 치르지 못하고 어머니를 따라가게 한 것이 내 탓이라는 죄의식 때문이었다. 스스로 씌운 멍에는 나를 계속 괴롭혔고, 그 멍에를 벗어던지고 본래의 나로 돌아오기 위해서는 산티아고 순례길을 걸으면서 아우에게 용서를 빌고 화해해야겠다는 절실한 생각으로 택한 길이었다. 그래서 카미노를 걷기 시작한 지 딱 10일째 되면서부터 숙소에 도착하면 샤워하고 성당에 들어가 기도를 시작했다.

기도는 동생이 좋은 곳에서 편하게 휴식하면서 날 용서하고, 기다려 달라고 했으며 우리 가족 건강하게 지켜달라는 것, 그리고 세월호 유족들을 위해서도 많은 기도를 했다. 그 기도를 시작하면서부터 기도들을 들어주기 위해서였을까 나에게 심한 고통이 이어지기 시작했다.

스페인 벨로라도에 도착하면서 숙소를 지나친 뒤 그날 하루 무려 50여㎞를 걸었던 것이 화근이 되어 심한 몸살감기를 앓게 되고, 거기에 우려했던 물집이 생기고 말았다. 지나침의 결과였다. 결국, 부르고스에서 하루를 더 쉬고 다시 힘을 내어 걷고 기도하고를 반복했다. 그리고 숙소에 도착하면 바늘에 실을 꿰어 물집을 통과시키면 물이 빠지고 소독을 한 뒤, 약 바르기를 반복했다. 물집에 바르는 연고는 역시 스페인에서 카미노를 걷는 사람이라면 필수품이라는데 스페인 약국에서 구매한 연고는 물집을 바로 잡아서 딱딱하게 굳어지게 하는 것이 특징이었다.

그로부터 며칠이 지나고 6월 1일(일) 걷기 시작한 지 29일 차인데 지난 5월 30일경 감기도 도망가고, 발에 물집도 잡히고, 허리로 인한 허벅지 통증도 잊힐 무렵 산타마리아의 알베르게에서 묵었던 날이었다. 그날 저녁 꿈속에서 동생이 나타나 살아생전에 나에게 한 번도 보여 주지 않았던(못한) 활짝 웃는 모습으로 내 품 안에 안기면서 "형님~! 사랑해요"하는 것이 아닌가? 나는 그를 꼭 껴안으며 기쁨의 눈물을 하염없이 쏟았다.

"아우야~! 나도 사랑한다. 그리고 너에게 잘못한 나를 용서해다오" "형님, 용서는 제가 형님한테 빌어야지요" 하면서 나를 쳐다보는 눈에 눈물이 글썽인다.

얼마쯤 시간이 흘렀을까 잠에서 깨어나니 동생은 온데간데없는데, 나는 그때까지도 눈물을 흘리고 있었다. 그렇게 나와 아우는 스페인의 산타마리아에서 기적처럼 만나서 화해했다.

산티아고 대성당에 입성하다.

  6월 6일(금) 34일 차 멜리데에서 유명한 문어 요리로 점심을 배불리 먹고 길을 나서는데 비바람이 몰아쳐 더는 걸을 수가 없어 숙소를 잡아 쉬기로 했다. 이래저래 애초 예정보다 늦어질 수밖에 없다.내일이면 산티아고 대성당에 입성하여 정오 미사에 참석할 수 있어야 하는데~

  어젯밤 옆 침대에서 잠자는 사람의 코골이가 얼마나 심한지 잠을 잘 수가 없어 할 수 없이 가방에서 귀마개를 꺼내 처음으로 사용했다. 거기에다 어제 내린 비 때문의 중간에 오늘 부지런히 걸어야 산티아고 콤포스텔라에 도착할 수 있을 텐데 날씨를 보니 비가 내린다.

  애초 계획보다 5일이 늦은 6월 8일. 마침내 장장 800㎞를 두 발로 걸어서 산티아고 대성당 앞에 서니 꿈을 이룬 것이다. 오는 중간 지점에서 한국인그룹을 만나 한국 음식을 대접받고 얼마 만에 맛보는 우리 음식인가 하며 맛있는 저녁 식사를 했었다. 다음 날 아침, 노선이 지루하니 같이 버스로 이동하자는 유혹에 잠깐 버스에 올랐다가 마음을 고쳐먹고 기사가 아직 버스에 오르지 않은 틈을 타 내렸던 것이 지금 생각해도 얼마나 잘했는지 모른다고 스스로 칭찬했다. 어떤 순례자는 성당 광장의 땅바닥에 무릎을 꿇고 이마를 땅에 맞대고 기도하는 감격스러운 장면도 보았다.

  산티아고 대성당을 바라보고 우측으로 돌아 골목에 있는 인증서 발급소에서 순례자 여권을 보이고 인증서를 발급받는다. 인증서는 100㎞ 이상 걸으면 무료로 발급해주는데, 내가 걸었던 해에는 3유로를 내면 완주증명서까지 받을 수 있었다. 그리고 콤포스텔라 대성당에서 진행된 12시 정오 미사에 참석했다. 정오 미사에는 대형 향로에 향을 피워 줄을 당겨서 성당 내부에 향이 골고루 피어오를 수 있도록 하는데 이는 순례자들이 땀 냄새로 절어 있는 것을 정화하는 의미가 있다고 했다. 그러나 이날은 향로미사가 없었다. 가톨릭 신자들에게는 신부님이 직접 주신 영성체를 받기도 했다. 그리고 스페인의 땅끝마을인 피니스테르로 떠나기 전 며칠을 지내며 모처럼 여유를 즐길 수 있었던 것은 동생과의 기적 같은 만남이 있었기 때문이다.

◀ 프랑스 생장의 첫 알베르게 →
  순례길 출발 전 알베르게 주인
  과 함께

프랑스 피레네산맥 ▶
오르는 길 - 휴게소

◀ 피레네산맥 정상에서 바라본 만년설이 뒤덮인 산봉우리

◀ 프랑스에서 스페인으로 넘어가는 피레네산맥의 국경지대. 나폴레옹이 넘었다고 해서 일명 나폴레옹 루트라고도 한다. (여기서 '**자기 잘못을 깨닫는다**'라는 의미가 있음)

Alto del Perdon은 ▶ '용서의 언덕'이라는 의미이며, 순례자들의 형상을 만들어 놓은 것이다.
"**너의 죄를 사하노라.**"

▲ 통닭의 전설이 살아 있는 Santo Domingo de la Calzada에서

▲ 프랑스 생장 ~ 산티아고 콤포스텔라 대성당까지 약 800km를 완주하고 광장에 서다.
(지하에 '성 야고보'의 시신이 안치되어 있다)

▲ 폰세바돈(Foncebadon) 폰페라다(Ponferrada)의 철 십자가
11세기에 만들어진 오리지널 철 십자가는 박물관에 보관되어 있다.
※ 마음속 근심 걱정을 다 내려놓고 십자가 아래 소원을 적은 돌멩이를 올리고 기도함.

▲ [완주 증명서]
　산티아고 대성당을 마주 보고 오른쪽으로 가면 순례자 사무소가 있고, 여기에서 접수절차를 거치면 완주 증명서를 발급해준다. (3유로)

하삐사랑, 손녀사랑

3년 전 5월 어느 날 ~!
H 미술관에서 특별한 전시회가 있었습니다.
그 전시장에 내게 가장 귀한 손님이 뜻밖에 방문해 주었습니다.

귀한 손님은 전시장 작품들을 하나하나 살펴보더니 제게 이렇게 질문을 했습니다.
"하삐, 이 작품은 누가 그린 거야?"
나는 좀 의외의 질문에 되물었습니다.
"왜?"
"어~! 뭐랄까 이 그림이 나를 자꾸 잡아당겨."
"하하하, 그 그림이 널 보고 예뻐서 그런 걸까?"
"그럼 하삐, 이 그림하고 친구 해야 하겠네."
"그래, 좋은 생각이다."
"그런데 하삐, 이 그림을 그리신 분이 장애인이시잖아요. 이렇게 완성할 때까지 어려움이 많았을 것 같아요."
"물론 그렇겠지? 그렇지만 유나야~! 장애인이라고 무조건 어려운 건 아니고 어떤 장애인이냐에 따라서 정도의 차이는 있단다. 예를 들면 한쪽 팔을 쓸 수 없다면 어떻게 그림을 그릴 수 있을까 생각해봐."
"글쎄요, 오른쪽 팔을 쓸 수 없다면 왼쪽 팔로 그릴 수 있지 않을까요?"
"그렇지, 우리 유나가 좋은 생각을 했구나, 그런 것을 불가능은 없다. 다시 말하면 '하고자 하면 못할 것이 없다'라는 말과 같다. 즉, 어느 한 가지가 부족하면 다른 기능을 통해서 할 수도 있고~~. 그러기 위해서는 많은 노력이 필요하겠지. 사람은 누구라도 어려움과 부딪힐 때 그것을 반드시 해 내겠다는 의지가 있어야 된단다. 우리 유나도 뭔가를 하겠다고 목표를 세웠다면 어떻게 해야 할까?"
"하삐 말씀대로 목표를 이루도록 끝까지 노력하겠습니다."
"우리 유나가 어느새 이렇게 커서 말도 예쁘게 잘하지?"
"감사합니다. 하삐"

하삐가 누구냐고요?
제 손녀가 저를 부르는 애칭이랍니다.
아무튼 이 아이는 저에게는 없어서는 안 될 보물 손녀딸입니다.
어느 날 이 아이의 예쁜 모습을 스케치북에 정성을 담아 그렸습니다. 그리고 그림을 보여 주며 "누구일까?" 하고 물었더니 바로 알아보면서 "하삐가 유나를 그린 건가요?" 하면서 뛸 듯이 기뻐했습니다. 그런 일이 있고 난 후부터 저를 화가로 알면서 그림에 부쩍 관심을 갖게되고, 미술학원도 다니면서 그림에 재능이 있음을 보여 주었습니다.
지난 3월에는 어엿한 초등학생이 되었으며, 그 기념으로 같이 근무하는 직장 동료가 입학 선물로 이젤을 선물해 주셨답니다. 선물이 딱 맘에 들었는지 첫 작품으로 유튜브에서 본 자두와 함께 나온 캐릭터를 그려서 내게 보여 주면서 이젤을 선물해 주신 선생님께 드린다고 해서 여러분과 함께 공유하고자 합니다.

  이 그림은 밑그림에 색칠을 한 것이 아니라, 밑그림 없이 전체를 구성하여 스케치하고 색칠한 것이 제법이라는 생각이 들었습니다.

▲ 유나가 그림 그리는 모습(2022년)
◀ 유나(현재 초등학교 2년생)

◀ 자두
▼ 냠냠이

◀ 변응심
▼ 아기

유나와 함께 쓰는 추억 일기

○ **첫 번째 일기 → 만남**
  ▶ 2015년 5월 ×일

　오늘 너와의 첫 만남은 가슴 벅찬 감동이었고, 소중한 시간이었다. 이제부터 너와 함께 우리의 새로운 순간순간을 아름답게 만들어 가자.

○ **두 번째 일기 → 100일 맞이 이벤트**
  ▶ 2015년 7월 ×일

　유나와 만나면서 무엇을 좋아하는지, 어떤 것에 관심을 두는지 하나씩 알아가게 된다. 그래서 보람이고, 삶이 즐겁다.
　오늘은 예쁜 케이크를 사다가 100일 맞이 축하 파티를 했다.

○ 세 번째 일기→ 365일 되는 날
▶ 2016년 4월 ×일

　내일은 유나의 첫돌이며, 우리가 만난 지 1년 되는 뜻깊은 날이다. 유나에게 줄 선물을 고르느라 백화점 선물 코너를 샅샅이 뒤지면서 벌써 두 시간째 헤맨 끝에 바라던 선물을 구할 수 있었다. 우선 위생적이다. 만지고 놀다 입에 물어도 괜찮다. 촉감이 부드럽고 색상도 예쁘다. 수공예품이다.
　다음날 유나에게 줄 선물을 들고 가벼운 발걸음으로 파티장으로 간다. 유나는 이미 도착해서 많은 사람에게 둘러싸여 있다. 주변을 두리번거리는 모습이 눈에 들어온다. 유나도 나를 보자마자 환한 얼굴로 나에게 덥석 안긴다. 오늘의 주인공이다. 많은 사람으로부터 축복받아라.
　축하 파티의 하이라이트는 역시 오늘의 주인공이 돌잡이로 뭐를 잡을지 관심 폭증이다. 진행자가 유나의 부모들에게 뭘 집기를 바라느냐고 물으니 두 사람 모두 거의 동시에 "돈이요" 한다. 순간 장내가 웃음바다가 되었다.
　주인공은 부모의 기대를 저버리지 않고 신사임당의 초상이 들어간 5만 원권을 집어 든다. 또다시 장내는 함성이 터져 나온다. 유나가 효녀로구나. 너에게 축복을 준 사람들에게 감사한 마음 잊지 말고, 앞으로 쭉 행복한 날이기를 바란다.

○ 네 번째 일기→ 하삐 가지 마.
▶ 2017년 5월 ×일

　어느 월요일 저녁, 유나 외할머니와 교대 시간에 맞추어 가방을 챙기고, 옷을 집어 드는데 갑자기 유나가 울음보를 터트린다.

"하삐 가지 마."

초롱초롱한 눈망울에 진주 같은 눈물을 주룩주룩 흘리면서 나를 애타게 잡으려는 모습이 가슴을 후빈다. 안사돈 뵙기에 민망하기도 하고, 나도 발길이 쉽게 떨어지지 않아 유나를 안고 달래본다.

언제 그랬냐는 듯 내 가슴에 안겨 쌔근쌔근 잠이 들었다.

○ 다섯 번째 일기→ 유나야~! 계속 하삐라고 불러줘.

▶ 2018년 5월 ×일

어느 토요일 저녁.

그동안 나에게 계속 "하삐"라고 부르던 유나가 갑자기 "할아버지"라고 부른다. 순간 나는 놀랍고 당황스러웠다. 왠지 어색하다. 그래서 유나에게 부탁해 본다.

"유나야~! 나는 유나가 '할아버지'하고 부르는 것보다 '하삐'라고 부르는 것이 훨씬 좋은데~!"

"으응~ 그럼 계속 하삐라고 부를께"

"그래, 고맙다. 앞으로 쭈욱 '하삐'라고 부르는 거야"

이렇게 약속하고, 난 뒤 나는 '하삐'라는 애칭으로 굳어졌다. 그 뒤 가끔 누군가가 나를 '할아버지'라고 지칭하면 이내 "하삐야 하삐" 라면서 지적질까지 한다.

○ **여섯 번째 일기 → 한밤에 걸려 온 전화**
  ▶ 2018년 5월 ×일

 어느 날 저녁 12시가 다 된 시간에 전화벨이 울린다. 누군가 했더니 유나한테서 걸려 온 전화였다. 수화기 저편에서 울먹이는 소리가 들린다.
 "유나야, 왜 그래"
 나는 이 시간에 전화한 것도 그렇고, 울고 있다는 사실에 더욱 놀랐다.
 "하~삐, 보고 싶어, 영상통화 해요."
 나는 영상통화 버튼을 누르고 화면을 보았다. 눈물이 범벅이 된 채 손을 흔들며 웃는 모습을 보고서야 놀란 가슴을 진정시킬 수 있었다.
 얼마나 울었는지 아직도 눈에 눈물이 가득 고여있는 모습을 보니 또 가슴이 먹먹해진다. 그런데 유나는 태연하게 "하삐, 나 우는 연기 어땠어?" 한다. 나를 두 번이나 깜짝 놀라게 한다.

○ **일곱 번째 일기 → 하삐, 잘 줌셨써**
  ▶ 2019년 5월 ×일

 일요일 점심시간에 전화기를 열어서 카톡 문자를 확인했다. 그런데 유나로부터 문자가 와 있었다.
 "하삐 잘 줌셨써" 보낸 시간을 보니 아침 일찍 보낸 것이다.
 아니 이 아이가 언제 문자까지 보낼 수 있었단 말인가? 정말 놀라운 일이었지만, 그보다도 문자를 받고도 몇 시간이 지나도록 답장을 해 주지 않았으니 얼마나 실망했을까?

○ 여덟 번째 일기→ 사랑의 열병
▶ 2020년 5월 ×일

"하삐 사랑해"
"하삐 아주 많이 사랑해"
"이 세상에서 하삐가 제일 좋아"
아까부터 이 아이는 내 귀에 입을 바짝 대고 속삭인다. 그러면서 양팔로 내 목을 감싸 안고 힘껏 끌어안는다.
"유나야, 나도 우리 유나를 하늘만큼 땅만큼 사랑해"
"하삐, 유나는 하삐를 우주만큼 사랑하는걸"
하하하~ 나는 껄껄 웃는다.
"유나야~우주만큼이 얼마나 되지?"
"에이, 하삐는, 하늘하고 땅 사이까지 전부 다~아"
그리고 며칠이 지난 어느 날 유나가 아프다는 얘기를 듣고 극도로 심경이 어지러워진다.
유나야~! 제발 아프지 마라.

○ 아홉 번째 일기→ 뭐 하고 놀까?
▶ 2020년 9월 ×일

오늘은 우리 유나와 함께 그림그리기, 끝말잇기, 무궁화꽃이 피었습니다, 쇼핑하러 가기 등 이런 일들을 함께하기로 했다.

○ **열 번째 일기→ 사랑하는 유나야~!**
▶ 2021년 9월 ×일

오늘이 2021년 9월 첫째 날, 그러니까 내가 네 얼굴을 처음으로 본 지도 7년하고도 5개월이 지났구나~!

날짜로 치면 2,830일, 시간으로 계산하니 무려 67,920시간을 사랑의 끈을 잡고 이어가고 있다는 것이지. 할 일이 없어서 날짜 계산, 시간 계산을 한 것이 아니라 그만큼 우리가 소중한 시간을 만들어 가고 있단 말이다.

우리가 사는 지구의 둘레가 약 40,000km라면 지구를 걸어서 한 바퀴 도는 시간이 약 10,000시간, 그런 계산이면 벌써 예닐곱 바퀴는 돌았겠다.

유나야~! 이 세상에서 둘도 없이 "사랑한다."

그냥 아무 생각 없이 습관적으로 날마다 사랑한다고 되뇌는 것이 아니라 날마다 깨어있는 시간을, 아니 어쩌면 잠자는 시간 동안에도 사랑하는 마음은 자동저장 되어 가고 있을 것이다.

내가 너를 사랑한다는 최상의 표현이 무엇일까? 아무리 생각해도 적절한 표현을 찾기 어렵지만 그게 뭐 대수겠니, 그저 날마다 시공을 초월하여 "하늘만큼, 땅만큼, 우주만큼" 이러면서 오늘 하루, 지금도 이 시간에 일기에 사랑한다는 말을 빼곡히 쓰고 있단다.

지금 시간은 새벽 1시란다.

'하삐~! 그렇게 늦은 시간까지 주무시지 않고 건강 해치시면, 유나가 속상해 하는 것 잘 아시잖아요.'

너는 분명 이렇게 걱정하며 슬픈 표정을 하겠지만, 그래도 어쩌겠니, 이럴 수밖에 없는 것을~

이 아이와 첫 대면을 한 것은 2015년 4월, 내가 큰 수술을 마치고, 병원에서 퇴원한 지 며칠 후였다. 나와 내 아내는 유리창 너머로 보이는 천사 같은 얼굴로 곤히 자는 모습을 보고 벅차오르는 가슴을 안고 발길을 돌렸다. 그것이 엊그제 같은데 물리적 시간은 이렇게 쏜살같이 왔다가 저만치 달아나고 있다는 것이 가슴 한편이 아려온다.

○ **열한 번째 일기→ 오늘 유나는 하삐랑 추억하나 담았어요.**
▶ 2021년 9월 ×일

지난 추석날 저녁.
집 옥상에서 동쪽 밤하늘에 둥근달이 솟아오르는 것을 볼 수 있었다. 우리는 휘영청 떠오르는 달을 보고 환호했다. 정말 쟁반같이 크고 둥근 달이었다.
"유나야~! 대보름 둥근달을 보면 소원 비는 거 알지"
그러자 유나는 두 손을 모으고 고개를 숙인 채 한참 동안 기도를 한다. 이윽고 고개를 든 유나에게 뭐라 빌었냐고 물었더니 "우리 하삐 다리 아프지 말고, 가족 모두 행복하게 해달라고 했어요. 하삐는 언제나 건강하셔야 해요."
'내가 너로 인해 참살이를 하는구나!'
유나가 식구들과 함께 집으로 돌아가는 차 안에서 "하삐, See You Again" 한다.

연경실

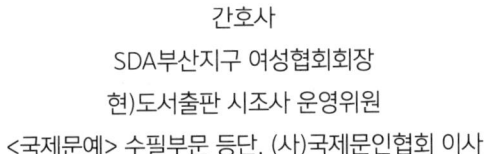

간호사
SDA부산지구 여성협회회장
현)도서출판 시조사 운영위원
<국제문예> 수필부문 등단, (사)국제문인협회 이사

빨래터

"우리 동네에 빨래터가 있어요." 내가 이렇게 말하면 십중팔구는 "21세기 개명천지 대도시에 무슨 빨래터?"라고 물을 것이다. 그리고 연이어 "실제로 빨래를 하고 있어?" "그럼, 실제로 하고 있지." 이런 사실은 이 동네 사람들과 이곳을 지나는 사람들이나 알지 이 도시의 사람들도 모를 것이다. 나는 대한민국 제2의 도시 부산에 산다. 2021년 7월 6일 유엔무역개발회의는 대한민국을 개발도상국에서 선진국 그룹으로 승격시켰다. 유엔 회원국들의 만장일치로 인정한 것이다. 지금은 주소가 도로명으로 바뀌었지만, 바뀌기 전 동네 이름은 괴정동이다. 이런 초현대 시대에 고대 유물 같은 모습이 우리 집에서 시장으로 가는 길에 펼쳐져 있는 것이다. 나는 그곳을 지날 때마다 신기한 광경에 가까이 다가가 빨래하는 모습을 한참이나 지켜보곤 했다.

이 빨래터는 1918년에 만들어진 것으로 가로 2.3m, 세로 6.3m, 높이 2.6m이다. 이곳은 물맛이 좋아서 "단물샘"이라고 불리었으며, 한때는 주민들의 식수로도 사용되었다. 가뭄이 들어도 물이 줄지 않고 겨울에는 미지근하고 여름에는 시원해서 빨래하기에 안성맞춤이다. 한 할머니는 집에 세탁기가 있어도 묵은 때까지 없애주는 손

빨래에 빠져서 일주일에 한두 번씩 꼭 빨래터를 찾는다고 한다. 또 어떤 이는 이웃 마을로 이사 간 후에도 빨랫감을 차로 실어 와서 빨래를 하기도 하는데, 보통 하루에 스무 명 정도가 이곳에서 빨래를 한다고 한다. 최근에는 '더 좋은 장소 만들기'의 일환으로 빨래터 주변을 주민들의 쉼터공원으로 잘 가꾸어서 〈대한민국 공간문화 대상〉을 받았다. 샘도 '큰새미'와 '작은 새미'로 나누었는데, 그중에 '작은 새미'는 빨래를 할 수 있는 공간으로 모두 대리석을 입혀놓았다. 예스럽고 정겨운 모습은 사라지고 없지만, 햇빛과 비를 막아주는 지붕을 설치하고 멋진 돌 빨래판도 군데군데 해 놓아서 예전보다 편리해졌다. 이렇게 소개가 되면 이 글을 읽는 내 지인들은 부산에 올 때 그 빨래터에 가 보자고 할지도 모르겠다.

 예산에 살 때이다. 내가 초등학교 3~4학년 정도 되었을 때이다. 그 당시에는 학교를 마치고 집에 오면 공부할 일도 별로 없었고, 마땅히 가지고 놀 장난감도 없었다. 그러나 지금보다도 정말 좋았던 것은 집에는 형제자매가 있어 심심치 않았고, 대문만 나서면 또래 조무래기들이 천지여서 그저 돌 하나, 고무줄 하나면 해가 질 때까지 재미나게 놀 수 있었다. 한번은 친구가 옷가지들을 담은 세숫대야를 들고나왔다. 어디를 가느냐고 물으니 냇가에 빨래하러 간다고 하기에 나도 집에 들어가 대야에 이것저것 담고는 비누와 빨래 방망이까지 챙겨서 친구를 따라갔다. 언젠가 때가 되면 냇가에서 빨래를 꼭 해보고 싶었기에 주저 없이 따라나선 것이었다. 그곳에는 서로 좋은 자리, 물이 흘러 내려오는 위쪽을 차지하기 위해 보이지 않는 신경전까지 벌어졌다. 친구와 나는 어른들 틈에 끼어 겨우 한쪽 자리를 차지하고는 고사리손으로 옷을 물에 담갔다가 비누칠도 하고, 방망이로 두들기기도 하면서 어른들 흉내를 제법 냈다. 빨래를 깨끗이 했는지 어쨌는지는 기억이 나지 않지만, 그 냇가에는 시냇물 흐르는 소리 말고도 여러 소리들이 뒤섞여 있었다. 그중에 빨래방망이 휘두르는 소리는 여간 리드미컬하게 들리는 것이 아니었다. 어디서 그런 힘이 나오는지 쉬지 않고 방망이를 휘두르면서도 수다는 끊이지 않고, 아마도 그 당시 아낙네들이 집안에서 쌓인 스트레스를 푸는 장소로 그만한 곳도 없었을 것이다. 같이 남의 흉도 보다가도 이불빨래 등 큰 빨래를 할 때에는 이쪽저쪽을 서로 맞잡고 비틀어서 물을 짜주기도 하였다. 일을 마치면 물기 머금은 무거운 빨랫대야를 머리에 이고 방망이 휘두르며 걸어가는 품새라니! 내 어렸을 적 냇가, 그 빨래터는 빨랫감뿐만 아니라 마음속에 엉겨 붙은 응어리까지 씻고 두들기고 비틀고 짜서 깨끗하게 해주는 곳이었다. 빨래에 관해서 어디 그뿐이던가? 마당에는 장대를 높이 세워 양쪽 끝에 길게 매어 놓은 빨랫줄이 있다. 말갛게 빨아진 이불과 옷가지들이 햇볕과 바람을 맞으며 펄럭이고, 숨바꼭질하던 개구쟁이들이 한바탕 그 주위를 휘젓고 다니면 아이들을 쫓는 고함 소리가 마당을 채우곤 했다.

그로부터 강산이 세 번이나 변하고, 지구를 반 바퀴나 돌아서 캐나다 에드먼튼에 있는 현대판 빨래터인 코인 빨래방에 가 보자. 세탁기와 건조기가 사방 벽면에 둘러쳐져 있다. 여러 인종들이 빨랫감을 자동차로 실어 와서는 세탁기에 꾸역꾸역 집어넣는다. 어떻게 저렇게 많은 빨래가 들어갈 수 있을까 싶을 정도이다. 적당량의 세제와 섬유유연제는 세탁 시 필수 아이템이다. 그러고는 코인을 넣고 버튼을 누른다. 여기저기서 기계는 저 혼자 소리를 내며 돌고 손님들은 말없이 제 할 일에 열중이다. 잠시 후 나는 눈을 어디에 둘지 몰라 당황했다. 한 젊은 커플이 세탁이 끝날 때까지 내내 부둥켜안고 사랑하는 일에 빠져 있다. 남의 시선 따위는 아랑곳없이 말이다. 가만 보아하니 동양에서 온 나만 그들을 힐끗힐끗 보며 쑥스러워하고 있고 그곳 사람들은 그러거나 말거나 눈길도 주지 않았다. 빨래방의 주인은 바쁜 손님들을 위해서 건조까지 마친 세탁물을 잘 개켜서 정리해 준다. 연신 사람들이 들어오고, 나가고... 기계는 열심히 일하고, 사람들은 잠시 쉼을 얻은 후 기분 좋게 돌아간다. 그도 그럴 것이 더러움을 말끔히 씻어내고 깨끗해진 옷들을 품에 안으면 막 건조기에서 나온 그 포근포근함과 은은한 향내에 그날의 피로가 가셔질 것이기 때문이다.

　빨래, 즉 세탁의 역사는 인류가 옷을 만들어 입기 시작하면서 함께 시작되었을 것이다. 지금같이 좋은 세제도, 고무장갑도, 온수도, 기계도 없던 그 시대를 살아왔던 우리의 어머니들, 식구가 많아 며칠만 게으름을 피우면 산더미처럼 쌓여가는 빨래는 늘 큰 짐으로 여겨졌을 것이다. 여성들의 큰 일거리로 고생스러웠던 그 일을 지금은 기계에 맡겨 놓으니 해방이 되어 빨래가 쌓여도 걱정이 없고, 더 중요한 일에 시간을 사용할 수 있어 감사한 마음이다. 하지만 기계음만 뿜어져 나오는 삭막한 지금보다, 소리 없이 제 할 일만 하고 있는 빨래방보다 자연의 온갖 소리에 웃음소리, 수다까지 더해진 그 옛날의 빨래터를 그리워하는 것은 오늘도 지나는 길에 보이는 빨래터가 가져다준 선물임에 틀림이 없다.

코로나, 코로나여!

 2022년 8월 9일 화요일, 점심을 먹고 난 뒤였다. 목이 약간 껄끄럽더니 오한과 함께 약간의 몸살기가 느껴졌다. 이게 뭐지? 혹 코로나인가? 시계를 보니 1시였다. 이틀 전 병원에서 환자들 코로나 검사를 하면서 코를 찌르는 순간 내 앞에서 기침을 하던 사람들이 있었다. 어떤 이는 여러 번 기침을 하기에 신경이 쓰여서 기침을 하지 말아 달라는 무언의 눈길을 보내기도 했던 일이 생각났다. 검사 담당을 하면서 첫 증상 발현이 언제부터였는지 기록을 해야 했기에 매번 묻는데, 제대로 답하는 이가 많지 않았다. 대개는 두루뭉술하게 대답하였다. 그래서 나는 직업적인 반사작용으로 조그만 이상을 감지했을 때 시계부터 보았다. 오후 1시.

 집에서 자가 키트로 검사를 해 보니 아직은 음성이었다. 서둘러 바깥일들을 보고 집으로 돌아왔다. 열은 점점 더 오르고 몸살기도 강도를 더해갔다. 다행하게도 다른 증상은 없어서 해열진통제와 위점막 보호제만 복용하였다. 저녁을 먹고 신속항원검사를 다시 해 보았다. 이번에는 신속하게 빨간 줄이 떴다. 그동안 많은 사람에게 "확진입니다."라는 선고를 내리고 주의사항을 안내했었는데, 이제는 나 스스로에게 격리 조치를 취해야 했다. 음식도 서로 다른 냉장

고에 보관하여 식사를 따로 하고 집안의 물건들을 만지는 일도 최소한으로 줄였다. 그마저도 매번 손소독제를 바르고 하였다. 시간을 맞추어 해열진통제를 복용하니 지낼 만하기는 했는데, 약기운이 떨어지면 또 열이 오르고 뼈마디까지 욱신거렸다.

둘째 날 아침에는 두통이 시작되었다. 이번에는 진통제를 먹어도 증상들이 남아 있어서 1시간 후에 또 다른 진통제 시럽을 먹으며 증상들을 다스렸다. 오전은 좀 더 힘들고, 오후에는 완화되어 아, 오늘만 지나고 내일이 오면 많이 나아지겠지 라고 생각하며 느긋하게 마음을 가졌다. 그런데 저녁에 밥을 먹으려니 입이 쓰고 입맛이 없고 냄새까지 맡을 수가 없었다. 그래도 약을 먹으려면 밥을 먹어야 했기에 억지로라도 밥을 먹기는 했다. 식사 후 해열제를 복용하고 잠자기 전에 한 번 더 먹었다. 그래야 아침까지 잠을 잘 수 있기에…. 이제 내일 아침에는 오늘보다 더 좋아질 것이라는 희망에 속히 내일 아침을 맞고 싶었다.

셋째 날 아침이 되었다. 그런데 그동안 그렇게 열심히 소금물 가글을 많이 했는데도 불구하고 침을 삼키기가 힘들 만큼 목이 아프다. 두통은 사라졌으나 몸살기는 여전히 남아 있고, 인후통과 콧물이 새로 시작되었다. 전에 뉴스에서 본 대로 코로나의 전형적인 증상들이 한꺼번에 몰려오는 것이 아니라 하나씩 차례대로 나타나고 있었던 것이다. 2~3일이면 힘든 시기는 지날 것이라 생각했는데 인후통으로 또 며칠 동안 고생하며 먹기 싫은 약까지 먹어야 할 것을 생각하니 내 마음도 조금씩 지쳐갔다.

넷째 날, 아침 일찍 눈을 뜨면서 몸이 많이 가벼워진 것을 느끼게 되었다. 열과 몸살기는 사라지고 인후통도 조금은 가라앉았다. 그동안 먹은 약 때문인지, 아니면 지나간 고열 때문인지는 몰라도 심장이 쿵쾅거리는 새로운 증세가 나타났지만 심호흡으로 조절하고 있다. 마지막까지 남아 있던 인후통은 다섯째 날 밤까지도 사라질 기미가 보이지 않았는데 여섯째 날 아침이 되니 신기하게도 침을 삼켜도 더 이상 아프지 않았다. 최종적으로 후각 이상과 기침, 약간의 체중 감소가 있었지만 이런 것들은 곧 정상으로 회복될 것이다.

최근 3년에 걸쳐 기승을 부리고 있는 코로나는 여러 번의 접종과 감염 사태를 불러왔는데, 이로 인해 나같이 백혈구 수치가 안정적이지 않은 사람들은 바이러스에 대한 잦은 노출이 나중에 어떤 결과로 이어질지 불안한 마음이 남아 있다. 이번에 절대로 사양하고 싶었지만 코로나19의 무례한 방문을 받으며, 고배율 전자현미경으로만 관찰할 수 있는 이 작은 독소에 인간이 속수무책으로 당할 수밖에 없다는 것이 마음 아팠다. 앞으로도 계속하여 바이러스들과 함께 살아갈 것이지만 우리 각자는 면역력을 최대한 끌어올리는 생활을 함으로 이들과의 전쟁에서 이겨내야 할 것이다.

여러 코로나 증상들 말고도 가장 힘든 일은 철저히 격리를 하는 것이었다. 주부가 아프니 밥을 해줄 사람도 없고, 손님이 와도 마스크를 쓰고 저만치 떨어져 잠시 얘기하고 보내야 했다. 바깥출입은 말할 것도 없이 집안에서도 마스크를 쓰고, 거의 모든 것이 '꼼짝 마' 상태로 지내야 했다. 이런 때는 가족이 다 같이 걸리든지, 아니면 차라리 혼자 산다면 집안에서나마 자유를 누릴 수 있을 텐데 말이다. 다행인 것은 컴퓨터와 핸드폰이 있어서 바깥세상 소식을 접하고 글도 쓰며 소통을 하고 지낼 수 있다는 것이었다.

가만히 생각해 보니 내가 왜 코로나에 걸렸는지 이해가 되지 않았다. 코로나 검사를 할 때도 마스크에 안경도 쓰고 그 위로 페이스쉴드를 쓰고, 방역복을 입고 장갑을 꼈다. 그리고 수시로 손 소독을 하고 소독약을 뿌리고 비누로 씻었다. 그동안 나는 코로나 환자가 옆에 있어도 쌍방이 KF94 마스크를 잘 쓰고, 손 소독을 하면 별 탈이 없었던 경험을 많이 하였다. 그런 경험만 믿고 이 정도로 무장하면 종일 코로나 검사를 해도 무사할 것이라고 장담을 했던 터였다. 하지만 그 간사한 바이러스는 눈에 띄지 않게 용케도 그동안 잘 버텨 왔던 사람들을 공략하며 방심은 금물이라는 교훈을 남겨주고 있었다. 이렇게 코로나의 포로로 지내면서 코로나의 기원과 그의 정체를 다시 한번 돌아보게 되었다.

때는 2020년 1월의 막바지에 이를 때였다. TV 뉴스에서 중국의 우한(武漢) 폐렴과 박쥐라는 말들이 연일 보도되었다. 2월 초가 되자 숨어들어온 바이러스의 정체가 조금씩 그 베일을 벗기 시작했다. 그러니까 중국 우한의 한 시장에서 박쥐에게서 중간 숙주를 거쳐 사람에게로 코로나바이러스가 전파되어 퍼지기 시작했다는 것이다. 더 이상의 전파를 막기 위해 우한은 도시 전체를 봉쇄하여 그야말로 유령의 도시로 변해갔다. 환자는 이미 차고 넘쳐서 큰 체육관에 상품 진열하듯이 눕혀 놓았다. 백신과 치료약이 없고, 치료 경험도 없어 우왕좌왕하는 그곳은 그야말로 아비규환 그 자체였다. 그렇게 단속을 하는데도 불구하고 글로벌 시대인지라 벌써 그 바이러스는 전 세계로 퍼져 나가고 있었다.

드디어 세계는 그에게 "코비드19"라는 이름을 부여하고 나라마다 각자도생의 길로 접어들었다. 기왕에 그보다 먼저 등장했던 사스나

메르스 또한 코로나바이러스 계열이며 신종플루, 감기 등도 코로나바이러스가 원인이다. 이들이 단순한 코로나바이러스일 때는 감기 정도의 증상을 나타내지만 변종이 되어 사람에게 옮겨지면 치명적인 질병이 되는 것이다. 이들 모두는 호흡기 감염병으로, 코로나 19가 다른 코로나바이러스 질환들과 확연히 다른 한 가지는 계절과 상관없이 거의 일 년 내내 활동하며, 전염력이 워낙 강하여 국지성이 아닌 전 세계적으로 동시에 퍼져 나가는 것이다. 이에 맞춰 화이자, 모더나 등의 글로벌 제약사들은 발 빠르게 움직임으로 불완전하기는 하지만 백신을 생산해 내기 시작했다. 그러나 백신을 공급받기까지는 나라마다 여러 우여곡절이 있었다. 예상했던 대로 백신은 불완전하여 여러 사고를 내기도 했고, 예방에도 그다지 큰 힘을 발휘하지 못하였다. 한 가지 중증화율과 사망률을 줄이는 데에는 일조를 했다고 한다.

처음에는 잠시 그러다 말겠지 했는데, 한 해를 넘기고 또 한 해를 넘겨 3년째에 접어들었다. 코로나 시대라는 긴 터널을 지나오면서 처음에는 적은 환자 수에도 그의 눈에 띄지 않으려 숨죽이며 살았다. 그러나 이제는 여러 번의 변이단계를 거치면서 증상도, 중증화율도, 사망률도 현저히 떨어져서 노약자를 제외하고는 대부분이 그 바이러스 마주하기를 주저하지 않아서 그런지 그만큼 이환율도 높아지고 있다. 이렇게 증상이 약하게 나타나는 하위 변이바이러스가 주류를 차지했을 때 많이 걸려서 집단면역에 이르면 어떨까 하는 위험한 발상을 해 보는 것은 나만의 발칙한 생각일까?

뉴스에는 이번의 코비드19뿐만 아니라 앞으로도 계속하여 인수공통의 이런 감염병들이 출몰할 것이라 한다. 사실 전염병은 포유동물에게서 시작된다고 하는데, 포유동물 중에 쥐가 50%, 박쥐가 25%를 차지하고 있다 하니 코로나 계통의 바이러스들이 박쥐를 원매개체로 생겨나는 일이 얼마나 자연스러운 일인가? 게다가 열대지방에 서식하는 박쥐가 지구 온난화로 인구가 밀집해 있는 한.온대지역으로까지 그 활동 범위를 넓히고 있다. 또한 인구의 증가로 숲이 훼손되면서 야생동물의 서식지가 줄어드니 동물들이 인간 가까이 접근하여 박쥐와 사람의 중간 숙주로서의 역할을 하고 있다는 것이다. 개체 수가 많고 수명이 긴 인간 숙주는 바이러스가 번식하기에 최고로 좋은 조건이라니 앞으로 또 다른 바이러스들이 습격해 오는 일은 예약된 일이나 마찬가지다.

전과 같지 않게 가장 안타까운 일은 이제 태어난 아기들과 어린이들의 상황이다. 그들은 어려서부터 마스크 쓰는 일을 정상 생활로 알고 있을 것이니 말이다. 병원에서 일하다 보면 갓 태어난 신생아나 생후 1~2개월 된 영아들도 마스크를 쓰고 오는 것을 종종 보게 된다. 나의 손녀도 생후 40개월이 지나서야 마스크를 썼고, 그전에는 도무지 마스크를 쓰지 않으려 해서 얼마나 애를 태웠는지 모른다. 또 손 씻는 훈련이 잘 되어서 집에만 돌아오면 화장실로 직행해서 손을 열심히 씻는 모습이 기특하기도 했지만 짠한 마음 또한 함께 들었다. 이 아기들과 어린아이들이 얼마나 불쌍한가? 긴 기간 마스크를 써야 하고, 친구들과 노는 일도 못하고 집에서 지내야 했다. 사실 그 기간에 영유아 검진을 해 본 결과 아이들이 야외 활동을 못하고 집에서 지내는 시간이 많으니 먹는 일도 더 많아져서 과체중으로 넘어간 아이들이 많았다. 우리 어른들은 최선을 다해 이런 상황에서 벗어나 아이들이 자유롭게 숨을 쉬면서 밖에서 뛰고 놀 수 있도록 해 주어야 한다. 이를 위해 과학자들은 정책적 지원을 받아 치료약뿐 아니라 앞으로 다른 코로나바이러스가 나와도 다 커버를 해 줄 수 있는 멀티 백신을 만들어 내는 일에 속도를 내야 할 것이다.

 코로나로 전 세계에서 이미 640만 명 이상이 사망하였다. 끝날 것 같지 않던 이 긴 터널의 끝이 이제 겨우 보이기 시작했다. 우리는 우울하고 힘든 기간을 함께 지나온 사람으로서 자신과 가족, 그리고 이웃을 서로서로 보듬고 토닥여주어야 한다. 오늘 열이 나고 목이 아프고 숨이 차는 답답한 생활을 하고 있더라도 내일이 되고, 시간이 지나면 증상들은 서서히 사그라들고 다시 활기를 찾게 될 날이 올 것이다. 코로나로 인해 죽음에 직면하고, 생활이 엉키고 엉망이 되어버린 인생들이 많을 것이다. 반면에 이 위기를 기회로 하여 성공을 한 이도 있을 것이다. 어느 쪽이든 우리는 참혹한 사태를 몸소 겪은 자로서 앞으로도 계속하여 인류에게 밀려올 팬데믹의 파고를 헤쳐 나갈 용기와 지혜를 중단 없이 모아야 하겠다.

오만이

대구광역시 출생
포항제철소 주임, 위덕대학교 일본어학과 졸업(2012년)
한국복지사이버대학 독도학과 졸업(2016년)
<국제문예> 수필부문 등단, (사)국제문인협회 회원
수필집 「돼지고기 계세요」, 「둥지」(공저) 外 다수

꾸안꾸 염색 이야기

지난 5월이었다. 세계에서 가장 섹시한 남성으로 두 번이나 선정된 미국의 영화배우 조지 클루니, 그리고 '로마의 휴일' 영화로 너무나 유명한 오드리 헵번에 관한 얘기를 카카오톡으로 접하면서 '꾸안꾸'라는 말을 처음 알게 되었다.

꾸안꾸는 젊은 세대들 사이에서 '꾸민 듯 안 꾸민 듯'이라는 뜻으로 사용하는 신조어다. 국어사전을 찾아봤지만 당연히 없다. 나처럼 늙은 세대는 이를 '자연스럽게'라는 말로 표현하는 것이 가장 적절하겠다.

글쓴이는 조지 클루니가 젊어 보이기 위해 모발염색과 성형은 절대 하지 않겠다고 했으며, 오드리 헵번이 아프리카 봉사활동 중 찍은 사진에 주름진 얼굴에 화장기 하나 없는 나이 든 그녀 모습이 전성기 때보다 더 빛나보였다고 했다.

요사이 거리를 다니다 보면 머리카락에 빨강, 노랑, 파랑, 금발 등 남녀노소를 가리지 않고 염색한 사람들이 눈에 자주 띈다. 유명인을 닮아보려고 그러는지 모르겠다.

나는 '염색'이라는 단어를 초등학교에 입학하여 한글을 깨우친 뒤 알았다. 당시는 6·25전쟁이 휴전되면서 사회는 혼란스럽고 하루하루 먹고사는 게 가장 힘들었던 시기였다. 내가 살던 대구 신천동에는 피란민 수용소가 들어서고, 농사 이외의 생필품은 미군부대에서 흘러나온 군용품이 대부분이었다. 집집마다 담요, 군복, 비누, 숟가락, 과자, 껌 등 군용품 일색이었다.

다수의 어른들이 군복을 입고 다니는 군용패션시대였다. 군복을 입고 다니는 것은 불법이지만 단속할 수가 없어 등허리에 큼직하게 '염색'이라 써진 채로 다녔다. 돈이 든다고 염색 않고 그냥 입고 다닌 사람들이 어린 내 눈에 수없이 띈 것이다. 나중에 알았지만 전쟁포로를 뜻하는 'PW'라 써진 옷을 입고 다닌 사람도 있었다.

이즈음 칠성시장과 신천 강변에는 가마솥이나 드럼통 반을 잘라서 장작불을 피워 군복을 염색해주는 집들이 번창하였다. 오직 검은색 한가지뿐이었다.

부잣집 애들은 순모로 된 미군 군복('사지'라 불렀음)을 뒤집어(우라까이) 만든 교복을 입고 으스댔다. 어른들은 군용담요로 코트를 만들어 새카맣게 염색해 부자인양 자랑삼아 입고 다녔다.

이 시절 우리 엄마 세대들이 새치 머리카락을 감추기 위해 손수 염색약을 바르는 게 유행처럼 번졌다. 지금에야 염색약의 종류가 수도 없이 많지만 그때는 가루 염색약 '양귀비'가 유일했다. 양귀비는 독한 성분이 있기 때문에 피부에 묻으면 잘 지워지지도 않을 뿐 만 아니라 눈이 따갑거나 두피에 두드러기처럼 가려운 증상도 생기고 머리카락이 뚝뚝 끊어지는 부작용도 감수해야 했다. 옻나무 성분 때문에 아예 염색을 못하는 사람도 있었다.

1980년대부터 천연염색약이 등장하면서 희어진 머리카락을 검정색으로 쉽게 물들이는 시대가 왔다. 1990년대에는 연예인 모델을 중심으로 다양한 색상의 모발염색이 유행하기 시작하고, 염색약도 액

체형에서 크림형으로 변하더니 이제는 거품형도 등장했다. 염색은 이제 현대인에게 있어 다양한 이유로 선택이 아닌 필수가 되었다.

어떤 사람은 외모를 바꾸기 위해 머리카락 염색을 하고, 또 어떤 사람은 흰머리를 감추기 위해 염색을 하고, 또 어떤 사람은 단순한 호기심으로 이를 시도한다.

나는 늘어나는 새치를 자녀들에게 돈을 주며 뽑았으나 그것마저 한계에 부딪쳐 50대 중반부터 염색을 시작했다. 처음에는 양귀비를 사서 손수 바르다가 나중에는 한 달에 한 번 이발할 때마다 이발사에게 맡겼다.

10여 년이 흐르니 염색에 대하여 의구심이 생기기 시작하였다. 어느 날 이발을 하면서 "내 머리카락 염색 안 해도 괜찮겠냐"고 물었더니 그냥 지내도 되겠다고 했다. 염색 않고 몇 달을 지냈더니 내가 봐도 더 자연스럽게 보였다. 염색 포함 이발비가 2만 원인지라 염색을 생략하니 만 원을 번 셈이다. 그 만 원을 장애인 단체에 기부한 것이 지금까지 이어지고 있다.

간혹 염색할 것을 권하는 사람도 있지만 그들에게 매월 만 원씩 내게 준다면 다시 염색을 하겠노라 했더니 아무도 응하지 않았고 이제는 권하는 사람조차 없다.

자연으로 돌아왔다. 그런데 요사이 머리카락이 불그스레하게 변하고 있다. 커피 탓인가, 토마토를 매일 먹어서 그런가, 원인을 알 수 없으나 죽을 때가 다가오면 나타나는 자연현상으로 여기며 산다.

성형수술이나 머리카락 염색을 한 채 죽게 되면 저승의 염라대왕이 제대로 알아차릴까 궁금하여 인공지능 챗GPT에 물어봤다.

한국사람, 인적사항과 얼굴 식별이 너무 어려워 저승구치소에 장기 미결수가 넘쳐나고 있다는 대답이다. 이들은 온갖 힘든 일을 도맡아 해야 하며 벌칙으로 간혹 불구덩이에 넣었다 빼기도 한단다.

속세처럼 권력이나 돈으로 저승사자를 움직일 수도 없단다. 나는 어떨까, 재미 삼아 저승에 갔더니 깜짝 놀라고 말았다. 자연 그대로의 모습이라 서류심사만으로 극락세계로 보내졌다. 극락문 입구의 경비원도 나를 알아보고 으리으리한 고광대실에 당뇨병과 상관없다는 산해진미가 그득한 저택으로 모신다.

정치꾼끼리 지지고 볶는 이승에서 진작 오지 않았는지 후회하는 찰라, "물티슈로 창틀 닦아라 했더니 여태 자고 있으면 어떡하냐"는 마누라 목소리가 들렸다.

개꿈이다, 속절없이 비는 내리고…

나비부인

어제(7/1) 친구의 초청으로 대구 오페라하우스에서 공연 중인 '나비부인'을 단체로 관람하였다. 간혹 뮤지컬이나 오페라에 초대를 받으면 맨 먼저 세 시간 가량을 졸지 않고 어떻게 버틸까가 걱정이다. 다수의 사람들이 나와 같은 생각일거다. 그렇지만 공연이 끝난 후 식사와 술, 그리고 커피를 마시며 담소를 나누는 뒤풀이의 매력 때문에 두말 않고 나는 달려간다.

일본 나가사키를 여행하다보면 나가사키 항구가 내려다보이는 언덕 위에 '글로버 가든'이 있다. 이 정원에서 놓치지 말아야 하는 것이 이탈리아 작곡가 푸치니 동상이다. 하얀색 양복에 왼손을 바지주머니에 넣고 오른손에 모자를 든 채 어딘가를 쳐다본다. 왜 푸치니의 동상이 나가사키에 있을까? 의문이 생긴다.

동상 옆에 화려한 기모노를 입은 여성이 사내아이에게 어딘가를 가리키는 모습이다. 동상의 기단에는 미우라 다마키(1884~1946)의 상, '三浦環の像'라고 새겨져 있다. 일본의 프리마돈나 미우라(三浦)는 푸치니의 오페라 '나비부인'에서 여주인공 초초상 역할을 맡았다. 초초상은 게이샤(기생)의 예명으로 나비라는 뜻이다. 이 모자(母子)상은 극 중 장면을 재현한 것이다.

나는 나가사키 여행 중에 알게 된 나비부인에 대하여 좀 더 알고 싶어 인터넷을 통하여 미리 공부를 하고 갔다. 그래서인지 1막에서 잠깐 졸리는가 싶더니 금방 졸음이 사라지고 자막 보는데 열중하게 되었다. 가수들의 고음을 흡수하는 무대도 좋았지만 서너 살짜리 사내아이가 만약에 잠이 들어버리면 공연이 어떻게 될까 걱정도 했다.

20분간 휴식을 마치니 공연은 더 빠르게 진행되는 것 같았다. 무대와 자막을 번갈아 가면서 몰입하다보니 마지막 장면에 이르렀다. 옆의 친구는 안경 속으로 손수건이 들어가고 있었다. 당연히 눈물을 흘려야 정상인데도 나는 억지로 참았다.

'남자가 흘리지 말아야할 것은 눈물만이 아닙니다'라는 남자 화장실 소변기 위에 적힌 글귀 때문이었다.

초초상이 칼로 자결을 하면서 고통스런 표정을 짓는 장면을 기대했으나 그냥 피식 칼을 버리고 끝나는 게 흠이라면 흠이었다.

관람을 마치니 오후 6시, 근처의 레스토랑에서 좋아하지는 않지만 피자와 파스타가 저녁식사였다. 생맥주 500cc 한잔을 들이키니 배가 불룩해졌다. 자주 만나는 친구들이지만 모이면 할 얘기들이 많다. 9월 중순 북큐슈 4박5일 기차여행에 하루 일정을 나가사키에서 보내기로 입을 모았다.

오페라는 별로 취미도 없고, 비싸고 해서 접근하기 힘든 예술이라며 등한시하는 사람이 많다. 그러나 한 번쯤 또는 이번 나비부인을 관람하시라 추천하고 싶다. 로얄석은 10만 원이지만 3층 일반석은 2만 원인데 현장에서 바로 티켓을 살 수 있다. 7월 7일(토), 7월 8일(일) 이틀 후면 끝난다.

가기 전에 오페라는 자막이나 연출, 배우들의 표정, 오케스트라 연주, 배우들의 노래 등 의식해야할 것들이 많기 때문에 영화나 뮤

지컬과 달리 스토리를 미리 파악한 후에 보러 가는 게 좋다. 그래도 싫다면 줄거리라도 감상을~~

　남자 주인공 핑커톤은 미국 해군 중위로 일본에 근무할 당시 초초상과 결혼을 하였다. 이때 서로의 입장에 대해 살펴보자면 핑커톤은 일본에서 근무하는 동안에 결혼할 여성이 필요하여 중매를 통해 초초상과 결혼하였기에 결혼에 대한 진정성은 없었다.
　그러나 초초상은 15살의 나이에 들어온 중매 상대인 핑커톤을 진심으로 사랑하였으며 평생의 반려자로 생각했다. 그렇기 때문에 초초상은 집안 어른들의 반대에도 무릅쓰고 집안과 절연할 각오를 하며 핑커톤과 결혼하였다.
　하지만 일본에서 근무기간이 끝난 핑커톤은 다시 본국인 미국으로 돌아가게 되고 초초상은 미국으로 가버린 남편이 다시 돌아오기를 하염없이 기다린다.
　3년이 흐르고 초초상은 여전히 미국으로 돌아간 남편을 기다리지만 주위 사람들은 핑커톤이 영영 돌아오지 않을 거라고 포기하라지만 초초상은 포기하지 않는다.
　주위에서 핑커톤이 다시 돌아오지 않을 거라는 편지를 전하거나 다시 다른 사람과 중매를 주선하는 등의 말을 전하지만 초초상은 화를 내며 핑커톤과 함께 낳은 자식을 보여주며 그를 계속 기다릴 거라고 한다.
　주위에서 아이가 있다는 사실을 핑커톤에게 전하고 며칠 후 미국 함선이 항구 쪽으로 가까워진다는 사실을 듣고 초초상은 남편을 맞이할 준비를 하며 배가 도착한 후 다음날이 되기까지 밤새 기다린다.
　한편 핑커톤은 미국에서 정식으로 결혼한 케이트와 함께 일본에

도착한 후 초초상이 3년 전의 결혼식을 진지하게 받아들였으며 아직까지도 자신을 잊지 않고 기다린다는 사실을 듣고 죄책감에 빠진다.

그러나 자신의 아이가 있다는 사실을 깨닫고 아이를 미국으로 데려가 키우기로 한다. 그 사실을 알게 된 초초상은 아이를 보내줄 수밖에 없는 현실에 절망한다. 초초상은 마지막으로 아들을 품에 안아보고 집 밖으로 내보낸다. 그리고 자신의 모든 걸 잃은 슬픔에 스스로 목숨을 끊는다.

"명예를 잃고 사는 것보다 명예롭게 죽는 편이 낫다"라는 돌아가신 아버지의 말씀을 떠올리며...

맨발 학교와 개 사랑

 당뇨병 환자인 나는 매일 천마산 둘레길을 2시간씩 어김없이 걷는다. 당뇨병 치료에는 걷는 것이 효과가 있음을 믿기 때문이다. 둘레길을 걷다보면 개를 데리고 나온 사람이나 맨발로 걷는 사람들이 갈수록 늘어나는 것을 알 수 있다.
 맨발로 걸으면 건강에 좋다며 이제는 '맨발학교'까지 생겨 홍보에 나선다. 가끔 하얀 발로 조심스레 걷는 여성들을 보면 안쓰럽기도 하지만 말릴 수는 없다. 몇몇 사람은 내게 맨발로 걷기를 추천하지만 섣불리 실천에 옮기지 못하는 것은, 월남전에서 맨발 때문에 웃지도 못할 일을 기억하고 있어서다.

 맹호 기갑연대(번개부대) 6중대장 장○○ 대위는 육군사관학교 출신이다. 아군의 피해를 줄이고 전과(戰果)를 올리기 위해 착안한 것이 사병들에게 맨발로 걷기였다. 적군인 베트콩들은 대부분 맨발로 정글을 다니며, 기껏해야 조리샌들을 신을 정도로 매우 열악하다. 아군은 군화 자국이 노출되기 쉬울 뿐 아니라 반대로 맨발이면 적이 분간을 못해 아군에게 유리하다는 판단에서다.
 그러나 문제가 생겼다. 맨땅에 적응이 안 된 병사들을 전술훈련이나 야간 매복 작전에 내보내니 가시에 발바닥이 찔리거나 돌부리에 걸려 발톱이 빠지는 사고가 일어났다. 기발한 발상이었지만 오히려 전투력 손실을 가져와 흐지부지 없던 일이 되었다.

　비가 자주 오는 농촌의 베트남인들에게는 신발이 필요 없다. 그래서 발바닥이 두텁고 발가락도 닭발처럼 벌어져 있다. 의무중대원이 몰래 무좀약을 시중에 내다 팔려고 해도 사지를 않더란다. 발가락이 벌어져 있고 항상 공기와 접촉하니 무좀에 걸릴 이유가 없다는 걸 몰랐기 때문이다.

　맨발학교 포항지회에서 내건 플래카드에는 맨발로 걷기 좋은 서른 곳의 둘레길을 선정, 홍보하면서 그 옆에 개자식을 데리고 다니는 부모들에게 경고용 문구가 눈에 띈다. '목줄 미착용 50만 원 이하 부과', '배설물 미수거 10만 원 이하 부과'로 되어있다.

　짜장면과 국수 값은 비슷해야 되지 않는가? 어찌 죄질은 유사한데 과태료가 이처럼 차이가 나며, 50만 원 이하라니? 개부모 끗발에 따라 0원 또는 100원도 부과 할 수 있다는 얘기가 아닌가? 이런 턱도 아닌 법을 가상화폐(코인)에 정신 팔린 국개의원들이 만들었지 않았나 싶다.

　그럼 개부모들의 실상은 어떤가. 이제 우리나라 사람도 많이 깨우쳐서 그들의 손에는 대부분 목줄이 들려있다. 그렇지만 어떤 사람은 개들이 마음대로 뛰어 다니도록 풀어놓는다. 아마 집안에 갇혀있던 개를 해방시켜주자는 의도일 것이라 생각하지만 이래선 안 된다.

　어제는 둘레길 종점에서 되돌아오는데 파리가 득실거리는 똥 무더기를 목격했다. 이 모두 법규위반임을 알면서도 개부모들이 지키지 않는 것은 법을 만든 사람이 개만도 못하다고 인정하기 때문은 아닐까.

　몇 년 전, 고속도로 상에서 유기견을 포획하려다 소방관 세 명이 차에 치여 사망한 사고가 있었다. 갈수록 유기견의 개체수가 급증하며, 야생에 적응한 유기견이 들개가 되어 재산과 인명피해는 물론이고 생태계 파괴의 주범이 되고 있다.

　이웃나라 일본에 가면, '목줄을 매라, 집게와 비닐봉지를 가지고 다녀라'는 문구가 보이지 않는 것을 보면 우린 아직 후진국이다. 그들의 등산로나 야영장, 공원에는 짐승의 먹이가 될 수 있으니 음식물을 절대 버리지 마라, 곰이 출몰하면 이렇게 하라는 행동요령이 적혀있는 간판을 볼 수 있을 정도다.
　들은 얘기지만, 독일 사람들은 반려동물을 키우고 싶어도 분양에서 죽을 때까지의 규제가 너무 심해 키우지 못한다고 한다. 우린 친자식보다 더 애지중지하다가 병이 들거나 경제사정이 나빠지면 죽이거나 내다버린다.
　산을 좋아하여 등산을 다니다보면 예전에는 보이던 산토끼가 십수년 사이 한 마리도 못 봤다. 인간이 버린 고양이가 야생에서 살아남기 위해 어미가 낳은 새끼를 전부 잡아먹어 지금 멸종상태다. 근래 산토끼를 본 사람이 있다면 뉴스감이 된다.
　인간이 생태계를 교란시키는 주범은 되지 말아야 할 텐데, 지금 우리나라는 그저 돈, 돈, 돈, 돈 때문에...

사람이면 다 사람이냐

　중학교 1학년 도덕시간에 '소파'선생께서 칠판에 사람 인(人)자 여섯 개를 써놓고(人人人人人人) 무슨 뜻인지 아는 사람 있느냐고 물었다. 할 말 잃은 우리 모두는 칠판만 쳐다보고 있었다. 선생님께서 "사람아, 사람아 사람이면 다 사람이냐 사람다워야 사람이지"라고 풀이를 하셨다. 맹자가 '바르지 못한 사람이 남을 바르게 할 수는 없다'고 했으니, 요즘 우리사회에 꼭 맞는 말인 것 같다. 사람답게 산다는 것이 매우 중요하지만 쉽지는 않으니 그저 답답할 뿐이다.
　모든 길은 로마로 통한다고 했다. 그런데 지금 우리나라의 모든 길은 돈으로 통한다. 돈으로 안되는 게 없다. 돈으로 권력을 사고, 권력 사면 그것으로 돈을 긁어모은다. 권력만 있으면 사람을 마음대로 부릴 수 있다. 중학생에게 50억을 줄 테니 감옥에서 10년 살 수 있겠냐고 묻자 절반 이상이 그러겠다고 답했단다. 어쩌면 현명한 대답일지도 모르겠다.
　대한민국 사람 모두가 돈벌이에 혈안이 되어있다. 의사들은 아니라고 하지만 돈 벌기에 의사 직업이 최고다. 공과대학 출신이 과학자의 길을 버리고 의과대학으로 진학한다. 이공계만 졸업하면 '의학전문대학원'에 들어갈 수 있으니 의사되기 한결 쉬워졌다.

얼마 전 경남 산청군 보건의료원에서 내과 전문직에 선발된 60대 의사가 연봉 3억6천만 원을 마다하고 딴 곳으로 가버렸단다. 대기업 부장급 연봉이 1억 원 정도이고, 60세가 되면 퇴직을 해야 하는 현실인데 의사들 해도 해도 너무한다.

현실이 이러하니 우수한 인재들이 너도나도 의과대학으로 몰리는 현상은 자연스럽다. 초등학생을 대상으로 '의대입시반' 학원이 있다는 뉴스를 보았다. 초등 4학년부터 선발하여 중학생 때 고교과정을 전부 마친다는데 6학년은 늦다고 돌려보낸단다. 중소도시 포항에도 초등 의대반 학부모 설명회에 줄이 이어지고, 경쟁률이 10:1이라니 기가 찰 노릇이다. 이러니 정치권에서도 의과대학 유치에 사활을 걸고 있다. 이런 현상은 정치인뿐만 아니라 부모의 과다 욕심도 문제다.

자녀를 의사로 만들고 싶은 욕심에 풍비박산된 가정이 있으니, 바로 조국(曺國)이다. 비록 사법고시 패스는 못했으나 훤칠한 키, 잘 생긴 용모에 빼어난 말솜씨, 서울대 법대 교수라 뭇사람의 존경과 선망의 대상이었던 그가 안철수처럼 진흙탕에서 개들이 싸우는 정치판에 끼어든 것이 불행의 시작이라 나는 생각한다.

평생 학자로 남았더라면 좋았을 텐데, 그는 관운이 좋아 청와대 민정수석에 법무부 장관에까지 이르렀다. 청렴하다는 사람도 권력의 맛을 보게 되면 다른 사람들의 관심사에 둔감해지고, 자신의 목표와 욕구에만 집중하게 된다. 그런 면에서 보면 권력에 맛들이면 마약중독과 비슷한 현상이 생긴다. 조국은 자녀 입시비리와 청와대 감찰 무마 혐의로 재판에 넘겨져 3년을 끌다 1심에서 징역 2년이 선고됐다. 재판부는 아들과 딸의 입시비리 혐의 대부분을 유죄로 인정했다. 그러나 증거 인멸 및 도주 우려가 없다는 이유로 법정 구속은 되지 않았다. 역시 세상은 끼리끼리 논다. 그의 부인 정경심 교수는 딸의 대학 및 의학전문대학원 진학을 위해 부적절한 논문 저자 등재, 체험활동 확인서, 인턴십 확인서, 표창장 등을 위조하거나 허위로 작성 제출하여 합격시켰다.

  정경심 1심 재판부가 끝까지 혐의를 부인하고 반성하지 않던 조국 가족을 향해 "진실을 말하는 사람들에게 정신적인 고통을 가했다." 기본 상식을 갖고 법을 존중하는 평범한 국민들은 여전히 사실을 사실로 인정하지 않는 조국 가족으로부터 정신적 고통을 받고 있다. 나도 그렇다.

  정경심에게 실형 4년이 선고되자 TBS뉴스공장 김어준 진행자가 '죽어봐라 이 새끼들아 이런 식의 판결'이라며 격양된 비난이 쏟아졌고, 급기야 이 사건 판사들을 탄핵하자는 청와대 청원 동의가 순식간에 30만 명을 돌파했다. 여기서 내가 궁금한 것은 사법부에서 판결났으면 범죄 사실은 인정되는 게 아닌가?

  징역 4년을 선고 받고 엄마는 감옥에 있는데도 딸은 "나는 떳떳하다, 부끄럽게 살지 않았다"니 정말인가? 아버지는 자신을 주인공으로 한 영화를 홍보하고 북 콘서트까지 열고 있다. 이 자리에서 "아버지는 청렴결백한 논리주의자"라고 말해 청중들로부터 환호를 받았다고 한다. 도대체 저 가정은 어떤 가정일까? 대법원 판결까지 질질 끌다 정권이 바뀌면 무죄가 될 것이라 믿기 때문인가?

  옛날에 소를 훔친 도둑에게 사또가 추궁하자, 소를 훔친 것이 아니라 고삐를 잡고 가는데 소가 따라 왔다 말하니 무죄가 되었다고 한다. 비슷한 예로, 칼로 살인한 범죄자가 주범은 칼을 만든 사람이라고 우기면 감형이 되는 지금과 다를 바 없다.

  어디 이뿐이랴, 나는 직장생활 30년에 2억도 안 되는 퇴직금을 받았는데, 곽상도 아들은 화천대유에서 6년을 다니고 50억을 받았다. 뇌물임을 만천하가 아는데도 그의 애비는 무죄로 풀려나와 당당히 걸어 다닌다. 나는 이런 인간들과 한 나라에서 같이 산다는 게 너무 억울하다.

　나는 돈과 권력을 가지기 이전에 사람이 되는 인성교육이 절대 필요하다는 말을 하고 싶다. 오늘날 우리들의 모습은 오직 출세와 돈의 노예가 되는 공부를 최우선으로 한다. 치열한 경쟁사회에서 이기려면 반드시 지식이라는 무기가 있어야 한다는 것은 인정한다. 다만 먼저 사람됨의 근본을 세우라는 것이다.
　인문학이 필요하다. 인문학은 인간의 존재에 대해 궁리하고, 인간을 둘러싼 대상들과 어떻게 관계를 맺어야 하는지에 대해 탐구하는 학문이다. 다시 말해 인간의 깨달음을 연구하는 학문이다.
　오래된 얘기지만, 미국 하바드 의대에 입학시험을 친 한국 학생이 우수한 성적임에도 헌혈을 한 번도 하지 않아 의사가 될 자격이 없다고 불합격 되었다.

　조선 5백 년 동안 중국에 질질 끌려 다니고, 왜구에 시달리는 풍전등화였지만 나라는 망하지 않았다. 선비들의 철학정치 덕이다. 물질을 지배하는 것이 정신이다. 모든 사람은 대동의 세상에 살아야 한다는 평등의식이 외우내환의 극한상황을 이겨낼 수 있었다. 오늘날에도 그 인문학이 필요하다. 인문학은 인간의 존재에 대해 궁리하고, 인간을 둘러싼 대상들과 어떻게 관계를 맺어야 하는지에 대해 탐구하는 학문이다. 다시 말해 인간의 깨달음을 연구하는 학문이다.

　지금 우리나라는 돈봉투 때문에 야단법석이다. '돈은 받았지만 대가성은 없었다'로 결론 날 게 뻔하다. 김남국이는 60억을 숨겨둔 채 돈이 없어 떨어진 운동화 신고 다닌다는 가난뱅이 코스프레 떨어 후원금 1위를 하는 기염을 토했다. 이런 자가 변호사 출신이다. 국민들 다수가 정치에 무관심하거나 무지하면 중우정치로 가게 된다. 배운 사람들이 어리석은 국민을 샛길로 세도록 만든다. 돈이 우리의 신 (神) 임을 그들은 외치고 다닌다.

    이런 자들에게 나는 이 말을 들려주고 싶다. "사람이면 다 사람이냐, 사람다워야 사람이지~!"

죽음을 찬미하다(死의 讚美)

일본 규슈 여행기를 마쳤으니 내친김에 대한해협(현해탄)에 얽힌 사랑이야기나 해볼까.

일제강점기 때인 1926년 8월 5일 동아일보에 남녀 두 사람이 함께 스스로 목숨을 끊은 일에 대하여 대대적으로 보도했다. 2일전인 8월 3일 밤 11시에 일본 시모노세키를 떠나 부산으로 향한 관부(關釜)연락선 도쿠주마루(德壽丸)호가 다음날 새벽 4시쯤 쓰시마(對馬島)를 지나고 있었다.

그런데 여자 한 명과 중년 남자 한 명이 서로 껴안고 갑자기 바다에 몸을 던진 것이다. 그 즉시 배를 멈추고 인근 바다를 수색했지만 뛰어내린 남녀는 찾을 수 없었다.

승객 명부와 대조해본 결과 남자는 전남 목포에 살던 30세 김수산 씨였고, 여자는 서울에 살던 30세 윤수선 씨였다. 훗날 남자는 김우진, 여자는 윤심덕으로 밝혀졌다. 이 일은 조선인 남녀가 함께 자살한 최초의 사건이다. 목격자가 없는 가운데 당시 갑판을 순찰하던 승무원이 일등객실 문이 열려있는 것을 발견하고 손전등으로 안을 비춰보았으나 아무도 없었다. 시신 또한 찾지 못했다. 다만 여행가방 하나와 짐을 집으로 보내달라는 메모지, 그리고 팁 5원이 순서대로 놓여 있었다.

이 의혹이 많은 사건의 주인공, 윤심덕(尹心悳 1897. 7. 25~1926. 8. 4)에 대하여 알아보자.

그녀는 평양에서 4남매 중 둘째 딸로 태어났으며, 부모 모두 독실한 기독교 신자였다. 경제적으로 어려운 생활을 하면서도 자녀들을 학교에 보내 신교육을 받도록 했다. 윤심덕은 숭의여학교를, 언니와 여동생은 이화학당을, 남동생은 연희전문학교를 졸업했다. 그녀의 형제들은 모두 음악에 재능이 있었다.

윤심덕은 조선총독부 관비 유학생으로 선발되어 도쿄로 건너가 도쿄 음악학교를 졸업했으며 이 학교 최초의 조선인 학생이었다.

1921년 유학생들이 계획한 순회공연에 참여했다가 극작가이며 와세다 대학생인 김우진을 만나게 되었는데 그는 이미 부인과 자녀가 있는 유부남이었다.

1924년 도쿄 유학을 마치고 귀국하여 한국 최초의 소프라노로서 전성기를 맞았다. 그러나 교사로 임용되지 못해 경제적인 어려움을 겪고, 혼담이 깨지는 등 개인적인 문제가 잘 풀리지 않았다.

그러다 김우진의 권유로 극단 '토월회'에 들어가 배우로 일하게 되었다. 한국 최초의 대중가요로 꼽히는 '사의 찬미'를 불러 좋은 반응을 얻기도 했다.

1926년 레코드 취입을 위해 오사카의 닛토(日東)레코드사에 가서 '사의 찬미'를 녹음한 윤심덕은 그해 8월 4일 김우진과 관부연락선에서 동반자살로 생을 마감했다.

윤심덕이 죽고 나서 '사의 찬미'는 사회적 관심 덕분인지 노래를 들을 수 있는 축음기가 당시에는 2,000대가 채 되지도 않았다. 그런데 윤심덕의 음반이 5만 장이 넘게 팔린 것이다.

이바노비치의 '다뉴브강의 잔물결'에 윤심덕이 작사한 '사의 찬미'는 그들의 죽음을 미리 노래한 듯하며, 현대어로 풀이한 가사는 다음과 같다.

> 1절. 광막한 광야에 달리는 인생아
> 너의 가는 곳 그 어데냐
> 쓸쓸한 세상 험악한 고해에
> 너는 무엇을 찾으러 가느냐
> (후렴) 눈물로 된 이 세상에 나 죽으면 그만일까
> 행복 찾는 인생들아 너 찾는 것 설음
>
> 2절. 웃는 저 꽃과 우는 저 새들이
> 그 운명이 모두 다 같구나
> 삶에 열중한 가련한 인생아
> 너는 칼 위에 춤추는 자로다
> (후렴) 눈물로 된 이 세상에 나 죽으면 그만일까
> 행복 찾는 인생들아 너 찾는 설음
>
> 3절. 허영에 빠져 날뛰는 인생아
> 너 속였음을 네가 아느냐
> 세상의 것은 너에게 허무니
> 너 죽은 후에 모두다 없도다
> (후렴) 눈물로 된 이 세상에 나 죽으면 그만일까
> 행복 찾는 인생들아 너 찾는 설음

예나 지금이나 대중들은 유명인의 죽음에 관심이 많다. 여하튼 우리 대중음악의 새로운 시대를 열어젖힌 노래가 죽음을 찬미하는 노래이고, 그 노래를 부른 당사자는 자살로 막을 내린 비운의 여성이라는 점에서 느끼는 바가 크다.

　원곡은 녹음 상태가 좋지 않다. 주현미 씨의 노래를 들으면 29세 꽃다운 나이에 그녀가 죽음을 노래할 때의 애절한 음색과 감동을 불러일으키는 가사가 가슴을 아프게 한다. 시대를 앞서 뜨겁게 살다 간 윤심덕의 삶이 안쓰럽기도 하고...

원
금
자

───◇───

경기도 용인 출생
한국신학대 및 동 대학원 졸업
한국기독교장로회 목사 및 고교 교장 등 역임
현대시문학 등단, 현) 하늘샘 수도원 원장
(사)국제문인협회 회원
저서: 로이스 미리암 윌슨
"흔히 들을 수 없는 성서의 여성 이야기" 번역발간

메아리의 아픔

매실 농장을 하여 수입을 올릴 생각으로 600평 되는 밭에 일꾼을 사서 매실나무를 심었다. 처음에 갈대가 몇 포기 자라나기 시작하였다. 나중에 베어 내면 되겠지 하고 내버려두었더니 점점 퍼져서 온통 갈대밭으로 변하여 매실나무는 보이지도 않고 갈대만 무성하였다. 갈대에 휩싸여 마침내 매실나무는 없어져 버렸다. 나는 이 경험을 통하여 큰 깨달음을 얻었다.

우주는 무한히 열려진 에너지의 장이다. 무엇이든 에너지화할 수 있다고 생각한다. 악한 것도 선한 것도 유익한 것도 무익한 것도 사람들이 접근하고 선택하는 것에 따라서 그리고 운동의 반복 효과에 의해서 에너지는 확장되고 강화된다.

1789. 7. 14. 시험공부 하느냐고 달달 외우던 그 옛날 고등학교 역사 시간의 프랑스 혁명을 떠올려본다. 왕족과 귀족 특권층의 횡포와 수탈, 억압과 폭정에 시달리던 90%의 평민과 농민 노동자 하층민들이 그들의 지배계급에 항거하여 인권을 선언하며 자유와 평등, 인간의 존엄성, 정치적 민주주의를 외치며 급기야 특권층을 권좌에서 끌어내려 신분과 계급을 타파하고 정치권이 왕족과 귀족에게서 시민에게 옮겨지는 획기적인 역사의 대전환점을 이루지 않았던가!

전 유럽이 체제의 변화를 서두르며 계절풍처럼 혁명의 기운이 퍼져갔지만 과도기적 혼돈 속에 들끓었을 뿐 안개 속에 묻혀 좀처럼 태양은 빛을 낼 수 없었다.

　새로운 시대를 꿈꾸었던 이들의 희생과 투쟁은 피의 강물을 흐르게 하였을 뿐(콩코드 혁명 광장에서 단두대에 이슬이 된 루이 16세와 마리 앙뜨와네뜨, 자코뱅당의 30만 명의 왕당파를 체포하여 감옥행과 1만7천 명의 처형) 유럽은 국부전을 치르며 밀고 밀리는 가운데 파벌과 분열 권력의 암투 속에 악순환은 계속되었고 또 다른 어두운 세력을 양산하여 나폴레옹이란 막강한 독재자를 탄생시키지 않았던가!

　의사는 한 방의 주사로 환자의 질병을 치료할 수 없을 것이다. 역사는 하루아침에 바뀌지 않는다. 얼마나 더 지속될 것인가 우리의 진통이 역사의 굴곡이 오늘도 시민 광장에는 어둠을 뚫고 촛불의 물결이 흐르고 피 터지게 불의를 규탄하는 애절한 탄원과 절규가 가슴을 뜨겁게 진동한다. 전경이 쏘아대는 물대포와 최루탄을 맞고 진통을 겪는 시위대의 행렬은 끈질기다. 무자비한 경찰의 진압으로 빚어진 용산 참사(2009년 용산 4구역 철거현장 화재사건), FTA를 반대하는 유모차의 행렬. 60년이 지났어도 뒤틀린 역사는 바로잡혀지지 않았고 정치의식과 사회 인식은 변한 것이 없는 것 같다.

　프랑스 혁명 이후 서구는 건전한 사상과 철학의 토대 위에 민주주의를 가꾸어 견고하게 정착시켜 왔다. 우리는 그들의 지혜와 노력을 본받아야 할 것이다.

　서쪽에서 외쳐 댄 외침은 120년이 지나 동쪽으로 메아리치기 시작했다. 1919년 3월 1일 아! 3월이 오면 봄을 실어 오는 바람과 함께 가슴 벅찬 그날의 함성이 들린다. 민족의 아픔과 역사의 고통을 하늘에 알린 자유 대한 독립 만세!

　당신들이 흘린 뜨거운 핏방울과 애절한 눈물방울들이 역사의 바다를 향해 민족의 배를 띄워 드디어 조국엔 독립과 해방의 광명이 왔다.

그러나 그날의 감격, 그날의 기쁨이 가시기도 전 양대 악의 축 제국주의자들이 만들어 놓은 덫에 치여 조국 분단이라는 운명에 처해 동족상잔의 끔찍한 전쟁을 겪고 가난에 허덕였다. 때를 맞추어 권력욕에 눈이 어두운 야망의 화신이 나타나 민족정기를 짓밟고 매국노를 앞세워 애국자를 암살하였다. 남북의 대치 상태에서 각기 권좌를 유지하기 위해 북에는 이데올로기의 노예가 되어 반동분자라는 딱지를 붙여 반대파를 색출하여 처형하고 무고한 국민을 탄압하고 억압하는 괴물 정권이 기승을 부렸다. 남쪽은 남쪽대로 빨갱이 담론을 만들어 독재와 부정부패의 장기 집권을 합리화하고 국민을 속이기 시작했다. 자신의 정권에 순종하지 않고 그들의 불의를 비판하고 정의를 말하면 옛날엔 모두 역적으로 몰려서 멸문지화를 당하여 삼대가 벌을 받는 역모 담론이 권좌를 지켜주는 통치 방식이 아니었던가?

그래서 올곧은 충신은 독배를 마셨고 고문을 당하고 유배를 갔다. 간신들의 야합과 우매한 임금의 폭정과 부정부패로 백성들은 토탄에 허덕였다. 국권이 바로 서지 못하여 숱한 외침을 당하였고 굴욕과 사대주의 외교로 목숨을 지탱하여 오다가 일제의 강점을 당하지 않았던가? 민족의 얼을 말아먹던 그 무섭고 더러운 역적역모담론 이제 그 이름을 바꾸어 둔갑한 것이 빨갱이 담론이다. 어두운 유신독재 시절 얼마나 많은 정의에 투사들이 빨갱이로 몰려 구타와 고문으로 목숨을 잃었던가?

불행의 회색 구름이 태양을 가리어 전쟁과 가난 부정부패 독재와 장기 집권에 허덕이던 국민은 3·15 부정 선거를 계기로 전국에서 노도처럼 일어나 자유 민주 정의를 외치며 어둠을 밝히는 횃불의 물결이 이 땅을 굽이쳐 흘렀다.

　가난했던 그 시절 이 땅의 젊은이들은 자신만의 안일과 출세와 성공 이득에 몰두하는 지금의 젊은이들과는 달리 공존과 공유 공익의 의식과 애국의 신념, 민주와 자유 정의를 열망하며 참된 삶을 추구하는 철학이 있었다. 불의와 부정 독재에 항거하여 어린 중 고등학생을 비롯하여 대학생들이 일제히 일어섰다. 1960년 4월 19일 자유와 민주의 행진은 인류의 의식을 일깨우는 동아시아 정신 유산으로 길이 남아 역사의 도약과 상승을 이어가리라

　그러나 프랑스 혁명이 그리되었던 것처럼 4·19 혁명의 열매는 거둘 수 없었다. 인류의 정신문화는 우리가 바라는 대로 속 시원하게 화분에 꽃처럼 빨리 피지 않는다. 우리는 산 너머 산을 봐야 했다. 우리 몸에 면역력이 있으면 무수한 병균이 침입해도 끄떡없다. 그러나 우린 그때 영양실조에 걸려 지쳐있었다.

　1961년 5월 16일 군부가 무력으로 국가 권력을 장악했다. 그때부터 빨갱이 담론이 확실하게 자리를 잡아 국민들의 무의식 속에 입력되었고, 그렇게 염원했던 자유 민주 정의의 꿈은 사라지고 잘 먹고 잘 입고 많이 소유하는 것을 행복의 기준으로 삼는 물질 위주의 가치관이 국민의 의식을 잠식하였다. 값싼 노동력과 농민의 희생으로 개발 독재가 이루어져 정치 경제 사회적으로 불균형을 일으켰다

　박정희 정권은 삼선 개헌 유신 헌법 긴급 조치로 군사 독재의 폭압성을 더해갔다. 양심 있는 지성인과 언론인 대학생들의 거센 반발에 부딪힐 때마다 빨갱이 담론과 긴급조치로 수습해 나가다가 1979년 10월 16일 부마 민주 항쟁이 일어났다. 때를 맞추어 10월 26일 부하였던 김재규의 총에 박정희는 사망하였고 군사독재는 막을 내렸다.

군사독재에 신음하던 국민들은 새로운 희망의 서광이 비쳐오는가 하였는데 예기치 않은 12월 12일 전두환은 권력을 장악하기 위해 군사 정변을 일으키었다. 18년 동안 폐결핵을 앓던 환자가 결핵균을 퇴치하고 났는데 다시 무서운 대장암 선고를 받은 것이다. 전신에 암세포가 퍼지기 전에 수술을 해야 했다. 신군부의 등장과 함께 민주화에 대한 열망이 사회 전반에 확산되어 거리 시위가 대학생들을 중심으로 주도되었다. 북한이 남한을 침략할 조짐을 보인다는 이유로 전두환 정보부장은 전국에 계엄령을 선포하여 야당 인사와 학생들을 국가 내란 음모죄로 체포하여 감금하였다. 국회와 정부기관 대학과 방송사와 언론사에 계엄군을 주둔시키고 시위를 차단하였으나 전남 도청 앞 광장에는 2만여 명의 시민과 학생들이 모여 민족민주화 대 성회를 열고 의식의 어둠을 가르며 횃불 행진을 하였다. 1980년 5월 18일 신군부 독재자는 권력의 야욕을 채우기 위하여 인간의 존엄성을 짓밟고 살육을 지시하였다.
　무자비한 군화발의 총탄에 시민들은 시신으로 남겨졌다. 망월동 시립묘지에 잠든 민주 투사들의 희생과 5·18 민주화 운동의 정신은 1987년 6월 항쟁의 밑거름이 되었고 오늘날 세계 곳곳에 민주화 운동에 불을 붙이는 소리 없는 메아리가 되어 이집트의 30년 독재자 무바라크를 권좌에서 끌어내리는 단초가 되었을 것이다. 뉴스에서 독재에 항거하는 이집트 시민들의 집단 시위는 마치 4·19 혁명과 5·18 광주 민주항쟁을 재현하는 것 같았다. 2세기 전 프랑스에서 시작한 혁명의 바람은 미국의 독립 선언에 이어 흑인 해방으로 이어지고 한반도에 들어와 3·1 독립운동과 4·19 혁명, 5·18 민주항쟁, 87년 서울 6월 항쟁을 낳았으리라.
　이 정의와 자유 민주의 고귀하고 존엄한 에너지는 더욱 확장되어 인도주의와 박애정신으로, 개인적인 욕망을 채우기 위하여 독재의 칼날을 번득이며 인권을 탄압하고 국민을 억압하는 부패한 권력자들을 물러앉게 하여 국민들이 주권을 행사하는 민주국가 복지국가가 되는 촉매가 되기를 열망할 뿐이다.

역사가 남겨준 경험은 말하고 있다. 간신배들의 입신출세와 권력야욕으로 만들어진 역적역모 담론은 국력을 소모시켰고 충신과 인재를 죽이는 도구로 역사를 역류시켰다.

독재자들의 권력을 보호하는 안보의 도구로 60년 전부터 집단 무의식 속에 다져진 빨갱이 담론 지금도 선거 때만 되면 불거지는 종북 빨갱이 타령과 이념의 대립각 그것은 남북 분단도 모자라 동서를 분열시키고 민족의 양심을 병들게 하였다. 얼마나 기다려야 되나 무지와 속임수 집단무의식의 횡포 야수의 채널이 그 굴레를 벗고 참된 자아를 실현하는 세상이 언제 올 것인가?

구원은 누가 가져다주는 것이 아니다. 찾고 추구하고 문을 두드리라고 성자는 말씀하였다. 그리고 깨어서 기도하라고 하였다. 국민의 의식이 깨어있지 않는 한 악순환은 반복되고 역사는 퇴행한다. 자유는 지키지 않으면 도둑맞고 주권은 포기하면 빼앗긴다. 무지와 우매는 속임수를 부르고, 몽매와 편협한 인식이 악을 부른다. 농사짓는 사람이 밭에 잡초를 뽑지 않으면 곡식은 못 거두고 풀밭이 된다. 한번 밭을 갈고 씨를 뿌린다고 농사가 되는 것은 아니다. 인간의 마음 밭도 정치도 마찬가지이다. "한 나라의 정치 수준은 그 나라의 국민 의식 수준을 능가하지 못한다"고 말한다. 젊은이가 가슴에 이상의 등불을 밝히지 못하고 경쟁에서 살아남아 출세와 성공 자신의 이득을 챙기는데 만 삶의 목적을 두고 자신의 안일과 욕망의 충동에 만 헌신한다면 인간의 역사는 빵으로만 충족하는 생물학적인 존재인 동물의 범주에 머무를 것이며 사회는 영국 작가 조지 오웰이 말한 것처럼 동물의 농장으로 전락하고 말 것이다.

국민들의 의식이 깨어서 끊임없는 자기 통찰과 정화 갱신의 노력 없이는 국가 공동체는 약육강식이란 정글의 법칙 아래 동물 보호 본능의 자기 속임수와 욕망이 판치는 파멸의 늪으로 빠지고 말 것이다.

정치가와 정부, 온 국민은 환자가 건강이 회복될 때까지 질병 치료와 건강관리를 계속해야 하는 것처럼, 농민이 추수를 할 때까지 농토를 잘 경작하는 것처럼 주권 철학을 갖고 민주의 나무 복지의 나무를 키워야 할 것이다. 언제까지 미국에 매달려 미국의 눈치만 보고 시녀 노릇을 할 것인가? 전작권도 외국에 내준 국가가 어디에 있는가? 국가의 운명을 미국에 의존하는 한 민주도 복지도 통일도 기대할 수 없을 것이다. 우리 국민은 편협한 안목에서 벗어나 나 한 개인의 이득과 안일에만 몰두하는 소인배의 근성을 버리고 각자가 인간성 회복을 위한 자기 성찰과 인격 수양에 힘써 나 한 개인의 자아가 아니라 참된 인류의 자아 대자아를 찾아야 할 것이다.

우리는 역사를 고찰해 볼 때 인류가 기술 문명이나 물질문명, 정신문화에 진화와 눈부신 발전을 해온 것은 사실이다. 그러나 인권이나 사회구조, 정치구조와 그 행태는 겉으로만, 용어만, 그럴듯하게 아주 유토피아적으로 발전을 시사하고 있지만 내면의 실존은 5,000년 전이나 달라진 것이 없다. 인류를 행복하게 할 것처럼 명분을 내건 공산주의나 자본주의, 민주주의는 그 미명 아래 인류의 불행을 가중시켜왔다. 그 과정에서 가장 큰 범죄를 저지른 3부류가 있다.

첫 번째는 통치자들이고 두 번째는 법조인들 세 번째는 종교주의자들이다. 물론 거기에는 간혹 어진 군왕들도 있었고 바람직한 영웅들도, 휴머니스트도 있었지만 대부분의 그들 집단은 국가의 안전과 민복을 위하여 협력하여 선한 일을 하는 대신에 오로지 자신들의 탐욕만을 충족하기 위하여 온갖 수단과 방법을 가리지 않고, 협력하여 악을 일구어왔다 온갖 권력을 휘두르며 백성을 억압하고 지배하며 민중을 수탈하고 갈취하지 않았는가? 끊이지 않는 전쟁을 일으켜 국민을 죽음으로 내몰았고 권력에 집착한 간신들은 음모와 계략으로 당쟁과 정적 죽이기를 일삼았다. 그러한 작태는 지금도 진행 중이 아닌가?

누구를 위한 법인가? 권력자에 빌붙은 권력자의 하수인들은 정의와 공평이라는 저울추로 의인과 충신에게 누명을 씌워 잔인하고 악랄한 방법으로 고문과 사형을 집행하였으며 근현대에 와서는 민주주의 삼권분립이라는 미명 아래 더욱 교활하고 지능적인 수법으로 권력을 동원하여 자신들에게 불리한 상대는 짓밟고, 제거하며 부정한 재판으로 정적을 매장시키고 죽여 버렸다. 그래서 소크라테스도 죽었고 성자 예수그리스도도 십자가에 매달리지 않았던가? 이러한 악순환의 역사를 혁신하고자 생사를 걸었던 의인들은 하나같이 그 무리들에게 암살을 당하지 않았던가? 그 약육강식의 소용돌이 속에서 흑인의 인권을 찾아 나섰던 에이브러햄 링컨도, 마르틴 루터 킹 목사도, 인도의 자유와 독립을 찾은 마하트마 간디도, 우리의 고 김구 선생님도, 일본의 총칼에 무참히 희생당한 우리 대한민국의 수많은 애국지사들도, 독재정권에 맞서 싸우다 간 열사들, 고문과 옥고를 치른 만델라 대통령과 김대중 대통령을 비롯한 민주인사들, 그분들의 고난과 희생에도 불구하고 아직도 우리는 인권과 민중의 평등한 복지, 민주주의의 내실을 못 거둔 채 극단적 개인주의와 이기주의, 가진 자와 권력자들의 탐욕에 찬 불의와 횡포, 독재와 만행 속에서 시달리고 있지 않은가? 부정부패의 장기집권, 군부독재의 공포정치 그 긴 터널을 지나 그렇게 오랫동안 투쟁하며 열망해 온 평화로운 민주복지국가를 이루는가 했더니, 우리의 방심 끝에 뜻하지 않은 괴물독재 정권이 탄생하여 공화국이란 공포의 이름표를 달고 역사의 낭떠러지로 추락하고 있다.

　우리가 일상에서 매일 집 청소를 하고, 세탁을 하고, 세수를 하고, 목욕을 하듯이, 우리 내면의 영적인 건강을 위하여 참회를 하고, 기도를 하듯이, 우리는 매일 끊임없이 부지런히 농사를 짓는 농부의 마음으로, 꽃과 나무를 가꾸는 정원사의 마음으로, 잡초를 뽑고 토지를 경작하여, 뒤틀린 역사의 오류를 바로잡고, 우리가 존재하는 사회에 책임을 다하여 그들이 만들어 낸 오염과, 쌓인 쓰레기를 청소해야 할 것이다. 만일 우리 모두가 독재의 수동적 방관자가 되어 그들의 온갖 더러운 술수와 거짓된 이념의 쓰레기를 방치한다면 우리는 병에 걸려 우리 모두는, 우리가 살고 있는 땅은, 사람이 살 수 없는 생지옥으로 되어버릴 것이다.

　평화와 인권 정의를 추구해 온 사랑하는 우리 국민들이시여! 깨어나 다시 한번, 빛으로 정의로 사랑으로 이 땅을 비추시는 하늘의 지성과 함께, 우리 민족의 주체성을 확립하여 괴물정권 독재자의 칼춤을 멈추게 하여 우리 삶의 정체성을 정립해 나아가야 하지 않겠습니까? 그리하여 성자께서 일구어 내시고, 우리가 꿈꾸어 온 이 땅 위에 하느님의 나라를 만들어 가야 하지 않겠습니까.

어머니들에게 고합니다

"여인은 아름답고 어머니는 위대하다"라는 말이 있는데 어머니가 위대하다는 것은 모범적인 어머니로서 알려진 신사임당이나, 한석봉 어머니 또는 맹자의 어머니를 두고 한 말은 아닐 것이다.

'어머니'라는 그 말 한마디 자체가 매우 존경스러운 말이다. 언젠가 고등학교 시절에 친분 있는 선배가 고통을 감당하며 생명을 걸고 아기를 해산하는 것을 목격하고, "아! 모든 어머니는 정말 존경스럽구나, 모든 어머니는 존경받아야 한다"고 가슴 속에서 말한 적이 있다.

모든 사람은 어머니를 통하여 이 세상에 왔다. 어머니는 생명을 창조하고, 그 생명을 위해서라면 어떤 고통도 마다하지 않고, 어떤 어려움이나, 어떤 위험도 사양하지 않고, 그 생명을 지키고, 키우고, 사랑한다.

인간을 창조하시고 인간을 사랑하시는 하나님의 이름을 이스라엘 사람들은 '야훼'라고 하는데 그 어원이 고통의 상징인 어머니의 자궁(라훔)과 자비의 상징인 어머니의 젖가슴(샤따이)에서 나왔다고 한다.(고난신학의 맥락에서 본 야훼神名 연구 P172 김이곤) 50년대 60년대를 살아오면서 내가 본 어머니들은 가난한 환경에서 학력은 없었지만 자녀들이 사람스럽게 참되고 훌륭하게 자라나도록 가정교육만은 철저하였다. 흔히 대수롭게 여기지 않는 사소한 생활 습관부터 시작하여 자기 방은 자기가 정리하고 제 운동화는 제 손으로 빨아 신게 하였으며, 신은 가지런히 벗어 놓고 문은 조용히 여닫으며 집 안에서 소리를 지르거나, 먼지를 일으키며 뛰는 일은 없었다. 때때로 어머니가 바쁠 때면 우물에서 물도 길어오고 마당도 쓸고 마루 걸레질도 하였다. 손님이 오면 반갑고 예의 바르게 인사하였고, 삼가고 조심하여 절제력과 자기 통제력을 길렀다. 그렇다고 우리가 기가 죽거나 풀이 죽어서 감정의 억압을 받은 것 같지는 않다.

밖에 나가서는 동무들과 참 재미있는 놀이를 신나게 많이 하였다. 우리 집 뒷산에는 커다란 산소가 두 개 있었는데, 그곳에서 집짓기, 술래잡기, 제기차기, 기차놀이, 공놀이, 연날리기 단오 때면 그네뛰기, 겨울이면 썰매 타기가 제일 재미있었다.

그래도 우린 동화책도 많이 읽고 위인전도 많이 읽었으며, 숙제도 잘하고 공부도 열심히 하며 선생님 말씀도 잘 듣고 잘 따랐다. 공부가 꼭 경쟁을 하는 것이 아니었다. 다른 사람을 제치고 일등을 해야 한다거나, 행여 남에게 뒤질세라 신경을 곤두세우고 시샘을 하거나, 누구를 따돌리거나, 물건이나 돈을 빼앗고 폭력을 쓰는 일은 보지 못했다. 어머니들은 자녀가 만물박사가 되라고 이 학원 저 학원 서너 개나 되는 학원을 보내고 조기 유학을 보내지 않았지만, 가난하고 열악한 환경에서 근면하고 성실하며 책임감 있는 사람으로, 능력 있는 사람으로 자라나 가난과 무지를 극복하고 오늘의 풍요를 가져온 역사의 주역들이 되었다. 어머니들은 가정에서 사소한 생활 습관으로부터 효심과 애국심, 공중도덕, 질서의식, 함께 살아가는 공동체 의식을 심어 주었다.

요즈음 대학을 나오고 고등교육을 받은 분들은 지금이 어느 시대인데 그런 골동품 같은 고리타분한 이야기를 하느냐고 웃을지도 모른다. 많이 배우고 고학력자일수록 애국심은커녕 자식을 군대에 안 보내려고 권력과 부를 남용하며, 별 해괴한 짓을 다 하면서 광화문에 모여 부패 독재정권 탄핵하자고 태극기와 성조기, 일장기까지 흔들며 괴성을 지르고 있다.

　그놈의 공부가 무엇이기에 아이들을 상전 떠받들 듯 떠받들고, 과잉보호를 하며 공부만 잘하면, 경쟁에서 이기기만 하면 성공하고 출세하여 일하지 않고 땀 흘리지 않고 머리만 잘 굴려서 편하게 부자로 으스대고, 떵떵거리며 거기다 권력을 휘어잡고, 군림하며 사람들을 지배하는 것을 행복의 기준으로 삼고 있다. 그 순수하고 해맑은 아이들을 무능력자로 만들어 부모 재산이나 탐하고, 예절도 없고, 양보심도 없고, 참을성도 없고, 도무지 남을 배려 할 줄 모르는 이기적이고, 자기중심적인 사람으로 만들지 않았는가?

　못 배운 어머니들이었지만 그 열악한 환경에서 훌륭한 가정교육으로 사람을 사람스럽게 키웠거늘, 고등교육을 받은 어머니들이 이처럼 풍요로운 환경에서 사람을 사람스럽게 키울 생각을 왜 안 하는가? 세상이 다 그렇고 그런데, 할 수 없지 않냐구요? 남들이야 다 그러는데 내 자식만 그대로 둘 순 없다고요? 그래서 이 사회가 얻어낸 것이 무엇입니까? 늘어 가는 성범죄자, 가출 청소년, 마약 중독자, 알콜 중독자, 성폭력, 매춘행위, 조직폭력, 노숙자(3D를 기피하여 자신감과 의욕을 잃고 거리에 나 앉은 사람들) 명문 유치원을 보내려고 밤을 새워가며 줄을 서 기다리고, 명문대학에 보내려고 서너 개의 학원을 보내어 그 아이가 견디다 못해 고층 아파트에서 뛰어내려 자살을 하고, 문을 걸어 잠그고 목을 매어 죽고 있으니! 제발 어머니들이여! 학교에만 학원에만 의존하지 말고 가정교육으로 돌아가세요.

　하늘은 모든 사람에게 고유한 내면의 토양을 주셨습니다. 아름다운 감정, 빛나는 이성, 주옥같은 지혜, 따듯한 연민의 정, 예리한 판단력, 자기 정체성을 확립하는 자유와 정열을 주셨습니다.

중요한 것은 자기 자녀가 어떤 토양을 가졌는지 잘 알아보고 아이들이 스스로 알도록 도와주고 그 토양에 어떤 나무를 심어서 잘 키워 열매를 맺을 것인지 잘 알아보고 스스로 자기의 토양에 잘 맞는 나무를 심어서 잘 키워 좋은 열매를 맺도록 도와주는 일입니다.

꼭 경제적으로 넉넉해야만 아이들을 잘 키우는 것은 아닙니다. 어려운 것도 알고, 힘든 것도 알고, 세상이 내 마음대로 되어지는 것이 아님을 알 때 이해와 협력의 바탕에서 서로 돕고 나누며 함께 행복하고 평화스럽게 살아가는 능력이 키워집니다. 가정교육에 돈 들어갈 일은 없습니다. 다정하고 푸근한 엄마, 아이들과 늘 대화하는 엄마, 내 아들딸들이 무슨 생각을 하고, 어떤 꿈을 꾸고, 인생의 방향을 제대로 잡아가고 있는지, 어떤 행동을 하며 어떤 아이들과 어떻게 어울리는가?

잘하는 것은 무엇이고 좋아하는 것은 무엇인가를 알아 자상한 엄마가 되는데 꼭 돈이 필요합니까? 어머니들이여! 인간이 되는 가정교육, 어머니들이야말로 가정교육을 통해서 이 사회와 이 나라에 희망과 비전을 만들어 가는 토대가 되기에 어머니는 위대한 것입니다.

어머니들이여! 성실하게 사는 법과 정직하고, 당당하고, 떳떳하게 사는 법, 평화스럽게 나누며 함께 사는 법, 행복하고 건강하게 사는 법을 가정에서 가르치지 않는 한 이 나라 이 사회에는 희망이 없습니다. 가정교육 부재를 묻어둔 채, 인권운동이 열매를 맺을 수 있겠습니까? 인간 회복의 차원에서 참사람이 되는 가정교육 운동이 전개되지 않는 한 인권과 자유 평화와 행복이 보장되는 인간 사회는 기대할 수 없을 것입니다. 어머니들이여! 내 자녀 사람 만들기부터 시작합시다.

내가 낳은 자녀만 내 자녀가 아닙니다. 우리 뒤에 오는 모든 사람은 우리의 자녀들이며 우리의 후손입니다. 우리 모두 존경스러운 어버이들로 남읍시다.

부정적인 에너지

대학 시절에 방학이 되면 언제나 찾아가는 작은 오빠 한 분이 운영하는 농장이 있었다. 양지바른 언덕 위에 빨간 기와집 한 채가 먼 곳에서도 눈에 잘 띄었다. 입구 양쪽으로 계단식 화단에는 봄부터 가을까지 꽃들이 항상 만발하였는데 지금도 눈에 생생하게 기억되는 것은 내 코를 황홀경으로 몰아넣은 흑장미와 주황색 장미의 향기 그리고 핑크빛 그라지오라스와 보라색 다알리아꽃이었다.

마당에 올라서면 가지런히 정리된 들판이 시원하게 내려다보였고, 뒷산 소나무밭 등성이에 오르면 멀리 장지동으로부터 이어진 옛 잠실 벌판이 한눈에 들어왔다.

한낮이면 후박나무 그늘에서 복술이가 느러지게 잠을 자다가 인기척이 나면 정신없이 짖어대어 평화로운 분위기를 망쳐놓곤 했다.

광대한 검은 바다에 은빛 시내가 흐르고 별들이 소곤대는 저녁이면 평상에 앉아 어머니와 오빠 동생과 정답게 담소를 나누며 농장에서 수확한 옥수수도 먹고 참외 수박을 먹었다.

방학이면 언제나 이곳에서 독서와 산책을 즐겼다. 산책길에 오르면 복술이가 어느새 꼬리를 흔들며 쫄랑쫄랑 따라다녔다.

초등학교 때 어머니와 안양에 사시는 외가댁에 자주 갔었다. 그곳엔 토미라고 불리는 영리한 진돗개가 하나 있었다. 외삼촌께서는 철도청에 근무하셨는데 기차로 통근을 하셨다. 출근 시간이 되면 언제나 역까지 배웅을 나갔고, 통근차의 기적이 울리면 시간에 맞추어 마중을 나갔다. 토미는 삼촌의 사랑을 듬뿍 받았다.

개는 본디 충성스럽고 정겨운 동물이라 흔히 사람들은 개를 기르는 것을 좋아하지만 개한테는 별로 관심이나 호감이 가질 않는다.

별장이나 대저택을 가진 사람들은 맹견을 여러 마리 길러 집도 지키고 도둑도 지켜 주인을 위험으로부터 보호하는 경호원 역할을 하기도 한다. 어떤 개는 독사로부터 주인집 아기의 목숨도 구하고 간단한 심부름도 하고, 주인을 따르고 충직하여 개를 데리고 산책도 하고, 사냥도 한다. 사람은 배반하지만 개는 주인을 배반하는 일이 없어 인간 문화에는 개가 항상 있어 온 것 같다.

서양 문화의 영향을 받아서인지 사람들은 애완견을 기르며 자녀를 돌보듯이 개한테 애정과 정성을 쏟으며 사는 사람들이 많다. 매일 목욕을 시키고 옷을 해 입히고 장신구까지 달아주고 심지어는 침대에까지 받아드린다.

어쩌면 굶주림에 죽어가는 아프리카의 난민이나 어린이보다 한국에 개들이 더 호강을 하는 것 같다. 사람들에게 나누어야 할 사랑과 관심을 개한테 쏟으며 외로움을 달래는 사람도 있다. 우리의 에너지를 보다 가치 있고 고양된 인류애에 쏟았으면 하는 아쉬움이 있다.

사람이 우선이어야지 개가 우선이어서야 되겠는가? 개를 기르며 도둑을 지키고 사람들에게 겁을 주고 방문하는 모든 사람들에게 짖어대어 불쾌감을 주고 공포감을 준다. 때로는 물기도 하고 개한테 물려 죽는 사례가 심심치 않게 뉴스 화면을 채운다. 또 도둑질을 하러 집에 들어갔다가 개한테 들키어 쫓기는 신세가 된다든가, 무난히 절도에 성공한다 하더라도 결국 사람이 개만도 못한 부도덕한 존재로 전락된 것이 아닌가? 때로는 맘에 안 드는 사람을 비하하여 "개새끼, 개 같은 놈, 개만도 못한 놈"이라는 욕을 할 때가 있지 아니한가? 우리가 이같이 비인격적인 존재가 되고 개가 사람과 동등한 대우를 받으며 오히려 그 이상의 권리를 누리고 사람이 개만도 못한 취급을 받는 것이 내게는 몹시 자존심이 상하고 못마땅한 일이다.

물론 어떤 사람은 의식 수준이 개만도 못한 게 사실이다. 금세기의 유명한 정신의학자 데이비드 호킨스(David R Hawkins)에 의하면 교도소에 수감된 범죄자들의 평균의식 수준이 50(데이비드 호킨스 저 "의식 수준을 넘어서" P32)인 반면에 개의 의식 수준은 245(P85)라고 한다.

내가 개에게 호감을 갖지 않는 데에는 또 다른 이유가 있다.

일곱 살 때의 일이다. 이웃집에 심부름을 갔는데 개가 갑자기 사납게 짖어대며 피할 새도 없이 달려들어 다리를 물었다. 너무 아프고 공포에 질려 울며 소리를 쳤다. 사람들이 놀라서 뛰어나와 개를 나무라고 야단을 쳤지만 이빨 자국에선 피가 똑똑 떨어졌다. 상처는 쉽게 아물지 않아 한 달간이나 치료를 받았다. 지금까지도 왼쪽 다리에 흉터가 남아있다.

그때부터 개에 대한 공포심과 적대감이 생겨서 일단 개를 보면 싫은 감정이 앞서고 개를 피하거나 가까이 오지 못하게 했다.

어렸을 때의 공포 감정이 확대되고 강화되어 점점 개에 대하여 무감정 내지는 무관심하게 되었고 개를 보면 그들의 짖는 소리가 싫고 반가움을 표시하며 꼬리를 쳐도 친근감을 느낀다거나 호감을 가질 수가 없었다.

고등학교 때의 일이다. 내 남동생은 동물 애호가이다. 뒤 곁 툇마루에는 그 애가 기르는 생명체들이 많이 있었다. 개구리, 도마뱀 풍뎅이, 하늘소, 새장도 걸어놓고 꾀꼬리, 뻐꾸기 꿩의 병아리 등등을 기르고 있었다. 가족들이 자연으로 다시 보내라고 설득을 하고 야단을 쳐도 막무가내였다. 어느 겨울밤이었다. 용돈을 모아서 이번에는 강아지를 사 왔다. 박스에 담아서 담요를 덮어 제일 따듯한 내 방에다 갖다 놓았다. 밤새 강아지가 깨갱거려서 잠을 잘 수가 없었다. 화가 나서 박스를 들어다 광에다 놓았다. 아침 식사를 하고 났는데 동생이 강아지를 찾으며 "누나 내 강아지 어디 있어?" "몰라 강아지가 나와 무슨 상관이야, 광에 가봐" 급히 광으로 간 동생이 "죽었잖아 강아지가 죽었어, 내 강아지 살려놔" 하며 나를 원망하였다. 아차! 내가 살생을 하였구나! 나는 개하고 악연인가 보다. 동생에게 미안하다고 사과를 했다. "그러니까 앞으로 내 옆에 개가 있지 않도록 해 나는 개를 사랑하지 않아 귀찮을 뿐이야"고 단단히 일렀다.

개와의 악연은 이것으로 끝나지 않았다. 대학 3학년 때 겨울 방학이 되어 오빠 농장엘 왔다. 도시를 싫어하시는 어머니께서도 이곳에서 지내셨다. 여름에 산책길에 따라다니던 복술이는 더 투실투실 살이 쪄 있었다. 개에게 밥을 주는 것이 내 일과 중 하나였다. 고맙다고 내게 다가오기도 하고 애교를 부리며 내게 애정을 구걸하기도 하였다. 그때마다 귀찮고 싫어서 쫓아버리곤 했다. 겨울 햇볕이 유난히도 따뜻한 어느 날 오빠와 어머니는 외출을 하셨다. 정오쯤 돼서 친척집 오빠가 왔길래 갑자기 개를 팔고 싶은 생각이 나서 팔아달라고 하였더니 선뜻 호응을 해 주었다. 나는 최소한의 개에 대한 선의로 사는 사람이 잡아먹어서는 안 되고, 기를 사람에게 팔아달라고 조건을 붙여 부탁하였다. 두어 시간이 지나서 개 값을 가지고 오빠가 다시 왔다.

꼭 기를 사람이 사는 것이냐고 확인하고서 돈을 받아 어머니 장롱 서랍에 넣어 두었다. 복술이가 가지를 않아서 나보고 데려다 달라고 하여 개줄을 잡고 산모퉁이를 돌아 큰길까지 데려다 주는 데

차마 못 할 짓을 하는 것 같아 마음이 편치 않았다. 연민을 느끼면서 집에 들어와 앉았는데 개 울음소리가 처절하게 들려왔다. 불길한 생각이 들어 나도 모르게 벌떡 일어나서 울음소리 나는 쪽으로 달려갔다. 그 친척 오빠는 나를 속인 것이었다. 복술이는 벌써 나무에 비참하게 매달려 울부짖다가 이미 목숨이 끊어져 있었다.

나는 화를 내면서 그 오빠에게 개를 살려내라고 야단을 치며 돈 도로 가져가라고 호통을 쳤다. 그러나 아무 소용없는 일이었다.

그 후부터 생명체에 대한 연민과 개에 대한 죄책감과 속죄의식이 생겨 의식적으로 개를 좋아하려고 애썼지만 아직 개를 길러 본 적은 없으며 앞으로도 개를 기르고 싶은 생각은 없다. 왜냐하면 개와의 얽힌 과거 때문이 아니라 개를 기를 필요를 느끼지 않았고 더구나 동물에게도 영혼이 있다는 윤회설이나 까르마의 의식 체계 같은 것은 내게 없기 때문이다.

그러나 깊이 깨달은 것이 있다. 어릴 때의 충격과 공포, 상처는 무의식이란 충동적 장치의 저장고에 입력되어 어두운 에너지로 확장되고 강화되어 참 자아를 상실하고 왜곡된 자아로 길들여진다는 것을 깨달았다. 부정적 이미지나 감정은 치유되어 두려움으로부터 해방되어야 한다. 내적 평화와 새로운 창조적 열린 세계로의 도약에 걸림돌로 남아서야 되겠는가? 이제 "나이가 먹고 어른이 되어서는 어린아이의 일을 버렸노라"고 성서에서(고린도전서 13장 11절) 고백한 바오로처럼 어린아이의 정서에서 벗어나 높은 의식으로 진화하여 모든 피조물에 대한 신성한 자비심과 연민으로 뭇 생명과 조화를 이루어야 할 것이다. 그리고 무엇보다도 동물적 보호본능의 영역을 축소하고 영혼의 세계를 넓혀 가야 할 것이다. 그것은 사람만이 할 수 있는 영혼의 힘이다.

사람들이 인간으로서의 마땅히 갖추어야 할 인격이나 인류에 대한 보편적 관심과 사랑을 소홀이 하며 지나치게 개나 고양이 같은 애완동물에 집착하여, 병이 들어도 돈이 없어 병원 치료도 못 받고 앓다가 죽는 사람이 많은데, 애완동물 병원이 너무 많고 그들에게 들어가는 의료비도 너무 비싸고 많이 든다. 또한 사람이 사람을 존중하고 신뢰하며 사랑하는 것보다 애완동물을 의지하고 그들에게 정을 쏟으며 자신의 외로움을 달래며 그들을 과보호한다는 것은, 그리고 많은 사람들이 먹을 것이 없어서 굶주리고 죽어가고 있는데, 그것들이 사람보다도 고급진음식으로 호강을 하고 있다는 것은, 그러한 처사를 당연지사로 여기는 일반적인 사회의식은, 반인륜적 비인간적 사회행태라고 본다. 물론 하느님이 창조하셨다고 하는 모든 생명체를 가꾸고 돌보아 이 땅을 풍요롭고 아름답게 해야 하는 것이 우리 인간의 책임임을 부정하는 것은 아니다.

정길생

경남 산청 출생
전) 건국대학교 총장, 생명공학박사(교토대학)
전) 한국과학기술한림원 원장·이사장
현) 국가과학기술 유공자
<국제문예> 수필부문 등단, (사)국제문인협회 감사
한국수필가 협회, 한국산문작가 협회 회원

덤으로 살아온 삶

나는 대학 3학년 때 오른쪽 폐의 상단에 동공(洞空)이 형성된 중증 폐결핵에 걸렸다. 당시만 해도 폐결핵은 불치의 병이었다. 진단서를 받아 쥔 나는 죽음에 대한 두려움으로 망연자실했다. 매일 아침 기침과 함께 쏟아져 나오는 밤톨 같은 핏덩어리는 나를 절망의 나락으로 초대했다. 잠자리에서도 눈을 감으면 죽음의 그림자가 어른거렸다.

그런 고뇌 속에서도 세월은 흘러 4학년 2학기가 되었다. 대학 당국은 입학 당시의 약속대로 선진농업 견학 실습을 위해 외국으로 보내주겠다고 했다. 실습지로는 덴마크와 일본 중에서 택일하라 했다. 나는 축산의 천국이라는 덴마크로 가고 싶었다. 그러나 폐결핵을 지닌 상태로는 덴마크에 입국할 수 없다고 했다. 그래서 부득이 신체검사가 덜 엄격한 일본을 선택할 수밖에 없었다.

그러나 의사는 그마저도 만류했다. 앞으로 일 년 반 이상 살기도 어려운 건강 상태인데 무슨 해외 실습이냐며 외국 갈 생각은 접어두고 국내에서 살길이나 찾아보라고 단호하게 충고했다. 의사의 충고를 듣고 아무리 생각해 보아도 가정으로부터 어떤 도움도 받을 수 없는 내 처지로는 국내에서 살길을 찾을 수가 없었다. 그래서 숙고 끝에 내가 내린 결론은 어차피 죽을 목숨이라면 부모형제 앞에서 죽는 것보다는 외국에 나가서 죽는 것이 낫겠다는 것이었다. 그래서 나는 이런저런 망설임을 뿌리치고 일본으로 가기로 마음을 굳혔다. 나의 일본행은 실습을 위해서가 아니라 죽을 장소를 찾아 떠나는 슬픈 여정이었던 것이다.

죽음에 대한 공포를 안은 채 나는 실습을 위해 도쿄(東京) 근교에 있는 아사히 브로일러(朝日 broiler)라는 식품회사에 배치되었다. 그러나 실습 6개월 만에 그곳에서 받은 집단 검진을 통해 내가 중증 폐결핵 환자라는 사실이 폭로되었다. 어떻게 대처해야 할지를 두고 고민하던 차에 나는 공장장의 도움을 받아 회사 인근에 있는 결핵 요양소에 입소했다. 모든 비용은 회사에서 가입한 보험으로 해결되었다.

그때부터 나는 간호사나 주치의의 지시를 철저하게 준수하며 요양에 최선을 다했다. 그러고는 입소 삼 개월 만에 주치의의 결정에 따라 결핵성 동공이 있는 오른쪽 폐의 상엽을 통째로 도려내는 대수술을 받았다.

수술 당일 마취를 실시할 때였다. 나는 간호사가 선창하면 따라 하는 식으로 숫자를 세기 시작했다. 그 숫자가 열 번째에 이르렀을 때였다. 깊은 바다의 심연으로 빨려드는 것 같은 느낌과 함께 한 순간 죽음에 대한 공포가 내 뇌리를 스쳐갔다. 내 기억은 거기까지였다. 그 시점을 기준으로 스물여섯 살이 된 나의 태생적 삶은 끝이 났었다. 그 이후의 삶은 현대 의학이 나에게 선물한 덤이었던 것이다.

그 요양소에서 일 년 삼 개월에 걸친 치료 끝에 어느 정도 건강을 회복한 나는 장학금을 받으며 교토(京都)대학 대학원에 진학했다.

생명과학에 관한 기초연구로 석사와 박사학위를 받았다. 그리고는 곧바로 귀국하여 모교의 교수가 되었다. 교수로서 모교에 봉직하는 동안 나는 총장이라는 중책까지 역임하면서 모교의 발전을 위해 헌신했다. 동시에 학문연구와 후진양성에도 정성을 쏟아 자타가 공인하는 업적도 남겼다.

정년으로 대학에서 은퇴한 다음에는 한국과학기술한림원 원장으로 피선되어 우리나라 과학기술의 발전과 국제적 위상 제고를 위해 헌신했다. 한림원의 원장과 이사장의 임기를 끝낸 나는 다문화가정 어린이들의 교육을 지원하기 위해 설립된 '참행복 나눔운동'이라는 사단법인의 이사장직으로 자리를 옮겼다. 그 직책에 봉사하는 동안 나는 평소 살아오면서 받은 수많은 은혜의 일부라도 사회에 환원해야 한다는 생각으로 성심껏 노력했다. 그러던 중 설암에 걸려 갑자기 언어장애인이 되었다. 부득이 나는 내 생각을 표현하기 위한 수단으로 말 대신 글을 쓰는 방법을 공부하여 수필가로 문단에 등단하기도 했다. 그러한 노력들과 이룩한 실적이 높이 평가되어 나는 국가로부터 두 차례 훈장도 받았고 '국가과학기술유공자'라는 명예도 얻었다. 그 모든 것들은 덤으로 사는 삶이 내게 준 선물이었던 것이다.

그러나 내가 덤으로 사는 동안에도 질병은 한시도 쉬지 않고 나를 괴롭혔다. 나가 폐결핵을 치료할 때 실시한 수혈을 통해 나에게 침입한 C형 간염 바이러스가 간염과 간경화 그리고 간암을 일으켰다. 나는 간암에서 살아남기 위해 지난 17년 동안 여덟 차례에 걸쳐 외과적 수술과 간색전술(肝塞栓術)을 받았다. 또 그 바이러스가 소인(素因)으로 작용하여 발생한 설염이 끝내 설암으로 악화되었다. 부득이 혀의 삼분의 일을 잘라내고 왼쪽 목의 림프절과 침샘의 일부를 제거하는 대수술도 받았다. 수술에 이어 스물다섯 차례의 방사선 치료도 받았다.

평생을 두고 지속적으로 나를 괴롭힌 그러한 질병들은 어느 것이나 나의 명줄을 끊을 수도 있는 무서운 것들이었다. 그래서 나는 폐를 수술한 다음부터는 늘 언제 죽을지 모른다는 두려움을 안고 살아왔다. 교수가 되었을 때에는 정년인 65세까지는 살게 해달라고 빌었고 정년퇴임을 하고 나서부터는 70세까지는 살 수 있기를 소망했다. 그러던 내가 이제 80대 중반의 고령자가 되었다. 그럼에도 불구하고 나는 아직도 간암과 설암의 끈질긴 위협에서 벗어나지 못하고 있다. 덤으로 사는 삶의 대가려니 하고 지긋지긋한 질병에 끈기 있게 대처하며 힘든 날들을 살아가고 있다.

온갖 지병을 다 가진 채 팔십 고개를 넘고 보니 덤으로 사는 삶이 너무 길었다는 생각이 들기도 한다. 그러나 뒤돌아보면 나는 덤으로 사는 삶을 통해 고통도 많이 받았지만 보람 있는 일도 많이 했다. 그러한 일들을 할 수 있었던 원동력은 삶에 임하는 나의 자세였다. 즉, 나는 폐결핵 수술에서 깨어나 덤으로 살면서부터는 소소한 이해는 물론 죽음에 대한 두려움까지도 내려놓고 매사를 과감하게 처리하며 소신대로 살아보려고 애를 썼다. 그러한 나의 자세가 모든 성과의 동력이 되었다. 한마디로 말해 내가 이룬 모든 성과는 덤으로 사는 삶이라는 특수한 상황이 내게 준 선물이었던 것이다.

그러한 선물들과 나를 괴롭힌 질병들과의 인과관계를 생각해 보면 삶이란 어떤 불가사의한 힘이 연출하는 각본 없는 드라마라는 생각이 들기도 한다. 앞으로 또 어떤 드라마가 나를 기다리고 있을지 궁금하다. 솔직히 말해 이제는 더 오래 사는 것을 원하지도 않고 죽기 전에 꼭 해야겠다고 생각하는 일도 없다. 현시점에서 굳이 소망을 말한다면 그것은 죽기 전에 수필집 한 권쯤은 남기고 갔으면 하는 것뿐이다.

  앞으로 나에게 남아있는 날들이 얼마나 될지는 알 수 없다. 그러나 지난날의 삶이 그러했던 것처럼 앞으로의 삶에도 이런저런 고통이 따를 것이다. 그러한 고통 속에서도 덤으로 사는 내 삶의 끝자락은 보람 있게 마무리되었으면 하는 소망만은 버리지 못하고 있다.

도로 위의 천당

나는 일상생활 속에서 천당이나 지옥이라는 말을 자주 듣기도 하고 쓰기도 한다. 그러나 그 말의 종교적 의미나 철학적 개념에 대해서는 아는 바가 없다. 그러면서도 부지불식간에 천당이나 지옥은 우주의 어느 차원에도 존재하지 않으면서 오직 인간의 의식 속에만 있는 개념의 세계라는 생각을 갖게 되었다. 그런데 얼마 전 나는 백주대낮 서울 거리에서 자기는 천당에서 산다고 말하는 사람을 만난 적이 있다.

그날은 내가 병원에서 건강검진을 받는 날이었다. 양재역까지는 내가 살고 있는 시니어 타운에서 운영하는 셔틀버스를 타고 왔다. 그러고는 예약 시간에 맞추기 위해 병원까지는 택시를 탔다. 가까스로 예약 시간에 도착한 나는 예정대로 주치의의 진료를 받았다. 뒤이어 원무과에서 처방전을 받은 나는 병원 밖의 약국으로 가서 몇 가지 약을 구입했다. 약사로부터 받은 약봉지를 손가방에 넣으려고 하니 아뿔싸! 손가방이 없어졌다.

병원 안팎을 바쁘게 돌아다니느라 손가방을 잃은 것도 모르고 있었던 것이다. 다행히 잃어버린 손가방 속에 특별한 물건이 있었던 것은 아니다. 마스크 두 장과 비망록으로 쓰는 수첩 하나 그리고 월간 수필집 한 권이 전부였다. 그러나 비망록을 잃어버린 것은 마음에 걸렸다. 지난 수개월 동안 내가 메모해 온 이런저런 생각들과 기억하고 싶은 보석 같은 문장 등 소중한 재산들을 모두 잃어버렸다는 아쉬움이 컸다.

그러나 이미 잃어버린 것을 어쩌랴. 나는 마음을 다독이며 귀가용 셔틀버스를 타기 위해 양재동으로 가는 택시에 몸을 실었다. 택시를 타고 곰곰이 생각해 보니 병원의 예약 시간에 맞추기 위해 택시에서 급히 내리면서 손가방을 택시 안에 두고 내렸던 것 같았다. 나의 진중하지 못했던 행동이 후회스러웠다. 그러면서도 혹시 그 가방을 찾는 방법이 있을지도 모른다는 생각이 들었다. 그래서 나는 택시 기사를 보고 택시에 놓고 내린 물건을 찾으려면 어떻게 해야 되느냐고 물어보았다.

기사는 미소 띤 얼굴로 친절하게 설명해 주었다. 물건을 기사 옆자리에 두었다면 찾기가 쉽겠지만 손님이 계속 오르내리는 뒷좌석에 두었다면 찾기가 쉽지 않을 것이라 했다. 우선 택시분실물 고객센터로 연락해 보라고 했다. 그는 택시 안에 물건을 두고 내리는 손님들이 의외로 많다면서 자기가 분실물을 습득했던 경험담을 이야기해 주었다.

강남역 부근에서 탄 손님이 감사원 앞에서 내렸다. 빈 차로 광화문 앞까지 가서 다른 손님을 태웠다. 그 손님은 차에 오르자마자 웬 가방이 여기에 있느냐며 중간 크기의 가방 하나를 앞으로 내밀었다. 기사는 그 가방을 받아 옆자리에 두고 손님을 세브란스병원에까지 모셔다드렸다. 그러고는 그 가방을 어떻게 처리할지를 생각하며 궁금한 마음에 가방을 열어보았다. 가방이 열리는 순간 그는 깜짝 놀랐다. 가방 안에는 여러 개의 현금다발과 수표 뭉치가 들어 있었다. 그는 생전 처음 보는 막대한 금액의 현금 뭉치를 보는 순간 고민에 빠져들었다. 즉시 경찰서로 가서 신고해야 한다는 생각과 스스로 굴러들어 온 복을 굳이 돌려줄 필요가 있겠느냐는 욕심이 갈등을 일으키기 시작했던 것이다.

그때부터 거액의 돈뭉치가 눈에 밟혀 그는 일에 집중할 수가 없었다. 그러다가 사고라도 낼 것 같은 불안감이 들어 일찍 집으로 돌아갔다. 돈이 든 가방은 자동차 트렁크에 넣어두고 방으로 들어갔다. 저녁상을 받았지만 밥그릇과 현금다발이 겹쳐 식사도 제대로 할 수가 없었다. 그래서 저녁도 먹는 둥 마는 둥 하고 일찌감치 침상에 들었다. 그러나 잠을 이룰 수가 없었다. 습득한 돈은 당연히 그 주인에게 돌려주어야 한다는 양심과 스스로 굴러들어 온 것이니 그냥 갖자는 탐욕이 서로 충돌하면서 심한 갈등을 일으켰다. 그래서 그날 밤 그는 한숨도 잠을 이루지 못했다.

그날 밤 그의 마음속에서 일어나는 사악한 탐욕과 그것에 반발하는 양심의 충돌 속에서 그의 고뇌는 깊어만 갔다. 그 고뇌 속에서 그는 말로만 듣던 지옥을 경험했다. 다행히도 밝은 아침 햇살이 창문을 비추면서 사악한 욕심은 움츠러들고 그의 양심이 힘차게 기지개를 켜기 시작했다. 그래서 그는 양심의 소리에 귀를 기울이며 그 돈을 고객에게 돌려주기로 마음을 먹었다. 출근하자마자 먼저 관할 경찰서로 가서 신고를 하고 습득물을 제출했다. 돈을 돌려주고 나니 그의 마음은 자신도 놀랄 정도로 편안해졌다. 양심에 반하는 탐욕 때문에 스스로 겪어야 했던 고통에서 벗어났던 것이다.

신고한 지 이틀 만에 돈의 주인이 왔으니 한번 만나보라고 경찰서에서 연락이 왔다. 그는 즉시 경찰서로 갔다. 잃었던 돈을 되찾은 분이 반갑게 손을 잡으며 감사하다고 인사를 했다. 그리고 고마움의 표시라면서 적지 않은 사례금을 건네주었다. 기사는 너무 기뻐서 돈 주인과 경찰관에게 머리 숙여 고맙다는 인사를 했다. 그러고는 유쾌한 마음으로 경찰서 문을 나섰다. 온 세상이 갑자기 환하게 밝아졌다. 몸과 마음도 가뿐해지면서 날아갈 듯한 기분이 들었다. 며칠 후에는 경찰로부터 모범운전사 표창장도 받았다. 이래저래 그에게는 행복하고 기쁜 날들이 이어졌다. 그때 그는 자신이 말로만 듣던 천당에 살고 있다는 느낌마저 들었다.

그런 경험을 통해 그는 큰 일이 아니라 아주 소소한 선행이라도 기쁨으로 실천하면 천당이 스스로 찾아온다는 것을 배웠다. 그렇게 생각을 하니 손님이 두고 간 돈뭉치에 대해 한순간이나마 탐심을 품었던 자신이 한없이 부끄러워졌다. 그래서 그는 한 때의 과오를 용서받기 위한 방법으로 날마다 한 가지 이상의 선행을 하기로 결심을 했다.

그때부터 그는 어떠한 경우에도 승차 거부는 하지 않았다. 손님이 내릴 때에는 혹시 두고 가시는 물건은 없느냐고 주의를 환기시켰다. 늦은 밤이나 비가 오는 날에 여성이나 연만하신 승객을 모실 때에는 아무리 좁은 골목길이라도 승객의 집 앞까지 모셔다드렸다. 그리고 손님이 대문을 열고 집 안으로 들어가는 것을 확인하고 떠났다. 지갑을 두고 와서 요금을 낼 돈이 없다는 손님도 더러는 있었다. 그럴 때에도 승객과 다투지 않았다. 자기의 은행계좌를 적은 쪽지에 요금을 기입한 다음 그 계좌로 요금을 보내달라고 부탁했다. 다행히도 요금을 보내오지 않는 손님은 없었다. 간혹 돈을 보태서 보내오는 경우도 있었다. 그런 경험을 하면서 자기가 남을 믿으면 그 믿음이 배가 되어 되돌아온다는 것도 깨달았다.

그런 자세로 일을 하면 금전적 손실이 발생할 것으로 예상했었다. 그러나 실제 몇 달을 그렇게 해 보았지만 수입은 줄지 않았다. 수입에는 변동이 없었지만 마음은 점점 부자가 되어 갔다. 매일이 즐거웠고 가족들과의 사이도 더욱 화목해졌으며 밤마다 숙면을 즐길 수 있었다. 덕택에 건강 상태가 좋아지니 하루하루가 즐겁고 매시간이 행복했다. 마음이 즐거우니 손님들과 대화를 나누는 것도 그렇게 기쁠 수가 없었다. 자신의 마음이 그렇게 변하면서부터 택시에 몸을 실으면 그는 마치 천당에 온 것 같은 행복감을 느꼈다. 그래서 그는 자신의 택시 안을 천당이라 생각한다. 그 기사가 내게 들려준 이야기다.

나는 그 기사의 이야기를 듣고 큰 감명을 받았다. 천국과 지옥은 우리들의 마음 먹기에 달렸다는 이야기는 자주 들었다. 그러나 나는 그 기사의 이야기를 들으면서 평소에 자주 듣던 그 평범한 진리를 어느 때보다도 실감 있게 느꼈다.

안녕히 가세요라는 말 한마디를 남기고 내 곁을 떠나는 택시의 뒷모습을 바라보며 나는 한동안 그 자리에 서 있었다. 그때 나의 뇌리에는 이런저런 상념들이 스쳐 갔다. 서로 불신하며 투쟁을 일삼는 지옥과도 같은 우리네 삶터와는 달리 도로 위를 달리는 그 택시 안은 모든 사람들을 행복하게 하는 작은 천당이라는 생각이 들었다. 우리는 그 기사처럼 각자가 사는 일터와 가정을 천당으로 만들 수는 없는 것일까? 그런 생각을 하며 나는 사람의 마음이 천당을 만들고 또 지옥도 만든다는 밀턴(John Milton, 1608~1674)의 말을 다시 한 번 곱씹어 보았다.

미래의 임신과 출산

통계청에 의하면 2022년도 우리나라 합계출산율은 0.78명이다. 이는 OECD 국가는 물론 세계의 모든 나라 중에서 가장 낮은 출산율이다. 그래서 국내 언론만이 아니라 외신까지도 한국이 출산율 쇼크에 빠졌다고 크게 보도했다. 그리고 그러한 쇼크는 한민족의 소멸을 가져올지도 모른다는 우려를 자아내기도 했다.

그러한 우려는 세계 인구동태에 관한 유엔의 보고서에 근거를 두고 있다. 유엔은 2070년도의 한국 인구는 현재보다 1,400만 명이 줄어든 3,700만 명대로 감소하고 100년 후에는 1,500만 명대로 줄어들며 600년 후에는 지구상에서 한민족은 소멸될 것이라고 내다보았다. 그래서 IMF 총재를 지낸 크리스틴 라가르드(Christin Lagarde, 1956~)는 저출산의 덫에 걸린 한국을 가리켜 '집단 자살 사회'라는 극단적인 표현을 쓰기도 했다.

우리나라의 출산율이 그렇게 낮은 데에는 여러 가지 이유가 있을 것이다. 그러나 그중에서도 가장 핵심적인 이유는 우리 국민들이 출산에 대한 외경심을 상실했다는 점이 아닐까 싶다. 1950년대까지만 해도 우리 국민들은 자녀의 탄생은 신의 섭리라 생각했다. 그리고 모든 자녀는 각자 자기 복을 타고난다고 믿었다. 그래서 부모들은 아무리 가난하고 힘들어도 태어나는 모든 자녀들을 훌륭하게 기르기 위해 어떤 희생도 마다하지 않았다. 그만큼 출산에 대한 외경심이 돈독했던 것이다. 국민의 의식이 그러했을 때에는 우리나라의 출산율도 다른 나라에 비해 결코 낮지 않았었다.

그런데 경제가 발달하여 국민들의 생활에 여유가 생기고 또 임신과 출산에 관한 과학기술이 널리 보급되면서 그러한 외경심은 무너지기 시작했다. 즉, 일인당 국민소득이 100불을 넘지 못했던 1960년대 초반까지만 해도 우리나라 출산율은 3.0명을 웃돌았다. 그러나 산업화의 과정을 통해 국민소득이 높아지면서 출산율은 점점 떨어지기 시작했다. 유사한 추세는 외국에서도 관찰된다. 비교적 잘 사는 서구의 여러 나라들은 낮은 출산율 때문에 어려움을 겪고 있다. 그러나 인도나 아프리카의 일부 국가처럼 가난한 나라들은 아직도 3.0명 이상의 높은 출산율을 유지하고 있다.

국내외에서 관찰되는 그러한 현상은 경제 발달이 출산율의 저하와 무관하지 않다는 것을 말해준다. 삶에 여유가 생기면 사람들은 출산과 같은 힘든 일은 기피하고 자신의 안일만을 추구하는 이기심을 발동하기 시작한다. 그리고 피임과 낙태와 같은 과학기술의 보급은 그러한 이기심을 부추긴다.

그처럼 인간의 이기심과 출산에 관한 과학기술이 융합되면 피임이나 낙태와 같은 반인륜적 행위를 아무런 거리낌도 없이 자행하는 사회풍토가 조성된다. 실제로 오늘날 우리나라의 연간 낙태 건수는 출생수의 4배나 되는 100만 건을 넘는다고 한다. 낙태 이전의 피임까지를 포함하면 그 수는 몇 배 더 늘어날 것이다. 출산에 대한 외경심의 상실을 단적으로 보여주는 사례다.

앞으로도 물질문명이 발달하면 할수록 사람들의 이기심은 더욱 기승을 부릴 것이고 그에 수반하여 출산에 대한 기피 현상도 점점 심해질 것이다. 그러한 기피 현상이 임계치를 넘어서면 이기심은 엉뚱한 목표를 향해 분출하게 될 것이다. 자신은 출산을 위해 어떤 노력이나 희생도 하지 않으면서 노후에 자신을 부양해 줄 자식만은 얻을 수 있는 새로운 출산시스템을 요구하게 될 것이다. 세상의 인심이 그렇게 바뀌면 과학기술도 그러한 욕구를 충족시켜 주는 방향으로 발전하게 되어 있다. 그렇게 되면 인간의 극단적인 이기심과 첨단적 과학기술이 결합하여 전통적 방식과는 전혀 다른 새로운 출산시스템을 만들어내게 될 것이다.

그 시스템은 남성의 정자와 여성의 난자를 체외로 채취하여 인공배양기 내에서 수정시키고 그 수정란을 여성의 몸이 아니라 인공배양기 내에서 계속 길러 아기를 생산하는 방법이 될 것이다. 야외의 들판에서 기르던 농작물을 수경재배 기술로 도심의 빌딩 안에서 생산하듯, 여성의 체내에서 자라야 할 태아를 여성과는 무관한 인공배양기 안에서 기르는 새로운 출산시스템이다. 그 시스템이 완성되면 여성은 임신과 출산의 고통에서 벗어나게 될 것이다.

그 시스템의 성공을 위한 핵심 기술은 인공배양기와 배양액의 개발이다. 다시 말해 인공태반과 양수를 만드는 일이다. 그런데 임신과 분만에 관한 과학기술의 발달은 조만간 그러한 문제들을 해결할 것으로 보인다. 그래서 스티븐 호킹(Stephen Hawking, 1942~2018)은 미래형 출산시스템이 100년 이내에 현실화되어 모든 인간은 모체가 아니라 인공배양기에서 태어나게 될 것으로 내다보았다. 그러나 오늘날 생명공학 기술의 발달은 그 시기를 훨씬 더 앞당길 기세다. 반세기 안에 현실화될 가능성도 없지 않아 보인다. 다시는 되돌릴 수 없는 놀라운 변화가 인류 사회에서 곧 일어날 것이라는 이야기다.

그처럼 전혀 새로운 출산시스템이 개발되면 사람도 병아리와 같이 인공배양기에서 태어나게 된다. 그렇게 되면 출산율과 같은 것들은 인위적으로 조절할 수 있게 되기 때문에 인구과잉이나 어느 한 민족의 소멸과 같은 문제는 자연스럽게 해결될 것이다. 또 인간의 생산과정에서 필요한 난자나 정자의 공급은 국경을 넘나드는 거래를 통해 이루어질 것이기 때문에 유전적 동질성을 기준으로 하는 민족이라는 개념도 무의미하게 된다. 그러므로 어느 한 특정 민족만 소멸되는 일도 없게 될 것이다. 일견 대단히 유익하고 발전적인 변화로 보인다.

그러나 그렇게 되면 인류는 저출산 문제보다 더 심각한 문제에 새롭게 직면하게 될 것이다. 부모와 자식 간의 사랑과 끈끈한 유대감이 사라지면서 가족은 해체될 것이다. 인간에 대한 사랑과 신뢰를 기반으로 하는 사회조직과 질서도 와해될 것이다. 나아가 그러한 변화에 수반되는 가치관의 혼돈은 어느 한 민족만이 아니라 인류 전체를 소멸로 몰아가는 대재앙이 될 수도 있을 것이다.

인류가 그러한 재앙을 극복하기 위해서는 모체가 아닌 인공배양기에서 인간이 생산되는 것과 같은 엄청난 변혁을 수용할 수 있는 새로운 가치관을 정립해야 한다. 결코 쉬운 일이 아니다. 그러나 인류의 미래를 위해서 누군가가 반드시 해야 할 과제이다.

그처럼 지난한 과제를 수행하기에 가장 적합한 민족은 오랜 역사를 통해 수많은 시련을 극복하고 다양한 문화와 가치관을 소화하면서 선진국 대열에 우뚝 선 한민족일 것이다. 우리가 그 일을 해내면 한민족은 동방의 등불에 그치지 않고 인류 전체를 구제한 세계의 횃불이 될 것이다. 얼마나 영광스러운 일인가! 우리 후손들의 무한한 재능과 인류를 위한 대승적 분발에 기대를 걸어본다.

영안실 유감

　같은 기숙사에서 대학 생활을 하고 군복무도 함께 했던 친구의 부고를 받았다. 사람이 살아가면서 겪게 되는 가장 슬픈 일 중의 하나는 오래도록 정을 나누며 함께 살아온 분신 같은 친구를 저세상으로 먼저 보내는 일일 것이다. 그래서 나는 친구에 대한 문상만은 빠지지 않으려고 애를 쓴다. 고인에 대한 애도는 말할 것도 없지만 고인의 자손들에 대한 위로와 격려도 빼놓을 수 없는 중요한 일이라고 생각하기 때문이다.
　상가에 가서 고인의 작고를 애통해 하는 자손들의 모습을 보는 것은 감내하기 힘든 아픔이다. 내가 죽으면 내 자식들도 그런 슬픔을 겪을 것이다. 그들에 대한 나의 안타까운 마음을 온전히 전하기에는 나의 표현력이 턱없이 부족하다. 그래도 진심을 다해 그들을 격려하며 장래의 건강과 행복을 빌어준다. 그러한 과정을 거치고 나서야 나는 아픈 마음을 다독이며 영안실 문을 나선다.
　그러나 모든 문상이 다 그렇게 경건한 분위기 속에서 이루어지는 것은 아니다. 부고를 받고 보면 때로는 문상도 가기 전에 불쾌한 생각이 드는 경우도 있다. 고인에 대한 애도보다는 부의금에 더 관심이 많은 것 같은 부고를 받았을 때가 그렇다. 노골적으로 상주에 대한 성의 표시는 어디로 해달라고 금융기관의 계좌번호를 명기하는 부고가 그런 것들이다. 그보다 더한 경우도 있다. 코로나를 핑계 대며 문상은 정중하게 사양한다면서도 돈을 보낼 은행계좌는 빼놓지 않고 고지한다. 조문객에게 국수 한 그릇 대접할 마음은 없으면서 부의금만은 챙기겠다는 심보가 엿보여 얄미운 생각이 든다. 그런 부고를 받고 보면 마치 세무서로부터 세금 독촉장을 받은 것 같은 느낌이 들어 불쾌하다. 그럴 때에는 아예 문상을 가고 싶은 마음이 없어진다.

그런 경우와는 달리 일단 문상을 가기는 했지만 그것이 후회가 되는 경우도 있다.

아들의 사업적 성공을 항상 자랑하던 어느 지인이 작고했을 때의 일이다. 그 아들의 사업터전인 서울 인근의 한 도시에서 빌딩 하나를 통째로 빌려 영안실을 마련했다. 오층 건물인데 일층부터 사층까지는 조화로 가득 차 있었다. 그것도 모자라 오층의 영안실도 조화에서 떼어낸 조의문이 적힌 천 조각들이 사방을 뒤덮고 있었다.

그 지인의 영안실만이 아니다. 대형 병원에 가 보면 영안실은 물론이요 접객실과 복도 끝까지 조화와 조의문이 적힌 천 조각들로 가득 찬 경우를 흔히 본다. 그런 상가의 영안실 안에 들어가 보면 고인의 영정을 중심으로 좌우에는 사회적으로 잘 알려진 인사가 보내온 조화가 나열되어 있다. 나열의 순서는 권력자를 앞세우는 경우도 있고 재력가를 앞세우는 경우도 있다. 조화에 기록된 명망가들의 이름이나 조화의 나열 순서를 보면 고인이나 그 후손들의 인간관계나 추구해 온 삶의 목표가 짐작된다.

나는 그런 영안실에 들어서면 왠지 모를 위화감이 느껴져 문상 온 것을 후회하게 된다. 그렇게 할 능력이 없는 나의 처지에서 오는 열

등의식의 발로는 아니다. 고인의 죽음을 호기로 삼아 자신의 세를 과시하는 유족들의 천박함이 불쾌해서다.

사실 상가에 오는 조화나 조문객의 수는 고인의 인격이나 생전에 이룩한 업적이 아니라 고인의 자식들이 가진 능력과 인간관계의 반영인 경우가 많다. 자식들이 출세를 하고 많은 사람들과의 이해관계가 형성되면 고인의 사회적 역할이나 위치와는 무관하게 조화와 조문객의 수가 늘어난다. 그런 조문객들 중에는 고인에 대한 조문보다는 그 자식들의 눈도장을 찍기 위해 오는 사람들이 더 많다. 정승의 눈도장을 찍기 위해 정승댁 개의 문상을 오는 조문객들과 별반 다르지 않다는 이야기다. 그런 조문객들에게는 고인의 죽음은 관심의 대상이 아니다. 그것을 뻔히 알면서도 고인의 장례식을 자신들의 세를 과시하는 기회로 활용하는 자식들의 저의가 불손하게 느껴진다. 그런 저의를 깔고 있는 장례식은 자식들에게는 부의금도 모으고 자신들의 이름을 알리는 기회가 될 수는 있을 것이다. 그러나 그처럼 천박한 생각을 가진 자식들이라면 조문객들까지 그들의 천박성에 장단을 맞출 이유는 없지 싶다.

외견상 그처럼 으리으리한 영안실 바로 옆에는 조화는 한두 개밖에 없고 조문객도 없는 초라한 상가도 있다. 상주가 옆집 상가의 사정까지 신경을 써야 할 의무가 있는 것은 아니다. 그러나 본인들의 생각과는 무관하지만 자기들 때문에 위축되는 옆집 상주들의 마음도 조금은 헤아렸으면 좋겠다는 생각이 들 때가 있다. 이웃 사람들은 죽을 먹는데 자기들만 진수성찬을 즐길 때에는 죽 먹는 사람들의 마음도 조금은 헤아리는 것이 사람 된 도리일 것이기 때문이다.

아무리 화려하고 값비싼 조화라도 그 생명은 사오일에 불과하다.

그다음에는 쓰레기 처리장으로 보내져 청소업자들을 힘들게 한다. 얼마나 무의미한 낭비인가! 내가 그런 말을 하면 사람들은 나를 보고 옹졸하다고 한다. 조화도 많이 팔려야 꽃 장사들도 먹고살 것이고 폐기물도 쏟아져 나와야 청소업자들도 일을 할 것이 아니냐는 이야기다. 언뜻 듣기에는 일리가 있는 말이다. 그러나 화훼업자들이나 청소업자들의 주업이 영안실에 조화나 팔고 그것을 청소하는 일이 되어서는 안 될 것이다. 좀 더 생산적이고 건설적인 일거리를 찾아야 하지 않을까 싶다.

우리네 장례식이 언제부터 고인이나 그 자식들이 세를 과시하는 기회가 되고 부의금을 모으는 수단으로 전락했는지는 알 수 없다. 그 과정이야 어떻든 세계 어디를 보아도 그런 식의 장례식이 보편화된 나라는 우리뿐인 것 같다. 이제 우리나라도 선진국 대열에 진입했으니 장례식도 선진국답게 원래의 취지를 살리는 경건한 행사로 바로잡혔으면 하는 생각이 든다.

세금 독촉장과도 같은 부고장은 보내지 말았으면 좋겠다. 장례식을 세 과시의 장으로 이용하려는 천박한 생각도 버렸으면 한다. 가능하면 부고는 고인의 작고를 알리는 통지문으로 끝내고 부의금이나 조문 등은 정중하게 사양하는 겸손함을 보였으면 한다. 그리고 가족들만 모여 고인의 작고를 진심으로 애도하며 명복을 비는 장례식 본래의 경건한 모습을 되찾았으면 좋겠다.

오랜 세월을 두고 관행으로 굳어진 폐습을 하루아침에 고치는 것은 쉽지 않을 것이다. 그동안 주변 지인들의 관혼상제를 위해 적지 않은 돈을 써온 사람들의 입장에서 보면 그 돈을 회수할 기회를 포기할 수는 없을 것이기 때문이다. 그러나 변화는 언제나 기득권의 포기를 전제로 한다. 그리고 기득권의 포기는 그것을 가진 사람들이 앞장서서 실천할 때에만 가능해진다. 그런 점을 감안하여 우리도 사회발전을 선도해야 할 책임이 있는 지식인들과 사회의 지도층 인사들부터 우리 장례식의 병폐를 바로잡는 일에 앞장서야 하지 않을까 싶다.

슈퍼맨도 만드는 과학기술

오늘날의 과학기술은 평범한 사람을 슈퍼맨(Superman, 超人)으로 만들 수도 있다고 한다. 테슬라(Tesla Motors)의 최고경영자 일론 머스크(Elon Musk, 1971~)가 설립한 스타트업체인 뉴럴링크(Neuralink)의 연구진은 생각을 말로 표현하거나 글로 쓰지 않고도 서로 소통할 수 있는 시스템을 개발하기 위해 많은 연구를 해왔다. 그들은 자신들이 개발한 초소형 인공지능 칩(AI Chip)을 동물의 대뇌피질에 이식하여 그 칩과 대뇌의 신경을 연결한 후 그 칩을 다시 컴퓨터와 같은 외부의 기기와 무선으로 연결하는 기술을 개발했다.

그 기술을 인간에게 적용하면 동물의 경우와 마찬가지로 인간이 갖는 대뇌의 정보를 무선으로 컴퓨터에 내려받고 또 컴퓨터를 통해 외부의 정보를 대뇌에 전달할 수도 있게 될 것이다. 또 대뇌와 연결된 그 컴퓨터를 인터넷에 연결하면 인간의 뇌는 인터넷에 연결되어 있는 모든 컴퓨터에 저장된 정보를 일거에 취합할 수도 있게 된다. 그렇게 된 인간은 보통 사람으로서는 상상할 수도 없는 엄청난 양의 정보를 가진 소위 슈퍼맨으로 변모하게 될 것이다. 그 슈퍼맨은 돌연변이 등에 의해 태어난 것이 아니고 현대의 과학기술에 의해 인위적으로 만들어진 슈퍼맨이다. 즉, 현대의 과학기술은 지극히 평범한 사람을 슈퍼맨으로 만들 수도 있다는 이야기다.

실제로 뉴럴링커의 연구진은 자신들이 개발한 그 기술을 인간에게도 적용하기 위해 많은 노력을 기울여 왔다. 예컨대 인간과 같은 영장류인 원숭이의 뇌에 칩을 삽입하여 그 원숭이가 생각만으로 컴퓨터상에서 게임을 하는 영상을 공개하기도 했다. 그러던 중 2023년 5월에는 미국의 FDA로부터 그 기술을 인간에게 적용하는 임상시험을 해도 좋다는 승인을 받았다.

FDA의 승인에 고무된 머스크는 희망적인 전망을 내놓기도 했다. 즉, 그 기술이 완성되면 뇌의 기능에 영향을 미치는 정보나 자극을 외부로부터 뇌로 직접 보낼 수 있게 되기 때문에 기억력 감퇴, 청력 손상, 우울증, 불면증, 파킨슨병 및 알츠하이머병 등과 같은 뇌 질환의 치료에 많은 도움이 될 것이라고 예고했다.

그러한 예고는 과학자들로 하여금 인간의 뇌와 컴퓨터를 연결하는 기술을 하루라도 더 빨리 완성하기 위해 더욱 노력하게 만드는 자극제가 되었다. 그 결과 앞으로 그 기술이 완성되는 시기도 많이 앞당겨질 전망이다. 그래서 미래학자 레이 커즈와일(Ray Kurzweil, 1948~)은 2030년경에는 사람의 뇌를 클라우드(Cloud)에 연결하여 1초에 1만 개 이상의 데이터를 내려받는 일도 가능하게 될 것이라고 내다보았다.

그러한 예견이 적중하면 영화 매트릭스(Matrix)의 주인공인 네오(Keanu C. Reeves 분)가 무예에 대해서는 문외한임에도 불구하고 무예에 관한 데이터를 자신의 뇌에 입력함으로써 한순간에 이소룡(李小龍)을 능가하는 최고의 쿵푸 고수가 되는 것과 같은 공상 속의 일들이 현실 속에서도 가능하게 될 것이다. 지금부터 십 년을 전후해서 그런 일이 현실 속에서 일어날 것이라 하니 현대과학의 발달 속도에 경악하지 않을 수가 없다.

그러나 그 기술이 현실화되면 그에 수반되는 부작용도 만만치 않을 것으로 보인다.

우선 오늘날에도 사회적으로 문제가 되고 있는 해킹(Hacking)의 피해는 더욱 심해질 것이다. 즉, 인간의 뇌와 연결되어 있는 칩이나 컴퓨터가 해킹을 당하는 일이 비일비재하게 발생할 것이다. 해킹을 통해 한 인간의 뇌에 들어있는 모든 정보를 컴퓨터로 내려받아 분석하면 그 인간의 마음을 읽을 수 있다. 그러므로 해킹이 자주 발생하면 그 사회는 개인의 의식이나 사고와 같은 내면적 비밀이 보장되지 않는 불안한 세상이 될 것이다. 또 해킹에 의해 뇌가 물리적 손상을 입을 위험성도 배제할 수 없다.

다른 한편으로는 인간의 뇌에 어떤 자극이나 특정 정보를 주입함으로써 인간의 생각을 조종하는 일도 일어날 것이다. 예컨대 한 사람의 호전광(好戰狂)이 특정 정보나 상황을 입력하여 대중의 적개심과 공격성을 자극할 수도 있고 특정 이념을 신봉하는 독재자가 그 이념을 국민들에게 주입하여 국민의 의식을 조종할 수도 있을 것이다. 즉, 컴퓨터를 조종할 수 있는 권한을 가진 어느 특정 개인이나 집단에 의해 대중이 조종당하는 불행한 세상이 올 수도 있다는 이야기다.

대학에서 학생들을 모아놓고 교수가 지식을 전수하는 교육시스템도 변혁이 불가피해질 것이다. 교수와 같은 전문가들의 뇌에 들어있는 지식과 기술을 클라우드에 저장해 두면 학생들은 학교에 가지 않고도 자신의 뇌를 클라우드에 접속하여 필요한 지식을 내려받을 수 있게 될 것이다. 또 수학이나 어학 등 특수 지식이 필요한 사람들은 마트에 가서 그 지식이 담겨있는 데이터를 구입해서 그것을 자신의 뇌에 업로드하면 된다. 그렇게 되면 대학은 물론 교수도 무용지물이 되므로 현재의 교육시스템은 붕괴될 수밖에 없을 것이다.

극단적인 경우도 예상할 수 있다. 예컨대 최첨단 실험실에서 배양된 젊고 건강한 실험용 인간의 몸에 자아가 들어있는 칩을 이식하여 또 하나의 자아를 만드는 일도 가능해질 것이다. 그렇게 되면 그 방법을 이용하여 여러 명의 자아를 동시에 만들 수도 있고 그러한 작업을 시차를 두고 반복함으로써 자아의 영생을 실현할 수도 있을 것이다. 그러한 변혁은 생사에 대한 인류의 철학이나 삶에 대한 가치관에 큰 혼란을 초래할 것이다.

인간의 뇌에 인공지능 칩을 이식하고 그것을 컴퓨터에 연결하는 것과 같은 최첨단 기술을 이용하려면 막대한 비용을 지불해야 할 것이다. 그러므로 그 비용을 감당할 수 있는 부유층 사람들은 슈퍼맨이 되어 사회적 지배계층이 되고 그럴 재력이 없는 사람은 평범한 자연인으로 남아 슈퍼맨의 지배를 받아야 할 것이다. 그러한 계층화는 사회구성원 상호 간에 온갖 알력과 갈등을 유발하여 세상을 사람이 살기 어려운 디스토피아(Dystopia)로 만들 것이다.

그런 유형의 여러 부작용들을 고려하면 최첨단 과학기술이라 하여 무조건 반길 일도 아니라는 생각이 든다. 우리의 후손들과 인류의 먼 장래를 위해 때로는 적절한 제동도 필요할 것 같다. 그러나 새로운 과학기술의 등장을 바라는 대중의 욕구와 혁신적인 연구에 목을 매는 과학자들의 호기심을 제어하는 것은 쉬운 일이 아니다. 그러므로 과학기술이 초래하는 부작용을 다소라도 줄이기 위해 우리가 선택할 수 있는 최후의 수단은 법적 규제다. 넘어서는 안 될 연구의 한계를 법적 차원에서 설정하는 것이다.

그 한계는 인간의 의식과 인공지능을 결합시키려는 연구의 함의를 염두에 두면서도 과학기술의 진보와 인류의 보전이라는 양대 과제를 균형 있게 담보하는 선에서 설정되어야 할 것이다. 그리고 그 한계를 벗어나는 연구는 법으로 단호하게 규제해야 한다. 그러나 가장 중요한 것은 규제의 대상이 되는 연구는 스스로 삼가 하는 과학자들의 양식이다. 그러한 양식은 인류의 미래를 위해서는 물론 과학자 자신들의 장래를 위해서도 꼭 필요한 핵심적 가치다.

인간 뇌의 기능을 조작하는 것과 같은 첨단적 연구에 대한 법적 규제를 일탈한 과학자들은 뒷날 인간의 주체성과 개성을 소멸시켜 현생인류를 종말로 몰아간 죄인이라는 지탄을 피할 수 없게 될 것이기 때문이다.

권영재

대구 출생, 가톨릭의대 및 동 대학원 졸업
대구정신병원장, 적십자대구병원장, 서대구노인병원장
대구사이버 대학교수, 가톨릭의대 외래교수
대구경북 신경정신과 학회장을 역임
저서 「정신건강클리닉」, 「거리에 선 청진기」,
「어느 따뜻한 봄날의 추억」, 「소소한 행복」,
「아름다운 사람들」, 「내 고향 대구」, 「지랄 육갑 떨지마」 등

나가사키는 오늘도 비가 내렸네

원자탄 패트맨(뚱뚱이)을 실은 미국 폭격기 B-29 '복스카'가 고쿠라(小倉) 상공을 선회하고 있었다. 기장 '척 스위니' 소령은 매우 초조하다. 30분 이상을 떠다녀도 구름 가득 덮인 도시 위에서 원자탄 낙하할 장소를 찾지 못했기 때문이다. 시간을 더 끌다가는 일본 전투기들이 올라올 수가 있고 티니안 기지로 되돌아갈 연료도 모자랄 수가 있다. 때맞춰 사령부에서 제3의 목표로 가라는 지시가 왔다. 복스카는 20분 뒤 나가사키(長崎) 상공에 도달했다. 그곳도 구름 때문에 아래가 보이지 않았다. 몇 번 선회한 뒤 마지막 한 번 더 돈 순간 둥글게 구름이 없는 곳이 보였다. 스위니는 기지로 "판사님 출근하십니다"라는 폭탄 투하의 암호 무전을 보낸 직후 패트맨을 그 둥근 공간으로 투하했다. 1945년 8월 9일 11시 2분이다. 형무소, 의과대학 그리고 우라카미(浦上) 성당이 모여있는 상공에서 원자탄이 터졌다. 인구 24만이었던 도시는 7만3천884명을 한꺼번에 잃게 된다. 복스카는 교범대로 폭탄 투하 후 60도 각도로 급회전 상승한 뒤 기지로 돌아갔다. 이미 8월 6일 미국은 B-29 '에노라 게이'로 히로시마에 원자탄 리틀보이(소년)를 투하하여 14만의 사람들을 희생시켰다. 일본은 아무 반응이 없었다. 종전이 성급해진 미군은 확인 사살을 위한 두 번째의 원자탄을 이곳에 내리꽂은 것이다. 8월 14일 일본은 드디어 항복했다.

피폭자들은 주로 경상도 출신이었다. 종전 후 대부분 귀국하였고 가족이 없는 사람들은 합천에 모여 공동생활을 한다. 나가사키현의 적십자사는 해마다 대구와 합천을 방문하여 피폭자 실태를 조사하고 환자들 상태를 파악하고 간다. 대구적십자 병원과 합천 요양원 근무자 그리고 서울 소재 대학병원 내과 의사들을 나가사키로 초청해 교육도 하고 재일 한국 피폭자들의 실태를 파악하게 해준다. 내가 적십자 대구병원에 원장이 되었을 때도 이런 행사가 계속 진행되고 있었다.

　일본 적십자 관계자들이 떠나기 전날 저녁 그동안 고생하고 고마웠다고 내가 그들을 식사 초대를 했다. 적십자 나가사키 병원 부원장 모리, 의과대학 오쯔루 내과 교수, 야나기 미쯔코 정신과 여자 교수, 현청 담당관 쿠사바, 그리고 병원 간호과장 마유미 등이었다. 그들은 몇 년 동안 왔어도 이런 대접은 처음이라고 하며 놀란다. 성의는 고맙지만 규정을 어기는 것이라고 한사코 손사래를 치며 모임을 거절하였다. 일본은 풍습은 계급 높은 사람이 지시하면 무조건 따른다. 비록 그들의 상사는 아니지만 나의 직함을 존중해 결국 자체 규정을 어기고 초청에 응해 주었다.

　회식 자리에서 내가 쓴 책 두 권씩을 선물했다. 장편 소설 '녹슨 철모(鐵帽)'와 논픽션 '아름다운 사람들'이다. 식사 후 노래방까지 갔다. 그들은 또 놀란다. 오야붕(親分)인 원장이 꼬붕(子分)들을 불러 밥 먹고 노래까지 부르는 것은 파격적인 행동이기 때문이다. 모리 부원장은 '노란 샤스 입은 사람', 미쯔코 교수는 '해도 하나 달도 하나'를 우리말로 불렀다. 나도 답례로 '나가사키는 오늘도 비가 내렸네'를 일본어로 불렀다. 원장의 이런 일탈적인 행동에 그들이 감동했는지 본국에 돌아가서 양쪽 적십자병원이 자매결연을 하자는 제의를 해왔다. 현청의 쿠사바가 작업을 진행해 드디어 나가사키에서 조인식을 하게 되었다.
 조인식은 나가사키 의사회관 강당에서 거행되었다. 강당에 딸린 작은 방에서 그쪽 병원의 신도 원장과 나는 자매결연 협약서에 서명했다. 매스컴에서 외국인과 문서에 사인하고 서로 주고받는 모습만 보다가 막상 주인공이 되고 보니 정신이 없었다. 기자들이 들락거리니까 더 흥분이 된다. 조인식이 끝나고 옆방으로 자리를 옮기자고 했다. 관계자 몇이 다과회나 하는 줄 알았다. 막상 문을 열고 보니 그곳은 커다란 강당이었고 수백 명이 모여 있었다. 사회자의 권유로 내가 먼저 축사를 했다. 계속해서 나가사키 병원장의 답사, 시장과 시의사 회장, 원폭연구소 소장 등등의 축사가 이어졌다. 연설이 끝나자 강당에 모인 모든 사람들이 큰소리로 만세 삼창을 하면서 의식은 끝이 났다.

 다음 날부터 현장 견학과 이론 강의와 실습이 시작되었다. 원자탄이 형무소의 약 500m 상공에서 폭발할 때 죄수 134명 전원이 즉사했다. 그 폭심에 평화공원이 있었는데 공원에는 커다란 청동으로 만든 남자 기념상이 앉아 있었다. 오른팔은 옆으로 벌리고 있었는데 원자탄의 위험을 상징하고 왼팔은 하늘로 뻗어 평화를 기원하는 상징이라고 했다. 공원 바로 아래에 기념관에는 실물 크기도 만든 국방 색칠한 모형 원자탄 패트맨이 걸려 있다. 보기만 해도 몸이 오그라든다. 벽에는 11시 2분에 멈춘 시계들이 걸려 있었고 온갖 참상을 다룬 사진이 빽빽하게 전시되어 있었다. 모두가 잊지 못할 사진들이었지만 그중에서도 불에 데어 온몸의 피부가 홀랑 벗겨진 사람. 죽은 동생을 업고 화장 순서를 기다리는 8세쯤 되는 고아 소년, 수업 받다가 죽은 의대생들이 검은 그림처럼 나란히 땅바닥에 눌어붙어 있는 모습 등은 아직도 뇌리를 떠나지 않는다. 폭심 부근에 있던 무라카미 성당도 홀랑 날아가 버렸는데 기적적으로 쭈그러진 종과 기둥 몇 개가 부서지지 않고 남아 그곳에 보관하고 있었다. 지하에서 지상으로 올라오는 벽면에는 수많은 작은 분수들이 솟아오르고 있다. 화상으로 죽어가며 물을 달라고 외치던 원혼들에게 지금이라도 원 없이 많이 마시라고 물을 주며 달래는 위령 분수들이다. 한국말 잘하는 정신과의 야나기 미쯔코 여자 부교수가 밀착 안내를 해주었다. 그녀는 작년에 대구서는 한국말을 하지 않았는데 지금은 유창하게 한다. 덧니가 없고 얼굴도 예쁘게 생겨 일본 여자 같지 않다. 국적을 묻고 싶었지만 참는다.

공식 일과가 끝난 첫날 야나기 미쯔코 교수가 특별 서비스를 한다며 그녀의 승용차로 이나사(稻佐) 산으로 데리고 갔다. 169m로 별로 높지 않은 산이나 시내의 중심지는 대개 다 보인다. 산으로 둘러싸인 도시가 온통 산호, 호박, 금강석, 마노, 오팔 등의 보석 더미 속에 던져진 것 같다. 좌우 산동네 전부가 반짝인다. 도시의 한가운데 바다가 끼어있으니까 그림은 더 운치가 있다. 전망대에서 그녀가 팔을 나의 팔에 가볍게 끼었다. 모르는 척 그녀의 허리를 가볍게 손으로 감았다.

"일본에는 삼대 유명 야경지(夜景地)가 있다지요?" 미소를 자주 띠는 그녀의 표정이 낮과는 전혀 다른 분위기다.

"여기 나가사키와 효고의 코오베 그리고 홋카이도의 하코다테라고 흔히들 말하지요. 사람에 따라 나가사키 대신에 오사카를 넣기도 한답니다."라고 설명한다.

"저기가 테지마 와프 같은데요?" 항구 옆에 있는 작은 유흥가를 가르치며 물었다.

"아이고 선생님은 역시 머리가 좋으셔. 객지의 밤 풍경인데도 어떻게 잘 아실까?" 이런 식의 일본 예의가 싫다. 지능이 80만 되어도 알 수 있는 일을 이렇게 칭찬한다. 식당에 가서 더듬거리며 일본어를 하면 "역시 의사 선생이라 머리가 좋은가 봐. 어쩜 일본말을 그렇게 잘하세요."라고 낯간지러운 칭찬을 한다. 소위 말하는 그 다테마에(建前, 입으로 하는 인사)가 너무 싫다.

"미쯔코 선생. 새로운 학설 하나 발표해도 돼요?"

"기대돼요. 어서 말해보셔요."하며 빤히 쳐다보는 밤 여자의 얼굴이 육감적이다.

"저기 보이는 불빛들이 크고 작은 차이 외는 전부 똑같이 둥글고 반짝거립니다. 그러나 가까이서 보면 그것들은 둥근 것은 거의 없고 대게가 거리의 길쭉한 가로등, 옆으로 길거나 네모난 간판, 글씨 쓰인 네온사인과 기업체의 사무실과 가정집 창문 불빛 등 모두가 모양과 크기가 각가지로 다른 발광체입니다. 이런 각개 다른 불빛들이 우리 눈에 멀어지면 어느 순간 모두가 둥글게 보이게 됩니다. 그리고 그 거리가 되면 신기하게도 그것들은 반짝이게 됩니다. 인간의 눈이란 이런 거예요. 같은 모양을 가까이서 보는 것과 먼 곳을 보는 것이 다르게 느껴진단 말입니다. 신기하지 않으세요?"

"나루호도네(역시네요)." 일본 말을 한다. 놀란 모양이다. 빗방울도 운성도 공 모양이다. 물건이 변하지 않는데 우리 머리는 '둥근 것이야말로 안정된 모양이다'로 입력이 되어있다. 변별이 어려운 곳의 발광체는 둥글게 느끼고 반짝거리는 것으로 착시를 일으키는 원리가 바로 이런 뇌의 안정 추구 버릇의 탓이다. 엉터리 이론을 흥미 있는 체 경청하고 있는 그녀의 동공에 나가사키의 밤 보석빛이 어른거리고 있어 가벼운 성욕을 느낀다.

"인간끼리의 감정과 사고도 이런 거 아닐까요? 상대를 그냥 바라보는 것과 몸을 접촉하는 것과의 차이."라고 미쯔코가 말한다. 그녀의 이해력이 돋보인다. 그녀가 내 손을 더 세게 잡으며 그렇게 말했다. 혼네(本音, 참 마음)라는 뜻이겠지.
"바다 건너 바로 보이는 저 산은 무슨 산이에요?"
"아, '가자가시라' 산이라고 합니다. 한국말로 풍두산(風頭山)." '산이라고 합니다'라든지 일본어로 명사를 말해 놓고 한국어로 반복 설명하는 태도, 이런 식의 일본 말투도 싫다. 미쯔코는 어쩌면 한국인인지도 모른다. 일본식 한국 말하는 사람과 한국식 한국 말하는 사람이 같은 생각을 할 수 있을까? 하는 걱정을 해본다.
"저 동네 가고 싶어요. 지금."
"갑자기 왜 그러세요?"
"저렇게 보석이 반짝이는 곳에 가서 보석을 한 움큼 쥐고 싶어요."
"스바라시네(좋아요.)." 급할 때는 일본 말로 한다.
이나사 산 카페에서 갑자기 가자가시라로 가게 되었지만 그녀가 소녀처럼 좋아해서 커피보다 더 향기 나는 데이트가 된다. 가자가시라 산으로 올라갔다. 산꼭대기에는 호텔이 있었다. 차를 주차하고 동네를 돌아다녔지만 보석은 없었다. 골목으로 들어가 보석을 찾기 시작했다. 산동네 전형적인 빈민촌이었다. 구차한 민가의 창문 불빛이 희미했고 구불구불한 골목에 가로등만 환하게 켜져 있었다. 어떤 골목에 들어서니 거칠고 큰 여자 목소리가 들린다. 경찰관들과 이야기를 하고 있다. 내용은 모르겠지만 무슨 사건이 생겨 그 과정을 설명하는 모양이었다. 그녀는 선녀는 아니었다. 여기가 무지개의 뿌리가 아닌 것을 실감이 간다. 땅은 그냥 평범한 흙이었고 어디에도 보석이 박혀있지 않았다. 그녀는 땅바닥에서 코를 박고 무엇을 하나 줍더니 손에 꼭 쥐여 주었다. 차 안에서 손을 펴보니 자그마한 돌이었다. 이나사 산 쪽을 보니 이제는 거기에 화려한 보석들이 빛나고 있었다.

"코리안 칼 부세 님 이쯤하고 그만 내려가요. 피곤해요" 미안한 마음에 저녁이나 먹고 헤어지자고 했다. 산을 내려와 신치추가가(新地中樺街,차이나 타운)에 있는 짬뽕집으로 갔다. 1899년 중국인 진평순이 그 요리를 개발한 식당 시카이로(四海樓)로 가고 싶었다. 그녀는 "그곳은 이름보다 맛이 별로예요."하며 고집을 부려 코잔루(江山樓)로 갔다. "이 집도 1946년에 문을 열었으니 역사가 만만치 않아요." 하며 식당으로 들어간다. 듬뿍 올린 숙주나물과 그 사이에 섞여 있는 돼지고기와 흰색에 분홍 테두리가 된 가마보코가 나가사키 짬뽕의 특징이다. 냄새 고소하고 야채 많아 맛있지만 우리 입에는 짜다. 미쯔코에게 요령을 배웠다. 볶음밥을 시켜 짬뽕과 같이 먹으니 서로 조화를 이루어 맛이 정말 환상적이다. 식사 후 배를 꺼지게 한다며 시내로 걸어갔다.

"나가사키에서 유명한 다리 두 개가 있는데 아세요?"

"메가바시(眼鏡橋)는 아는데."하며 걷는데 사람들이 붐벼 어깨가 부딪친다. 어느새 식당과 패션과 쇼핑 거리의 번화가가 나왔다. 이제는 늘 그랬기나 한 것처럼 자연스러운 자세로 팔짱을 꼈다. 자그마한 다리 위에 섰다. 思案橋(사안교)라고 다리 이름이 기둥에 새겨져 있다.

"이 다리가 유명한 두 번째 다리예요. 선생님 여자 필요하세요?" 라고 뜻 모를 말을 하며 그녀가 크게 웃었다.

"무슨 소리요. 당신은 남자야?"라고 짜증 어린 소리를 했다.

"옛날에는 이 다리 너머는 유곽과 요정의 거리였어요. 오입장이들이 이 다리에 서서 한참 고민했대요. 여자를 사야 하나 아니면 참고 그냥 집에 가냐고 말이죠. 호호호 그래서 생각하는 다리 즉 사안교라는 이름을 얻었대요." 그녀가 찾아간 곳은 花月(카케츠)이라는 간판이 걸려 있는 긴 이층집이었다. 현재도 영업을 하고 있었다. 집

짓 그녀는 머뭇거리는 나를 잡아끌고 그 집으로 들어갔다. 마침 종업원은 나오지 않아 그 틈에 그곳을 급히 떠나왔다.

"우리 저거 타고 가요." 하면서 그녀는 전차로 올라갔다. 100엔 균일이다. 버스는 거리에 따라 요금이 다르면서 전차는 균일이다. 밤 전차에서 농익은 여인과 흔들리는 나무 의자에 살을 데고 앉아 있으니 살짝 기대고 있는 미쯔코를 꽉 안고 싶다. 로마의 휴일의 그레고리 펙이 된 기분이다. 오드리 헵번을 데리고 호텔에 갈 생각을 해본다. 눈치챘는지 호텔 앞에서 그녀는 "오늘 당신 덕에 즐거웠어요. 내일은 재미있는 곳으로 안내할게요. 오야스미나사이."하고 도망치듯 가버렸다.

금요일 각자 전공 분야의 연수 시간이다. 미쯔코 교수는 그녀가 근무하는 나가사키 의과대학 정신과로 나를 데리고 갔다. 주임교수와 인사를 나누고 전공의들을 만나 봤다. 그 후 병실을 건성으로 둘러본 뒤 공식 일과를 끝냈다. 전공 연수의 날이 아니고 데이트의 날이 된다. 미나미야마테쵸(南山手町)에 있는 구로바 엔(Glover園)으로 간다고 한다. 공원 가는 골목길에 기모노를 입은 여자가 조각되어 있는 길고 큰 동판이 보였다. 몰락한 사무라이 딸 15세 게이샤(기생) 초초(나비)가 점령군 미 해군 대위 핑거튼에게 속아 사기 결혼을 한다. 미국으로 전출 간 그를 기다리며 노래를 부른다.

'어느 개인 날/ 우리는 볼 수 있을 거야./ 수평선 저 멀리/ 피어오르는 연기 한 가닥을/ 그리고 흰 배가 나타날 거야.'

— 어떤 개인 날

푸치니 오페라 나비부인의 단골 여주인공. 미우라 다마키(三浦環)

가 동판에 새겨져 있다. 해외를 다니며 2,000여 회나 프리마돈나 역할을 하며 불렀던 프리 마돈나. 나라는 미국에게 원자탄 맞아 망하고 소녀 기생은 미군의 양갈보가 되어 죽는다.

"흠 미쯔코 교수보다 더 아름다운 여자군."이라고 어설픈 농담을 했다.

"아니 선생 눈에는 그렇게 밖에 안 보여요. 결과만 보지 마세요. 과정도 보고 속도 보고 좀 고루고루 봐주세요." 눈을 살짝 흘기며 노려본다. 일본의 개항 시절 영국의 무기상 글로버, 그린거, 구오르트 등을 포함하여 거부들의 가옥 8채를 시청이 사서 동산에 옮겨 서양식 공원으로 만들었다. 집들은 서양 영화나 다큐멘터리에서 자주 보던 것이어서 눈에 익었다. 방에서 정원을 내다보니 기화요초(琪花瑤草)로 꾸며놓은 정원은 꿈속의 풍경이다. 정원에 앉아서 보는 바다에는 항구를 드나드는 작고 큰 배들이 눈높이에서 미끄러지듯 오간다. 향기로운 바람은 뺨을 간지르고 입으로는 달콤한 라므네 한 모금씩 마시며 벤취에 앉아 있다. 미쯔코의 표정이 진지해진다.

"선생님과 몇 시간 다니다 보니 좋아지기 시작했어요. 바람피고 싶어요." 하며 큭큭 웃는다. 여자들의 말은 우리나라에서도 해석을 잘못하는 나이기에 더구나 일본 여자 말은 전혀 감을 잡을 수가 없다.

"작년 대구에 갔을 때 당신은 눈매가 날카롭고 말속에 칼이 들어 있어 호감이 가지 않았어요. 하지만 존경하는 마음은 들었지요. 격주 일요일 외국인 무료 진료를 하고 미전향장기수(사형선고 받은 간첩)들과 친구가 되어있었고 윤락녀, 노숙인, 문제 청소년들을 위한 진료와 상담소 등을 운영하고 있더군요. 적십자병원이어서가 아니고 당신의 인생관이 담긴 병원을 운영하고 있었어요. 일본에서도 적십자병원은 영리 추구하는 병원으로 전락한 지 오래되었어요. 근데 일본서 당신과 가까이 지내면서 보니 또 다른 면이 보이네요."

"그쯤 합시다. 이제 당신의 이야기를 듣고 싶어요." 벼르고 있던 화제로 말머리를 돌렸다.

"난 자이니치(在日교포)예요. 한국 이름은 최애자. 야나기 미쯔코는 결혼 후 받은 성이지요. 시댁은 일찍 귀화한 조선인. 할아버지가 나가사키 앞바다에 있는 하시마(端島, 군함도)로 징용을 온 게 우리 가족의 이곳과의 인연의 시작입니다. 아버지는 가미가제(神風) 특공대에 자원입대해서 이부스키(指宿)에서 훈련 중이었고 삼촌은 남양군도 팔라우에서 사병으로 입대해 싸우고 있었지요. 두 형제가 죽기 전에 종전이 되었습니다. 원자폭탄이 터질 때 할아버지는 지하갱도에 있어 살았고 아버지는 훈련소에 있어 살았습니다."

"할머니는?"

"대학병원 청소부로 일하다 원자탄에 흔적 없이 사라졌어요."

"고생 많이 하고 살았겠군요."

"아니 별 고생하지 않았어요. 아버지는 야쿠자 생활을 하며 파친코 가게를 열었어요. 돈 있고 힘 있으니까 아무도 우리 가족에게 이지메(왕따) 하려는 사람은 없었어요. 조총련이 세운 학교에 다녔어요. 북조선은 우리 같은 노동자, 농민의 나라라고 그쪽으로 갔지요. 치마저고리 입고 다니느라 주위 시선에 마음고생 많이 했죠. 학교에서 가족을 부르면 아버지가 왔는데 팔뚝에 문신을 하고 나타났으니 부끄러워 죽을 뻔했어요. 운전하고 온 꼬붕들은 최경례(90도 경례)를 하니 친구들은 그걸 흉내 내며 나를 놀렸지요."

"삼촌은 북조선에 살아요."

"그건 또 왜?"

"삼촌은 형과 같이 야마구치파 나가사키 지부에 속해 있던 중 사람을 칼로 찔러 죽였어요. 그때 마침 자이니치 북송이 한참이었죠.

일본은 골치 아픈 센징을 청소해 좋고 북조선은 체제 선전용으로 이들을 이용하였지요. 누이 좋고 매부 좋고 해서 이 사업이 한동안 진행되었어요. 우리 총련 소속 애들은 자주 니가타 항구에 동원돼 공화국 가는 만경봉호에 손을 흔들어대었지요. 삼촌은 이 배를 타고 합법적 도주를 한 거죠. 선생님 이제 그만해요."

"아니 더 듣고 싶소. 나도 할 말이 있으니 계속하쇼."

"우리 가족은 조선인으로 사느냐 일본인이 되느냐 꽤 오랫동안 고민을 했지요. 우리 고향이 대구 경산인데 그곳에는 아무도 살지 않아요. 짐승처럼 머슴살이하다 온 할아버지는 고아였거든요. 만약에 경산에 우리 피붙이가 산다면 결과는 달라졌을지도 모릅니다. 우리는 북조선을 고국으로 정했습니다. 총련계 학교 다닌 덕에 조선말을 잊지 않고 하게 된 겁니다. 남쪽이나 북쪽이나 소위 조국은 우리에게 아무런 도움을 주지 않았습니다.

원폭 때 그 많은 한국인들이 죽었지만 기념 공원에 가보세요. 남북 어느 쪽에서도 그 흔한 위령비 하나 세우지 않았어요. 보다 못한 일본인들이 위령비를 만들어 주었지요. 공화국이나 한국 어느 정부도 피폭자인 우리 자이니치에 관심 가져 주는 나라는 없었어요.

오사카의 시민운동가 이찌바(市場) 여사가 우리를 보고 바보라고 했지요. 왜 피해 보상을 옳게 받지 못하냐고요. 나는 진작에 귀화한 시댁을 따라 일본 국적을 취득했습니다. 남편도 우리 대학 외과에 근무하고 있어요. 북조선도 한국도 나와는 관계없는 곳입니다."

그녀를 안고 입술을 볼에 닿았다. 거부하지 않고 살며시 기대었다. 정원수에 앉아 있던 붉고 파란 털을 가진 새가 자지러지게 우지진다. 수학여행 온 학생들이 몰려오자 우리는 포옹을 풀었다. 새도 조용해졌다.

"일본서 같이 지내면서 당신의 본모습을 보았어요. 대구서 본 모습과 다른 면을 보았어요. 여자를 무시하는 태도. 남들에게 쌀쌀맞게 구는 모습. 틀리지 않으려고 애를 쓰고 지지 않으려고 안간힘 쓰는 행동 이것들은 다 그림자였어요. 당신은 여자에게 사랑받고 싶어 하고 남들을 안아주려는 게 본마음입니다. 그러나 당신은 그 본마음을 감추고 어렵게 살고 있어요. 내가 그것을 알게 되니 당신을 안아주고 싶어진 거예요.

게다가 아버지와 같은 대구 말을 하니 더욱 호감이 가요. 성격도 닮았고. 당신 그거 생각나요? 일본 온 첫날 함께 길을 걷는데 나에게 어떤 꽃을 가리키며 이름을 물었지요. 대답을 못 하자 당신이 무슨 말 했는지 기억 나세요? '교수가 그것도 몰라요?'라고 했어요. 얼마나 무안했는지 몰라요. 어쩜 우리 오야지와 그렇게나 닮았는지 호호호." 그녀가 파란 하늘을 올려보고 눈을 볼 수가 없었다.

"그럼 이제부터 난 당신의 애인이 되나요?"라고 웃으며 말했다. 그녀가 화들짝 놀란다. 잠시 후 다시 평정심이 된 후 말했다.

"일본서 애인(愛人, 아이진)이란 말은 불륜의 대상을 말해요."

"그럼 사랑하는 사람은 뭐라고 불러요?"

"연인(戀人, 고이비또)이라고 부른답니다." 그녀가 화제를 돌렸다.

"선생님 기억나세요? 내가 대구서 불렀던 노래."

"남인수의 달도 하나 해도 하나를 불렀잖아? 속으로 빨갱인가라는 생각을 했어요."

"당신은 '나가사키는 오늘도 비가 내리네'를 불렀잖아요"

"구라바엔은 맑은 날은 맑은 데로 달콤한 곳이고 비 오면 또 그렇게 슬프면서 안온할 수가 없는 곳이에요. 비 오는 날이면 난 여기에 혼자 와서 노래를 많이 불렀어요." 마침내 눈물을 글썽이며 그녀가 어깨를 기대고 나지막하게 콧노래를 부른다.

"뺨에 흐르는 눈물은 비에 섞여/ 목숨도 사랑도 다 바쳤건만/ 마음이 마음이 심란해서/ 마시고 마셔 취해보아도/ 술에게는 원한이 없는 것을/ 아 나가사키는 오늘도 비가 내렸네."

"그 노랜 누구에게 배신당하고 부른 노래요? 애인? 아님 연인?" 괜한 심술이 나서 물었다.

"당신 날 그렇게 만만하게 보지 마세요. 내가 인물이 모자라요? 공부가 모자라요? 난 패배하지 않는 여자랍니다. 이렇게 만나니 오랜만에 푸근해요. 행복해요. 우리 내일도 만나요. 하우스 텐보스에서 청춘을 즐겨요."라며 눈을 맞추며 내 뺨을 쓰다듬었다.

토요일은 일행 모두가 종일 자유시간을 가졌다. 미쯔코는 나가사키현 사세보에 있는 하우스텐보스(숲속의 집)로 나를 데려갔다. 두 시간쯤 자가용을 몰아야 했다. 온 가족들이 즐길 수 있도록 만든 공원이었다. 바다의 크루즈 여행, 낚시, 카약 타기 등도 즐겁고 뮤지엄과 미술관도 품위 있는 볼거리다. 캐널 크루즈 배가 급커브를 돌자 갑자기 그녀가 휘청하며 물속을 기우뚱한다. 깜짝 놀라 그녀의 상체를 안았다. 그녀가 내 가슴에 파고들며 웃는다.

"하하하 당신은 내가 죽는 건 싫어하는군요" 하며 "당신의 사랑을 실험해 본 거예요." 한다. 작은 배를 내린 다음 온갖 색깔의 크고 작은 꽃으로 뒤덮인 작은 네덜란드 속으로 들어간다. 이제 튤립은 지고 장미가 눈부시게 동산을 덮기 시작하고 있다. 그녀 쪽으로 관심이 이동한 탓인지 경치 감상보다는 벤치에 앉아 아이스크림을 빨거나 둘이 이야기하는 것이 더 즐거웠다. 아침 일찍 오느라 벌써 배가 고프다. 그녀에게 기억에 남을 점심을 대접하고 싶었다. 공원 안에 호텔이 있길래 그녀의 손을 잡고 그쪽으로 걸음을 옮겼다. 호텔 로비에 들어서자 마음이 바뀌고 있었다. 카운터에 가서 빈방 있냐고 물었다. 조금 떨어진 곳에서 식당 예약을 기다리던 그녀가 다가

와 귀에 대고 조용하나 엄숙하게 속삭였다. "난 아직 그런 기분이 아니에요. 아직 준비되지 않았다니까."라고. 부끄럽고 화가 났다. 인근 레스토랑에서 시킨 스테이크도 먹지 못하고 앉아있다 나왔다. 무안당한 뒤 산책이고 구경이고 다 시들해져 시내로 일찍 돌아왔다. 시내로 들어와 그녀가 하얀 이를 들어내고 웃으며 말한다.

"당신 기분 좋지 않아요? 이럴 때 특효약이 있는데" 그녀는 애교 부릴 때는 당신. 평소 대화에는 선생. 기분이 좋지 않으면 원장이다. 당신이란 호칭에 미쯔코가 삐진 것이 아니라는 신호를 보내는 것으로 해석하고 그제야 안심이 되어 대꾸한다.

"혹시 뽕이라도 주려는 거요."

"바로 그거예요. 잘도 아시네. 우울할 땐 단 음식이지요."라면서 카스테라 가게로 안내했다. 상호가 福砂屋(후쿠사야)라고 되어 있었다. 자리에 앉자 심술이 덜 풀려 시비를 걸었다.

"나가사키 카스테라라면 세계적으로 분메이도(文明堂)인데 왜 이딴 이름 없는 집에 온 거요?"

"아이고 선생님도 모르시는 것이 있네, 호호호 후쿠사야는 1624년에 창립된 카스테라의 원조예요. 1681년에 쇼오켄(松翁軒)이 생겼구요. 분메이도는 1900년에야 문을 연 애송이예요. 그 치들이 유명한 건 맛이 아니라 선전술이 뛰어났기 때문입니다. 아시겠어요. 센세." 그녀는 말차와 카스테라를 먹으며 설명을 이어 나갔다. "일본에는 1,000년 넘는 기업이 7개, 200년 된 기업이 3,000개, 100년 된 기업이 5만 개 넘어요. 야마나시에 있는 여관 게온칸(慶雲館)을 52대에 걸쳐 1,300년째 운영하고 있습니다. 분메이도는 아직 유아인데 뭐 그렇게 맛이 있을까?" 보기 좋게 한 방 먹었다.

해단식을 마치고 호텔로 돌아왔다. 전화벨이 울린다. 직감으로 미쯔코란 걸 안다. 혹시 호텔 로비에 와 있는 걸까? 가슴 두근거리며 전화를 받았다.

"선생님 내일 마지막 날이잖아요. 아름다운 활화산 운젠산(雲仙岳)으로 데이트 가요. 내일 아침 올게요. 도착 전 전화합니다. 오야스미나사이."하고 전화가 급히 끝난다. 아침 그녀가 청바지에 보라색 티셔츠 차림으로 호텔로 왔다. 볼록한 가슴을 보니 교수가 아니라 물장수처럼 보인다. 시가지를 떠나니 속이 후련해진다. 운젠산 가다 넓은 바다가 내려도 보이는 곳에서 잠깐 쉬며 그녀는 색안경을 끼고 나의 팔짱을 끼고 함께 사진을 찍었다. 그녀의 입술에 키스하였다. 그녀도 혀로 반응해 주었다. 케이블카로 산정에 도착하니 1,485m의 산은 공기가 너무 맑아 산 전체가 다이아몬드처럼 빛나고 있었다. 나는 산새도 없고 그것들의 울음소리도 없다. 텅 빈 공간, 그 속에서 가득히 충만된 그 무엇이 느껴진다.

화구 주위를 도는데 발아래가 흔들거리는 느낌이다. 착각인가 생각했다. 더 크게 땅이 흔들렸다. 뒤이어 유황 냄새 잔뜩 품은 화산 연기가 자욱하게 피어오르고 자갈들이 튀어나왔다. 우리는 대피소로 뛰어들어갔다. 누가 먼저인지 모르게 서로를 부둥켜안고 있었다. 천둥 울리는 소리가 들렸다. 그녀가 가슴을 파고들었다. 머리칼에서 은은한 향기가 피어 나오고 있었다. 가슴이 가볍게 두근거렸다. 귀에 입을 갖다 대고 "곧 끝날 거야 걱정 마."라고 속삭였다. 화산 연기가 더욱 자욱해져 이제는 밖이 내다보이지 않았다. 큰 바위가 콘크리트 지붕에 쿵 하고 떨어지는 소리가 들렸다. 밖은 암흑이 되었다. 숨길이 가빠졌다. 그녀의 귓밥을 잘근잘근 씹었다. 입술은 귀를 떠나 그녀의 목으로 내려갔다. 혀는 목을 핥았다. 그녀가 밀착해 왔다. 붉은 용암은 보이지 않았으나 작고 큰 돌멩이들이 대피소 콘크리트 지붕을 우박처럼 때렸다. 심하게 떨어질 때는 저절로 몸이 오그라들었다. 서로는 힘차게 입술을 빨며 혀는 서로의 것을 감고 돌리고 있었다. 침이 줄줄 흘러내렸다. 미쯔코의 복숭아 같은 두 유방을 헤매이던 손이 어느새 아랫도리로 내려갔다. 흥건히 젖어 있었다. 미쯔코의 손도 바지 속에 들어와 꽉 쥔 채 앞뒤로 흔들고 있었다.

화산 폭발의 공포는 이미 증발해 버렸다. 진공 속에서 둘은 짐승처럼 으르렁거리며 서로를 공격하기 시작했다. 그녀의 손이 단단한 그곳을 꽉 움켜쥐고 비틀었다. 붉은 용암이 우리를 덮쳤으면 좋겠다는 생각이 들었다. 서로의 상하체가 거꾸로 맞대어 애욕을 표시하고 있었다. 그녀의 검은 화구에 고개를 파묻고 그 심연에 혀를 밀어 넣었다. 그녀도 가랑이에 입술을 들이대고 단단해진 그것을 물고 빨며 흔들어대고 있었다. 서로의 육체는 용암보다 더 센 폭발력을 보이고 내뿜기 시작했다. 서로가 지르는 합창 소리는 컸지만 화산 폭발 소리에 묻혀 들리지 않았다. 둘은 다시 얼굴을 마주 보는 자세로 바꾸었다. 한쪽은 밀어 넣고 상대는 벌려 받아들여 때로는 부드럽게 때로는 굳고 힘차게 서로에 충돌하고 있었다. 짐승처럼 신음하며 뒹굴고 있었다.

한 번의 화산 폭발을 끝냈다. 성이 차지 않는다. 그것은 전희에 지나지 않았다. 애정의 표시가 또다시 시작되었다. 격렬했던 몸짓이 이번에는 부드러운 행위로 변한다. 처음 결합을 하는 것처럼 수줍은 듯 서로를 부드럽게 정성스럽게 애무한 뒤 입술을 서로 물었다. 그녀의 혀가 입속에서 상어처럼 힘차게 헤엄치고 있었고 다리는 하체를 센 힘으로 감고 좌우로 흔들고 있었다. 많은 양의 물로 가득 채워져 있는 깊은 연못에 빠져 나는 빠르고 힘차게 접영을 반복하고 있었다. 아래위로 많은 양의 침과 애액이 흘러넘치며 질퍽거리는 긴 시간의 교접이었다. 감정과 사고가 육체라는 통로에 의해 깊은 교감을 나누는 시간이었다. 둘은 같은 방향으로 가기 위해 성심성의껏 그리고 힘차게 육체의 전 부분을 밀착하고 꿈틀대며 용처럼 날뛰었다.

강과 약 여러 번의 파동이 끝나고 둘은 지쳐 누워있었다. 밖이 밝아져 있었다. 화산 폭발이 잦아든 모양이었다. 화산재도 올라오지 않고 자갈도 튀어 오르지 않았다. 간혹 묽어진 연기만 문득문득 피어오르고 있었다. 콘크리트 대피소를 나와 조용해진 화구 앞에서 서성이고 있었다. 어디선가 기계음이 들리더니 케이블카가 올라왔다. 노란 옷을 입은 구조대원들이 내렸다. 그들은 주위의 딴 대피소도 더 둘러본 뒤 우리를 데리고 아래로 내려갔다. 미쯔코의 차는 화산재로 덮여 있었고 창문은 다 깨져 있었다. 둘은 나가사키로 돌아오며 한마디도 하지 않았다.

2년 뒤.
소포 꾸러미를 한 개 받았다. 속에는 일본어로 된 책 두 권과 손 편지 한 통이 들어 있었다.
"선생님 그동안 잘 지내셨어요. 오랫동안 인사 못 드렸네요.
운젠산 갔다 온 뒤 이혼했습니다. 차는 온통 화산재를 뒤집어쓰고 창문은 돌들에 찍혀 깨어져 있었으니 남편이 가만있을 수 없었겠지요. 집에 와서 TV를 보니 산은 붉은 용암이 홍수 물처럼 흘러내리더군요. 그것들이 우리 쪽으로 흘렀으면 얼마나 좋았을까 하는 생각이 들더군요. 당신이 일본 오셨을 때 내가 먼저 선생님 쪽으로 다가갔어요. 눈치채셨어요? 왜 그랬을까요? 당신이 그때 물었던 꽃 이름은 상사화였지요.(히간바나(彼岸)의 꽃) 그 꽃은 잎과 꽃이 피는 시간이 달라 한 몸이면서 서로가 보지 못하는 비극적인 꽃이란 걸 그

때 처음 알았어요. 나는 이곳 차안(此岸)에 당신은 저곳 피안(彼岸)에 있는 걸까요?

그해의 안식년은 무척 힘들었어요. 화두 참선을 시작했습니다. '남전참묘(南泉斬猫 남전이 제자 조주에게 물었다. 내가 왜 고양이를 칼로 베어 죽였을까?)' 화두를 풀었냐구요? 알아맞혀 보세요. 어느 날 우연히 선생님의 '녹슨 철모'를 뒤적거려 보았습니다. 아마추어 냄새가 풀풀 나는 소설이었습니다. 흔한 군대 이야기였어요. 자세히 읽어보니 내용은 연애소설이더군요. 여자를 갖고자 하다 실패해 죽는 신파쪼의 이야기. 그게 저의 흥미를 자극했습니다. 심심파적(心心破寂)으로 몇 페이지 한국어 번역을 해보았지요. 생각보다 쉽게 번역이 되었습니다. 내친김에 한 권 전부를 번역하였지요.

주변 지인들이 재미있다는 소리를 듣고 어리석게도 출판사에 원고를 보냈습니다만 전부 거절당했고 오기가 생겨 자비출판을 했습니다. 그해는 화두 풀이 참선과 소설 번역이 그 한 해의 주된 일이었습니다. 다음 해는 강의와 진료가 시작되었습니다만 한 해 동안 버릇들인 번역 습관이 나를 그냥 두지 않았습니다. 퇴근하고 집에 와 거의 매일 밤 한두 시간씩 '아름다운 사람들'을 번역했습니다. 지금 생각하니 집착이 심했던 것 같네요.

모든 건 흘러갔습니다. 과거는 흘러가서 없고 앞날은 오지 않아 없습니다. 우리에게는 다만 현재만 있지요. 하지만 현재도 없다는 경지에 달하면 우리는 자신을 발견한 것이겠지요. 구라바 엔에서 우리는 에리히 프롬의 말을 했지요. '인간은 소유의 삶을 추구하다 병이 들고 불행해진다. 행복한 삶이란 존재의 삶을 추구하는 것이다.' 그 사람의 주장은 석가모니의 말을 인용한 것 같아요. -맞닿음에서 갖고자 하는 욕심이 생기고 그래서 사랑을 하게 된다. 그 결과 상대를 가지려고 한다. 가진 탓에 존재가 있게 된다. 그 존재 때문에 인간은 늙고 병들고 죽는 일이 생긴다.
 당신과 나 아무런 사이도 아니에요. 우린 애초부터 만난 적이 없으니까요. 안녕 원장님."

 "한밤의 마루야마(丸山)를 찾아가 봐도/ 싸늘한 찬 바람만 몸에 스며드네/ 사랑스런 사랑스런 그 사람은/ 어디에 어디에 있는 걸까/ 가르쳐 주오. 가로등이여/ 아 나가사키는 오늘도 비가 내렸네."
  -나가사키는 오늘도 비가 내렸네. 노래 마에카와 키요시(前川 淸)

민들레로 태어난 사나이

중생(衆生)들이 긴장해서 전광판 아래 모여 앉았다. 7일마다 일곱 번 열렸던 심판이 모두 끝나고 그 결과가 발표되는 날이다. 재판은 서양권과 동양권 두 권역으로 나눠 서양은 기독교식, 동양은 불교식으로 진행되었다. 동양권의 최종 심판관은 염라대왕(閻羅大王)이라고 한다. 그의 이름은 불경에 나와 있지도 않는데 직책을 맡은 게 의아스럽다. 옆에 앉은 종교과 교수 출신 중생에게 물었다.

"선생님 예수교식과 불교식 심판은 서로 차이가 있나요?"

"암 차이가 있고말고. 예수교는 단심제(單審制)야. 죽자마자 지옥 아니면 천국으로 심판이 바로 나지."

"거기서는 예수 믿지 않는 사람들은 묻지도 따지지도 않고 지옥으로 보낸다던데 정말인가요? 그렇다면 예수 탄생 전 인간들은 선행했어도 전부 지옥 갔나요?"

"예수 불신 지옥이라는 말 들어봤잖아. 길거리 그 사람들 그냥 하는 소리가 아니야. 예수 탄생 전 사람들과 영, 유아 때 죽은 영혼들은 정상 참작해서 지옥과 인간 행의 중간 지점인 연옥(煉獄)으로 보내주지. 고해성사로 죄사함 받은 천주교 신자들이라도 일부는 거기로 오고."

"용서 다 받았는데 왜 또 거기 가요?"

"커피 마시고 대충 씻으면 색깔이 잔에 배어 있잖아? '고해성사'를 해도 완전하게 죄가 다 없어지지는 않는 사람이 있어. 희미한 잔죄(殘罪)가 남아 있지. 그런 이치로 성사를 했어도 죄찌꺼기가 남아 연옥에 가지."

"염라대왕은 불교와 관계없는 왕인데 왜 여기서 심판관 노릇을 하나요? 그리고 가족들이 올리는 제(齊)가 심판 결과에 영향을 주나요?"

스님 차림새의 중생이 끼어든다.

"규정집에 보면 불교도 초기 불교인 상좌부(上座部) 계열에서는 예수교처럼 단심제입니다. 반면에 대승(大乘)불교는 일곱 번의 심판을 거친 뒤 환생 후 갈 길이 정해진다고 되어 있어요. 심판 기간 중 가족들이 돈 많이 들이고 성의껏 제를 올리면 고인이 좋은 곳 태어나게 해준다고 합니다. 대략 생전 고인의 고가 점수가 7할, 가족들의 노력 점수가 3할쯤 되지만 큰 제를 올리면 가족 점수가 훨씬 높아진다고 합니다. 세간 재판에서 유명 전관예우(前官禮遇) 받는 변호사 쓰면 결과가 좋게 나오는 것과 같은 이치입니다.

염라대왕은 원래 불교 밖의 신이었지요. 대승불교에서는 엔간한 종교나 풍습은 다 포용하는 습성이 있지요. 변방의 염라대왕도 그런 대승불교 분위기에 휩쓸려 여기서 대법원장 노릇을 하고 그 부하들은 허드렛 일을 하고 있다고 보면 돼요." 이 말들 듣고 몸에 문신이 그려진 중생 하나가 투덜거렸다.

"그럼 여기도 속세처럼 유전무죄 무전유죄가 성립한다는 말이군요."

"물론이지요. 교회, 성당, 절간에 왜 그 노랭이 부자들과 고관대작들이 시주, 성금으로 큰돈을 쓸까요? 이유는 뻔하잖아요? 살아서는 부귀영화(富貴榮華), 죽어서는 극락왕생(極樂往生)을 위한 대가를 바란 거지요. 가족들이 갖다 바치는 49재 경비가 불교의 큰 수입원이 되는데 중앙의 눈치를 봐서 염라대왕인들 이런 현실을 무시하진 못할 거요." 승려의 설명을 듣고 용무늬가 형님이 중얼거렸다.

"나는 돈이 없어 국선 변호사를 썼다가 사형당했는데 이곳에서 또다시 지옥 가게 생겼네. 씨팔"

마이크에서 낭창한 여자 목소리가 나온다.

"중생 여러분 조용히 해주세요. 곧 결과를 발표하겠습니다. 그 전에 먼저 여러분들이 가야 할 곳에 대한 간단한 오리엔테이션부터 한 뒤 명단을 발표하겠습니다. 오늘 발표자 중에는 평생 '육바라밀(六波羅密)'을 옳게 닦다 오신 딱 한 분만 '올 에이(All A)'를 받아 부처로 극락왕생(極樂往生)하는 행운을 얻었습니다. 이분은 이제부터 육도(六道)윤회에 들지 않고 영원히 부처로 살게 됩니다. 그 외 모두 분들은 윤회하게 됩니다. 여러분들은 천당을 가든 지옥을 가든 일정 기간이 끝나면 다시 환생하게 됩니다. 그러니 지옥 가도 낙심말고 천국 가도 수도를 게을리하면 안 됩니다.

먼저 지옥도(地獄道)부터 말씀드리겠습니다. 여기는 흉악 살인범 출신들이 많이 가는 곳입니다. 옛날 '서진 룸살롱' 살해 사건의 건달 형님들도 여기서 복역했었지요. 살인 외에도 수행보다 음행을 주업 삼고 돈과 권력을 추구한 승려, 미사보다 정치하고 이념투쟁을 본업으로 한 신부, 성전의 크기와 신도 수를 신앙 척도로 삼은 목사 등 종교의 본분을 어긴 성직자들도 여기에 많이 들락거립니다. 간첩 행위한 대통령들도 간혹 보입니다. 이곳의 가장 밑바닥은 무간지옥(無間地獄)입니다. 여기는 악당 중에서도 최악의 무리들이 가는 곳으로 단심으로 바로 직행하는 곳입니다.

지옥 위 단계는 아귀도(餓鬼道)입니다. 욕심이 많고 동정심은 없었던 사람, 파렴치한 사기꾼, 양의 탈을 쓴 늑대들, 인면수심(人面獸心)의 인격장애자들이 많이 오고 그 외도 내로남불 하던 사람. 위조서류로 자녀 대학 보내기. 직책과 권력을 이용해 돈 끌어모으기. 우매한 중생을 편 갈라 정치하기. 강남 오렌지 좌파. 부하의 정조를 짓밟은 도지사, 시장들, 논문 쓰기보다 정치인에게 정조 팔아 관직 얻기와 돈 벌기에 혈안이 되었던 대학 선생들, 신문, 방송사에서 편파, 사기 보도 선동하여 자기 정치한 기자들도 많이 출입합니다. 이곳은 목은 바늘구멍인데 배는 태산만 해서 음식을 보고도 못 먹고 늘 굶주리게 하는 것이 기본 처벌 방법입니다. 시간만 나면 미제 5파운드 곡괭이 자루로 두들겨 패고 촛대 뼈 까기, 원산폭격, 봉체조, P.T체조 등의 벌을 양념으로 주는 곳입니다.

아귀도 위에는 축생도(畜生道)가 있습니다. 여기는 사기, 절도, 방화, 사문서위조, 변호사법 위반, 상습음주운전, 간통 등의 주로 생계형 범죄자가 주로 오는 곳입니다. 이곳에서 짐승으로 태어났다고 해도 불행한 것만은 아니고 복불복(福不福)입니다. 보통은 돼지나 소, 양, 염소 등으로 태어나 남의 밥상의 반찬이 됩니다. 만주 개는 보신탕이 되어 세상을 조기 하직하지만 반려동물의 집에 태어나면 사람보다 더 행복하게 살게 되기도 합니다. 티베트나 중국에서 당나귀나 말 혹은 야크로 마방(馬幇)의 집에서 태어나 일평생 히말라야 험준한 차마고도(茶馬古道)를 다니며 골병들어 죽는 중생도 있습니다. 이런 경우 일찍 반찬되는 축생들보다 낫다고 할 수 없지요. 간혹 사자로 태어나 무노동에 무적 신분이라 좋아들 합니다만 말년에 늙고 병들어 무리에서 쫓겨나 천시(賤視)하던 하이에나의 밥이 되니 그 삶도 '초장 끝발 말장 맷감'격이지요.

노조를 정치 단체로 개조해서 불법으로 파업하고 이적 행위와 정치 투쟁만을 외치던 노조 간부들, 노동자, 농민을 착취하고 짐승 취급하고 교만하고 시기심이 강한 인간들, 영세상인 등치기, 회사 뺏어 부자 된 조직폭력배들이 주로 수라도(修羅道)에 태어납니다. 알 카포네, 이정재, 임화수 등의 두목들이 왔다 갔지요. 보통은 나쁜 놈들이 주로 오지만 가끔은 전쟁 영웅이라 불리던 사람들도 옵니다. 살인죄를 저질렀기 때문이지요. 그러나 조국을 위했다는 명분 때문에 지옥행은 면합니다. 많은 인물 중 여러분이 알고 있는 몇 사람만 말씀드려 보지요. 카이자르, 스키피오, 한니발, 관운장, 한신, 나폴레옹 등 고대 인물과 히틀러, 스탈린, 맥아더, 아이젠하워, 도조 히데키, 도요토미 히데요시, 장개석, 모택동 등 근세 인물들도 여기 왔었지요.

다음은 인간도(人間道)인데 악업 반, 선업 반 지은 중생들이 가는 곳입니다. 세간에서 흔히 보던 그런 필부필부(匹夫匹婦)들이 주 고객이 됩니다. 인간 세상도 지옥과 천국이 공존하는 하나의 작은 육도입니다. 무궁무진한 계급이 있어 편안하고 즐겁게 노래 부르며 사는 사람과 평생을 굶주리고 병든 고통 속에 신음하고 사는 사람이 있습니다. 이곳의 장점은 중생들이 자신 행동에 대해 분별 능력을 갖고 있는 것입니다. 자신의 의지에 따라 선행을 하거나 수행을 열심히 해 천국은 물론 부처로 갱생할 수 있는 기회가 주어지는 곳입니다.

마지막 최고의 높은 곳은 천상도(天上道)입니다. 모든 고통이 사라진 낙원입니다. 여섯 등급이 있는 천국인데 육욕천(六欲天, 여섯 등급의 하늘)이라고 불립니다. 보통 착하다는 사람들 불교에서는 '부처님의 가운데 토막', 교회에서는 '천사', 정치에서는 '청백리(淸白吏)' 소리를 듣던 사람들이 많이 옵니다. 수동적으로 착하게 산 사람들은 물욕은 없어도 명예욕이나 지식욕은 있습니다. 그런 사람은 천상의 가장 낮은 '사왕중천(四王衆天)'으로 가게 됩니다. 최고의 지고지존

(至高至尊)의 선인(善人)은 천상에서 가장 높은 하늘인 여섯 번째인 '타화자재천(他化自在天)'으로 가게 됩니다. 삼국통일을 준비하고 불교를 열심히 섬긴 선덕여왕이 네 번째 하늘인 '도솔천(兜率天)'으로 왔었다는 사실을 참고하세요. 천국에 왔다고 마냥 기뻐할 곳만은 아닙니다. 이곳도 결국 윤회에 드는 곳이기 때문입니다. 여기서도 수행을 열심히 닦지 않으면 다음 생에 개로 태어나는 수도 있습니다."

이제 설명이 끝나자 발표가 시작되었다.
전광판에 육도의 분류표 밑에 중생들의 이름이 나열된다. 여기저기서 탄식과 함성이 터져 나왔다. 인간도와 축생도에 제일 많은 이름이 모여 있었다. 천상도에 이름이 올라간 축들은 저희들 끼리 모여 사진을 찍으며 웃고 떠들며 좋아하고 있었다. 부러운 마음에 그쪽을 쳐다보니 이게 무슨 일인가? 지옥행이 틀림없다고 생각했던 많은 인간들이 천상 행에 명단 아래 모여 있었기 때문이다. 설마 이런 곳에도 '뒷배'가 작용할까 했는데 '혹시나'는 '역시나'였다. 부패한 성직자, 조폭 출신 대기업 사장, 폴리페서, 사악한 정치인 등들이 희희낙락하며 서 있었다.

내 이름이 눈에 띄지 않았다. 교수의 이름도 보이지 않았다.
"교수님 우린 뭐예요?"라고 묻자 교수가 전광판 한쪽 귀퉁이를 가리켰다. 거기에는 자그마하게 '기타(其他)'라는 항목이 있었다. 투덜거리는 나를 보며 그가 말했다.
"이 보슈 당신이나 나나 땡잡은 거유."
"교수님 지금 뭐라고 지껄이고 있나요? 당신은 학교에서 애들은 가르치지 않고 정치가들 뒤꽁무니만 따라다니며 돈과 명예를 챙겼잖아요. 지옥 갔어야죠."

"그게 무슨 큰 죄가 되나?"

"당신이 장관 하는 동안 교수 자리를 임시직 강사가 강의 시간을 떼웠어. 당신이 학교로 되돌아가자 그 사람은 실업자가 되었지. 그게 당신이 외치던 정의며 공명정대한 행동이야? 이중인격자, 나쁜 놈. 왜 고등학교 선생은 한번 자리 이탈하면 영 못 돌아오고 교수들은 마음 놓고 학교를 들락거리며 돈 벌고 명예 얻어? 당신 같은 인간은 지옥으로 가야 돼."

"하하하 순진하긴, 그래 당신 말이 일리는 있어 하지만 아까 봤잖아. 음행과 돈 모으기를 일삼던 목사와 신부 그리고 새벽까지 노름하고 계집질하던 중이 천당 가는 거 봤잖아? 정상 모리배, 독재자들이 왕창 좋을 곳에 가잖아. 나는 거기에 비하면 천사야. 돈 없어 천국 못 간 게 한이지."

'기타'란은 신설된 항목이란다. 6도에도 못 드는 이도 저도 아닌 머저리, 잉여(剩餘) 인간들이 가는 곳이다. 과거 규정은 이들은 소속이 없어 '중음(中陰)의 세계'라는 캄캄한 우주 공간을 객귀(客鬼)로 무한정 굶주리며 떠돌아다녔다고 한다. 이런 불쌍 존재들을 구제한 규정이 바로 기타란이다. 자세히 보니 나는 민들레로 표기되어 있었다. 교수는 엉겅퀴. 그 외 냉이, 달래, 더덕, 고사리, 도라지 등으로 태어나는 사람들도 있었다. 과일 종류도 보였는데 포도, 사과, 샤인 머스캣, 배등이었다. 메뚜기, 매미, 물방개, 모기, 파리 등의 곤충들과 잉어, 가오리, 상어, 명태 등의 물고기들 이름들도 있었다. 간혹은 바위, 물거품, 이슬, 금강석, 등의 무생물들도 있었다.

"교수님 우리는 왜 이런 운명이에요?"라고 물었다.

"그거야 '오야' 마음이지. 사실은 그들이 갖고 있는 장부가 그렇게 세밀하지 못해. 예를 들어 볼까? 가끔 절간에 가던 버스가 언덕에서 떨어져 사람이 죽거나 다치는 경우가 있지, 사실 그건 말이 안

되잖아, 좋은 곳에 참회하러 가는데 왜 죽여. 그걸 보면 부처님이나 나빠서 그런 게 아니고 그만큼 장부가 허술하다는 뜻이야. 중생이 많다 보니 일일이 장부에 다 기록할 수가 없어 큰 '구찌'만 대충 치부되어 있지.

"교수님 당신의 전생은 뭐였나요?"

"나? 한때는 염라대왕 밑에서 일하던 간부였지. 바로 여기서 근무했다네. 그 양반의 '역린(逆鱗, 거꾸로 난 비늘)'을 건드렸다가 이 꼴이 되었어. 그래도 전관예우를 받아 그때는 교수로 태어났지. 그 후 영 복직이 안 되네. 이번에는 토끼풀로 태어났었는데 싹이 돋자마자 소에게 뜯어먹혀 선업을 쌓을 기회를 놓쳤어. 소똥이 된 후 바로 이번에 여기로 되돌아와 심판을 받은 거야. 재수 없게 이번에는 엉경퀴네."

호송차가 모여들었다. 천상도 가는 무리들은 검은 유리창 달린 리무진을 타고 갔다. 인간도 행은 일반 버스였다. 나머지는 철망 쳐진 닭장차에 실려 갔다. 전광판의 불빛이 꺼졌다. 인부들이 재빨리 올라가 먼지를 닦기 시작했다. 내일 재판은 준비하려는 가보았다.

우리 동네 사람들

서민들의 고달픈 하루가 저물었다. 이 동네는 도시 변두리의 한 빈촌(貧村)이다. 어둑해지면 "탕"이라고만 쓴 간판이 걸린 이가(李哥)네 보신탕집에 꾼들이 모여든다. 적게는 4, 5명 많게는 10여 명 정도가 매일 모인다. 저녁밥을 먹고 온 사람이나 안 먹고 온 사람이나 소주와 수육은 다 같이 먹는다. 대나무로 엮어 개기름으로 번들거리는 쟁반 위에 놓인 검붉은 개 껍질과 수육은 곁들어진 푸른 부추와 어우러져 예술적인 모양과 색의 조화를 이루고 있다. 꾼들은 매일 포커하기 위해 모이지만 한편 이 수육을 먹기 위해서 모이는 것 같기도 하다. 이 사람들은 이 동네가 재개발되기 전부터 이곳에 살던 원주민들이다. '개발투쟁위원회'를 만들어 싸우면서 동지가 되었는데 아파트가 들어선 뒤에도 헤어지지 않고 남아 자연스럽게 포커 치는 모임이 되었다.

인간은 제 나름대로 취미 생활을 하기 마련인데도 어떤 이들은 포커하는 사람들을 노름한다, 도박한다고 흰 눈으로 보기도 한다. 그러나 그런 언동은 인품이 덜 성숙한 자들이 하는 일이다. 매일 탕 집에 모이는 이 사람들도 그들과 똑같이 취미 생활은 하는 것이지 돈 벌러 오는 사람은 없다. 탕 집에 오는 사람들은 이 식당 안방이 그들의 법당이요, 교회이며 또한 교실이다. 까탈스런 사람들은 이들이 보신탕 먹는 것도 시비를 건다. 웃음이 나온다. 소는 먹어도 되고 개는 안된다는 이유가 무엇일까? 이런 어처구니없는 분별심에 삶은 소 대가리가 웃는다.

이 모임의 가장 연장자는 암자의 주지다. 대개 형님이라고 부르지만 때로는 스님으로도 부른다. 그리고 투쟁위원장 하던 이가 있는데 이 사람은 개발 바람이 불 때 공무원들과 부자들과 결탁해서 서로 정보를 주고받으며 상부상조해 큰돈을 벌었다. 그는 성공한 정상모리배(政商謀利輩)인데 철물점 김 사장이라고 부르기보다 위원장이라고 불러주면 좋아한다. 다음 나이순은 국회의원 보좌관 하던 사람이다. 이 사람은 정치바닥을 헤맸던 덕에 아는 사람이 많고 게다가 입심이 좋다. 하지만 사람들은 그의 말이 거의 다 과장되거나 혹은 거짓말인 줄 알고 있다. 속으로는 사기꾼인 걸 다 알면서도 보통 의원이라고 불러준다. 끝으로 군계일학(群鷄一鶴)으로 여성 무당이 회원이다. 이 보살(菩薩)은 '선녀 보살'이라는 법명을 갖고 관운장(關雲長)을 주신으로 모시고 산다. 사주팔자도 봐주고 날도 잡아주고 때로는 액막이 푸닥거리도 해준다. 신내림을 받지 않았다. 그 탓에 작두도 무서워 타지 못하고 관운장이 누군지 자세히는 모른다. 이 정규 멤버 외는 수시로 등장인물이 바뀌므로 다 소개하기가 힘들다.

"형님 오늘 또 '가리'지요?" 위원장이 물었다. 주지께서 노름빚을 자주 떼어먹기 때문에 오늘은 미리 못을 박는다. 가난한 성직자를 그렇게 능욕하고도 지옥 갈까 무섭지도 않는가 보다.

"야. 야. 무슨 소리고 오늘은 내 돈 많다."

"에이 뻥 치지 마소. 가리 봐줄게요."

"아이고 참 의심도 많지. 오늘 큰 49재(齊) 하나 들어 왔거든. 선수금 받은 게 있어. 오늘은 밀린 돈도 갚을게." 스님은 목에 힘을 잔뜩

주고 고기를 한 점을 맛있게 씹으며 곡차 한잔을 꼴깍 마신다.

"빨리 패 돌리라." 자본주의는 돈이 신이다. 오랜만에 스님의 목소리가 우렁차다.

오가는 현금 속에 그들의 우정의 지수는 높아간다. 그 새 몇몇 비정규 멤버들도 끼어들어 판은 기분 좋게 돌아간다. 패가 몇 번 돈 뒤 중간 휴식 시간이 되었다. 약간 주기가 오른 의원이 물었다.

"형님도 오입해 보셨는기요?" 자기 딴은 수준 높은 농담을 하며 살벌한 분위기를 좀 부드럽게 만들어 보려 한다.

"한번 볼래?" 주지의 손이 자신의 허리춤으로 간다.

"왜 보여주는데요?"

"인마 자주 한 자지와 안 한 자지는 차이가 나잖아. 너 것들 한번 보고 맞춰봐라. '언어도단(言語道斷)'이라는 말이 있지. 말을 초월한 감으로 진리를 찾는 거지." 그러면서 스님을 아랫도리를 벗을 태세다. 그 말을 하며 선녀 보살을 힐끔 본다.

"오라버니, 와 나를 쳐다보는데예. 망설이지 말고 화끈하게 한 번 보여주소. 내 그거 본 지도 오래됐다."라고 그녀가 말하자.

"내 꺼 보여주면 니 꺼도 보여줄래?"라고 주지가 말하자 보살은 지지 않고 대답한다.

"암 보여주다 말다요. 하자 케도 대준다." 이곳이 서방정토다. 승속불이(僧俗不二)이다. 술이 거나해진 사내들이 스님의 아랫도리에 모여든다.

"옴마니반메훔."하며 그가 아랫도리를 공개하였다.

"와 해도 많이 했네. 잘 까져있고 새카만 거 보이, 많이 한기 틀림이 없구만. 스님이 내보다 훨씬 더 많이 했네. 나도 한다카만 하는 사람인데 졌다 졌어. 항복할게요. 그런데 수술한 기요? '다마'도 박은 거 같은데. 그 다마가 나중에 사리 되는교?"라고 일행 중 한 사람이 물었다.

"내 포경수술한 연유를 설명해줄게. 나는 동진출가(童眞出家) 했어. 내 말 알겠나? 아이 때 중이 되었다는 말이다. 그리고 동국대학 불교학과까지 다녔다. 졸업하고 군종으로 입대를 해 대위로 제대했지. 중도 스승을 잘 만나야지, 돈 없이 빌빌하는 스승 만나면 대학은커녕 초등학교도 못 나오게 돼. 인생은 운수소관인 것 같애. 나는 운 좋게 은사 스님 잘 만나 대학까지 다녔지"

"대학 나와 장교까지 한 스님이 서울 조계사나 합천 해인사에 있지 않고 왜 이 동네 계시는데요?" 위원장이 공손해진 말투로 질문을 했다. 어느새 노름은 뒷전이 되고 스님의 설법을 듣는 모임으로 변해버렸다.

"군대 때문이다. 대학 졸업 후 군종 법사로 임관되어 여기저기 옮겨 다니며 오 년 동안 장교 생활을 했어. 군대는 예외가 없잖아? 회식 때 함께 술 마시고 안주로 고기 먹는다. 취하면 오입했다. 머리 기르고 군복을 입고 있으니 거칠 것이 없어 만고 땡이라. 이 바람에 불교의 계율을 몽땅 어기게 된 것이지." 일행들은 엘리트 주지가 왜 파계하게 되었는지 대강 짐작이 갔다.

"동부전선에 근무할 때는 청량리역 앞 588, 서부전선 근무 때는 서울역 앞 양동이나 회현동을 자주 갔지. 꼬리가 길면 밟힌다더니 어느 날 '빠이쁘'가 세고 말았네. 창피하지만 우짜노 군의관한테 갔지." 군의관은 출퇴근도 제 마음대로 하고 자리에 잘 붙어있지 않고 기술은 돌팔이다. 머리도 길게 기르고 군복도 규정대로 챙겨 입지 않고 다녀 부대에서는 그를 군인으로도 의사로도 인정해주지 않았다. 그런 인간에게 법사가 찾아 갔으니 죽을 맛이었다.

"임질이군요. 일주일 주사 맞으세요. 이 기회에 포경수술도 하시지요." 양쪽 엉덩이에 주사를 한 대씩 준 뒤 군의관이 말했다.

"군의관님 수술은 이 병 치료와 관계가 있나요?" 돌팔이 의사가 칼질을 하겠다니 영 못마땅한 법사가 물었다.

"예. 수술과 치료는 전혀 관계없어요. 포경이 되어있으면 불결해서 병에 잘 걸릴 수가 있으니까 권하는 거죠. 스님에게 보시해드리고 싶어서 권하는 겁니다. 앞으로도 또 써먹을 텐데 수술한 사람이 병에도 덜 걸리거든요." 신세를 지고 있는 터라 법사는 그의 제의를 받아들일 수밖에 없었다. 수술은 별 일없이 끝났다. 수술한 부위를 매일 소독하러 오라고 했지만 위생병들 보기가 창피해 혼자 집에서 '옥시풀'로 소독하고 '아까징키' 바르며 자가 치료를 했다. 도중에 수술한 부위에 염증이 생겼다. 그래도 참고 스스로 치료를 했다. 실밥을 뽑으러 민간병원에 갔다.

"대위님 이 수술 어디서 하셨어요?"

이 질문을 듣자 법사는 올 것이 왔다는 생각이 들었다. 군의관의 기술도 의심스러웠고 '수술 전에 손도 씻지 않고 칼을 잡고 대어 들더니만 결국 이렇게 만들었군'이라는 생각이 들었다.

"이 수술 참 잘되었어요. 표피가 엉성하고 불규칙하게 잘려서 염증이 생겼는데 그 바람에 귀두 싸는 표피에 다마가 여러 개 생겼어요. 우둘두둘한 거 이거 여자들 한번 맛보면 껍벅 죽지요, 우리 병원에는 일부러 이 수술 받으러 오는 사람들 많아요. 군의관이 기술을 많이 넣어 수술을 잘했군요."

'뱃놈 좆은 한 좆'이라더니 원장은 군의관의 엉터리 짓을 감싸주는 건지 아님 그를 은근히 욕하는 건지 법사는 헷갈렸다. 겨울 명태 덕장에서 동태가 마르다가 얼다가 하면 황태가 되듯이 염증이 낫다가 도졌다가 한 게 결과적으로 그에게는 큰 이득을 준 모양이었다.

"이제 알겠나? 다마는 그렇게 해서 박히기라."

"이제 보이 주지님은 엘리트 코스를 밟은 분이군요. 그런데 오늘 이런 자리까지 온 거는 어떤 사연 있어요?"

전역하고 법사는 처음 출가한 절로 되돌아갔다. 은사 스님의 후계자로 지명되어 전도 양양한 큰 스님의 길로 가고 있었다. 그러나 같은 절 스님들이 수군거리고 있었다. '군대 가서 온갖 계를 다 어긴 자가 주지가 되다니.' 절간의 중들이 노골적으로 비난하는 소리가 들렸다. 가시 위에 누운 듯한 절간 생활이었다. 어떤 날 한 여인이 절을 찾아와 군에서 법사 했던 스님 찾는다고 했다.

"스님 날 모르시겠어요?" 여자는 애를 업고 있었다. 생각이 안 난다.

"글쎄 누구신지 생각이 안 나는데요."라고 하자

"이 새끼야. 이 애 안 보이니? 내 신세 이렇게 조져놓고 너 혼자 잘 먹고 잘 사냐? 단물 다 빨아먹고 이제 와서 뭐 기억이 안 난다고? 뭐 이따위 중이 다 있어." 하며 여자는 애를 땅바닥에 내려놓고 대성통곡을 하였다. 한바탕 난리가 났다. 이런 소동 끝에 '돌아온 파계승'은 자신이 정말 죄가 있는지 없는지도 모르면서 어리둥절한 가운데 절에서 쫓겨났다.

"너거들 변명 같지만 내가 가끔 오입은 했어도 아 낳을 정도의 여자를 만난 일은 없어. 언놈이 나를 모함한 긴지 아이만 여자가 돈 뜯으러 온 꽃뱀인지 아직도 모리겠능기라. 하지만 그기 다 파계한 내 업보 탓이라 생각하고 기왕지사 이렇게 된 거 원효스님처럼 살라 칸다."

"스님 억울한 거는 이해되지만 생뚱맞게 거기서 원효스님은 왜 나오는데요?" 의원이 물었다.

"원효는 말이다. 요석 공주 만나 파계하고 절을 떠났잖아. 그러나 설총이라는 큰 인물을 낳았지. 환속한 후 낮에는 경주의 저잣거리를 다니며 우매한 중생을 위한 포교 활동을 하고 밤에는 공부를 열심히 해 많은 책을 쓰고 도를 닦았지. 내가 노름기술이 모자라 너희들에게 돈을 잃는기 아인기라. 이거 다 너거들 불쌍한 중생을 제도하기 위한 나의 보시이지."

"야. 형님 꿈도 야무지다. 그럼 대통령 딸 만나 결혼하고 애 놓겠다는 말이네요. 박근혜 시집가겠네. 꿈 깨소, 꿈. 그것도 그렇잖아요. 경을 다 못 외와서 49재도 혼자 하지 못해 프리랜서 중에게 하청을 주면서… 원효의 길로 갈라만 우선 기초 경부터 외우소." 보살도 거든다.

"오라버니 그래도 잃은 돈은 주어야지요. 기술이 모자라면 돈이라도 많이 들고 와야지 밑천도 없이 노름하러 오는 사람은 도둑 심뽀지예." 선녀 보살이 마지막 쐐기박는 말을 했다. 이제 포커는 뒷전으로 가고 이야기 분위기가 되었다.

"이참에 우리 모두의 과거사를 다 털어 놓고 한번 이야기해 보자. 남자가 먼저 했으니까 다음은 선녀 보살 니도 한번 해봐라." 주지가 공을 보살에게 던진다.

"그라마 나도 말할게요. 오라버니들 나도 오랫동안 도를 닦았어요."라고 보살이 말했다. '무당도 도를 닦아야 되는가?' 일동이 어리둥절한 표정을 짓는다.

"그거야 그래야지 아무리 무당이라지만 어느 정도의 기는 받아야 안 되겠나? 그런데 니는 무슨 도를 어떻게 닦았노?" 주지가 길을 터 주는 말을 했다.

"나는 수녀 생활을 했어예. 어릴 때 '유아영세(乳兒領洗)' 받고 고등학교 졸업하고 바로 수녀원에 들어갔지요. 3년 동안 수련수녀를 한 뒤 종신서원(終身誓願)을 했지요." 일행에게는 수녀와 무당이란 연결이 어려운 단어였다.

"낙화유수(落花流水)에 정처 없이 흘러간 내 신세지만 주지 오빠처럼 지저분하게 놀진 않았어요." 이 말을 듣자 주지는 발끈하며 그녀에게 덤벼들었다.

"보살아. 내가 왜 지저분했는데 인연 따라 살다 보니 그런 거지. 너는 고따우 심보로는 영검(영험, 靈驗) 있는 무당 되긴 텃다. 텃어." 주지야 뭐라 하든 그녀는 말을 이어나갔다.

"천주교만큼 규율이 엄하고 남녀차별이 심한 곳은 없을 낍니더. 개신교와 불교는 여자도 성직자 자격을 따서 목사나 주지 같은 직책을 맡지요. 하지만 천주교는 여자가 절대로 신부가 될 수 없어요. 성당에서 미사는 신부만 집전할 수 있지요. 어떤 사람들은 수녀가 성직자인 줄 잘못 알기도 하지만 다만 신부에게 절대복종하는 수도자에 지나지 않지요."

"보살은 왜 천주교 수녀가 되었는데?" 일동 중 누가 물었다.

"몰라서 그랬지요. 성당에 다니며 보니 수녀들이 정숙하고 희생적인 삶이 내한테 너무 매력적으로 느껴졌어요. 속세에서 서로 경쟁하고 성과 돈과 명예를 찾아 헐떡거리는 인간들이 저속하게 느껴졌지요. 저 세계는 위대하신 하느님을 모시고 오순도순 자매끼리 살며 어려운 사람에게 봉사하고 천주님께 기도하며 평생 순결을 유지하고 산다고만 생각하고 뛰어든 거지요. 작은 가정을 꾸리기보다 큰 가정을 꾸민다는 기 내 목표였어요." 이 말이 끝나자 의원이 물었다.

"그래 성직자는 못 된다 쳐도 수도자의 생활은 지고지순한 아름다운 생활이 아닌가?"

"아유 오라버니 잘 모르면서 함부로 말 마이소. 종교계에서도 금수저 출신이 편하게 살고 누구 뒤에 줄 서느냐, 누가 밀어주느냐에 따라 성직자이든 수도자이든 그들의 운명이 달라져요. 불교도 그렇다고 아까 주지 오라버니도 말씀하셨잖아요." 대답하며 홀짝 소주를 한잔 들이켰다.

"보살님 수도자 생활하면서 뭐가 가장 힘들었어요?" 일행 중 한 사람이 물었다.

"우선은 같은 수녀들에게서 받는 스트레스가 가장 견디기 힘들었지예. 대학 나오고 부자 출신인 수녀와 나 같은 고졸의 가난한 집 출신은 갈 길이 달라요. 공평하게 사는 듯이 보이는 벌들도 자세히 보면 일벌과 수펄 그리고 여왕벌로 신분의 구분이 있지요. 여왕벌은 다른 일반 유충과 달리 로얄젤리를 먹인 탓에 왕이 되지요. 수녀들도 궂은일만 하는 직책이 있고 행정이나 종교 활동만 하는 직책이 달라요.

이런 차별은 배운 것과 그 능력의 차이 때문에 오는 것이라 나는 크게 불만이 없어요. 그러나 높은 직책에 있는 수녀들의 거들먹거리는 태도가 나를 힘들게 했어요. 그 수녀들이 평 수녀들에게 소임을 줄 때 각자의 능력과 취향에 맞게 주는 게 아니라 수녀원의 필요성에 의해서 소임이 주어 지지예. 화가 나요. 못 배우고 무능한 사람도 맞는 자리가 있을 텐데 종교 활동과 별 관계 없는 자리에 아무렇게나 던져지지요."

"음 듣고 보니 그렇군. 그럼 인간적으로 딴 어려운 일은 없었나?" 주지가 물었다.

"남자 생각을 참는 것도 너무 힘들었어요. 어떤 수녀는 밤마다 하느님이 자기 방에 온다며 추운 겨울에 창문을 열어놓고 윗도리를 홀딱 벗고 자는 행동을 하다 정신병원에 입원하기도 했지요." 수녀는 이성을 만날 기회가 없다. 외출 때도 둘씩 짝을 이루어 나가니 엉뚱한 짓을 할래야 할 수가 없다고 했다.

"나이가 들면서 욕심이 줄어든 탓인지 수양이 된 탓인지 불만도, 생리적 욕구도 조절이 되었어요. 마음이 편해지기 시작했어요. 나중에는 병원 약제실 약사 수녀 보조로 일하게 되었어예. 거기서는 약사인 선배 수녀님이 따뜻한 분이고 일도 힘들지 않아 마음 편하게 근무했지요. 일하고 기도하고 오랜만에 수도자다운 생활을 할 수가 있었어예. 그러나 그곳에서 내 수녀 생활이 끝나게 되요." 잘나가다 삼천포다. 위원장이 질문했다.

"와 좋은데 같았는데 무신 일이 있었노?"

문제의 발단은 병원장 신부에서 시작이 된다. 그는 독일서 철학박사를 따서 귀국 하자마자 본당 신부직과 병원장을 겸임하게 되었다. 교구에서 유학을 보낸 신부는 나중에 큰일을 맡기려고 키우는 여왕벌이다. 로얄젤리는 많이 먹인다. 그래서 오만해진다. 병원 일은 아는 게 없으니 출근하면 의무원장이나 관리부장의 보고를 받고 엄포나 한번 놓고 난 다음에는 대나무 칼을 들고 검도연습을 하며 논다. 오후에는 일과도 끝나기 전에 직원들을 모아 배구를 한다. 때로는 직원들에게 짚으로 기둥을 엮게 한 뒤 그것을 운동장에 세워 놓고 진검으로 내리쳐 자른다. 다 큰 어른이 진짜 칼을 들고 설쳐대니 환자들은 무섭다. 직원들은 노동조합원의 목을 자르는 공갈 협박의 퍼포먼스를 펴는가? 의심도 해본다.

그런 탓인지 원장 신부를 따뜻한 신의 아버지로 느끼는 사람은 없었다. 자신은 노상 노는 주제에 병원 규정은 까탈스럽게 만들어 조금만 실수를 해도 시말서를 쓰게 하고 그게 석 장 이상 되면 쫓겨났다. 본당에서도 독재자적 성격은 여전하여 미사 때 복사를 서는 애들이 교리공부 때 지각을 하거나 강의를 잘못 알아들으면 매질을 했다. 본당 교우들에게도 따뜻함보다 엄격함이었다. 사람들은 예수님은 서민적이고 품이 너그러운 분인데 그 목자의 아들은 무섭고 독재자 노릇을 하니 도무지 이해가 가지 않는다.

  어느 날 오전 원장 신부가 검도하는 죽도(竹刀)를 들고 병원 약제실에서 칼춤을 췄다. 약국의 화분을 다 깨어 부셨다. 검도연습을 한 게 아니라 화를 주체못해 난동을 부린 것이다. 몇 주 전 수녀들이 키우던 개가 새끼를 낳았는데 갓 태어난 강아지를 귀여워하는 원장을 보고 지나가는 말로 '좀 더 자라면 드리겠지.'고 말한 적이 있다. 무심코 한 말이라 수녀들은 깜박하고 강아지를 남들에게 다 주어버렸다. 원장은 계속 기다려도 소식이 없자 감히 수녀가 신부와의 약속을 어겼다며 이날 검도 칼로 약국을 박살 내버린 것이다.

  평소에 원장 신부와 약국 수녀 둘은 한 달에 한두 번 공소(公所)를 찾아간다. 산골이나 한적한 시골에 신부는 없고 성당 건물만 있다. 이런 공소에 신부들은 적당한 날을 잡아 순례를 한다. 그 날도 여느 때처럼 신부와 수녀가 공소를 갔다. 가는 데까지는 무사했다. 일은 돌아오면서 시작했다.

  "어이 젬마 수녀 당신 말이야. 수도자 자격 있어?" 차 속에서 신부가 시비 쪼로 말을 건다.

  "신부님 그게 무슨 말씀이세요?"라고 약사 수녀가 되물었다.

  "수녀는 신부들 말에 무조건 따라야 하는 거. 이 바닥의 기본이잖아. 전번에 강아지 사건도 수녀가 신부를 우습게 안 거 아니야? 당신네들은 아무리 병원이지만 내 말보다 의사들 말에 꺼벅 죽잖아."

  '그럼 약사가 의사 말을 따라야지 무슨 소리람?' 약사 수녀는 자신의 말을 삼킨다.

  "이번에 노조가 생길 때도 그렇잖아. 미리 나한테 정보를 주었으면 막을 수 있었어. 그런데 당신들 의사들 하고 짜고 사실을 숨겼잖아." 이 말에 젬마 수녀가 대답했다.

"신부님 병원에 노조 있는 거 정상 아닙니까?"

"아니 정상?" 원장 신부가 노한 눈으로 젬마 수녀를 노려본다. 봉고차를 급하게 세우더니 차의 옆구리를 발로 차며 말을 이었다.

"그래 노조 있는 병원치고 안 망한 병원 있어? 젬마 당신도 조합에 가입했어?"

"저야 가입을 안 했지요. 하지만 사측이 억지를 쓰거나 독재를 하고 착취하면 노조가 꼭 필요하지요."라고 젬마 수녀가 말을 계속했다.

"그럼 내가 독재자이고 악질 원장이란 말이지."라며 신부의 분노에 찬 목소리가 높아졌다.

"안 그렇다고 할 수 없지요."라고 젬마 수녀는 계속 깐족이며 말대꾸를 했다.

"신부님은 어린 애들에게 교육시킨답시고 매질이나 하고 언제 본당 신도들을 따뜻하게 맞이해 본 일이 있으세요? 자신은 빈둥거리며 놀고 병원 직원들에게는 규율을 지키게 한다고 시말서나 남발해요. 이런 태도가 본당신부, 그리고 병원장의 옳은 행동입니까?" 신부의 발길질이 더욱 세차다.

"차라리 날 때려라. 왜 죄없는 차를 차는데."라고 수녀가 악을 썼다. 그러자 신부가 수녀의 멱살을 움켜잡았다. 수녀의 머릿수건이 벗겨졌다. 비구니가 그녀들의 순결을 표시하기 위해 머리를 깎듯이 수녀의 머릿수건도 그녀들의 순결을 나타내는 자존심의 표징이다.

"야 인마 내 죽여라."면서 수녀가 신부의 멱살을 잡고 늘어졌다. 늙은 약사수녀가 온갖 힘을 다해 겨우 둘을 뜯어말렸다.

"수녀님. 이야기 들으니 통쾌합니다. 잘하셨어요." 정신과 의사가 수녀원장과 함께 온 젬마 수녀에게 밝은 표정을 지으며 잘했다고 한